本书由
中央高校建设世界一流大学（学科）
和特色发展引导专项资金
资助

中南财经政法大学“双一流”建设文库

创｜新｜治｜理｜系｜列｜

供应链风险影响企业绩效机制研究

陈正林　王雪丽　汪　苗　著

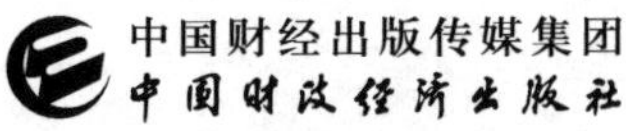

中国财经出版传媒集团
中国财政经济出版社

图书在版编目（CIP）数据

供应链风险影响企业绩效机制研究／陈正林，王雪丽，汪苗著．--北京：中国财政经济出版社，2019.12
（中南财经政法大学“双一流”建设文库．创新治理系列）
ISBN 978-7-5095-9355-4

Ⅰ.①供… Ⅱ.①陈… ②王… ③汪… Ⅲ.①供应链管理-影响-企业绩效-研究 Ⅳ.①F272.5

中国版本图书馆 CIP 数据核字（2019）第 240016 号

责任编辑：孙 琛　　　　责任校对：胡永立
封面设计：陈宇琰

供应链风险影响企业绩效机制研究
GONGYINGLIAN FENGXIAN YINGXIANG QIYE JIXIAO JIZHI YANJIU

中国财政经济出版社 出版

URL：http：//www.cfeph.cn
E-mail：cfeph@cfemg.cn

社址：北京市海淀区阜成路甲 28 号　邮政编码：100142
营销中心电话：010-88191537
北京财经印刷厂印装　各地新华书店经销
787×1092 毫米　16 开　13.75 印张　225 000 字
2019 年 12 月第 1 版　2019 年 12 月北京第 1 次印刷
定价：62.00 元
ISBN 978-7-5095-9355-4
（图书出现印装问题，本社负责调换）
本社质量投诉电话：010-88190744
打击盗版举报热线：010-88191661　QQ：2242791300

总　序

"中南财经政法大学'双一流'建设文库"是中南财经政法大学组织出版的系列学术丛书，是学校"双一流"建设的特色项目和重要学术成果的展现。

中南财经政法大学源起于1948年以邓小平为第一书记的中共中央中原局在挺进中原、解放全中国的革命烽烟中创建的中原大学。1953年，以中原大学财经学院、政法学院为基础，荟萃中南地区多所高等院校的财经、政法系科与学术精英，成立中南财经学院和中南政法学院。之后学校历经湖北大学、湖北财经专科学校、湖北财经学院、复建中南政法学院、中南财经大学的发展时期。2000年5月26日，同根同源的中南财经大学与中南政法学院合并组建"中南财经政法大学"，成为一所财经、政法"强强联合"的人文社科类高校。2005年，学校入选国家"211工程"重点建设高校；2011年，学校入选国家"985工程优势学科创新平台"项目重点建设高校；2017年，学校入选世界一流大学和一流学科（简称"双一流"）建设高校。70年来，中南财经政法大学与新中国同呼吸、共命运，奋勇投身于中华民族从自强独立走向民主富强的复兴征程，参与缔造了新中国高等财经、政法教育从创立到繁荣的学科历史。

"板凳要坐十年冷，文章不写一句空"，作为一所传承红色基因的人文社科大学，中南财经政法大学将范文澜和潘梓年等前贤们坚守的马克思主义革命学风和严谨务实的学术品格内化为学术文化基因。学校继承优良学术传统，深入推进师德师风建设，改革完善人才引育机制，营造风清气正的学术氛围，为人才辈出提供良好的学术环境。入选"双一流"建设高校，是党和国家对学校70年办学历史、办学成就和办学特色的充分认可。"中南大"人不忘初心，牢记使命，以立德树人为根本，以"中国特色、世界一流"为核心，坚持内涵发展，"双一流"建设取得显著进步：学科体系不断健全，人才体系初步成型，师资队伍不断壮大，研究水平和创新能力不断提高，现代大学治理体系不断完善，国际交流合作优化升级，综合实力和核心竞争力显著提升，为在2048年建校百年时，实现主干学科跻身世界一流学科行列的发展愿景打下了坚实根基。

“当代中国正经历着我国历史上最为广泛而深刻的社会变革，也正在进行着人类历史上最为宏大而独特的实践创新”，“这是一个需要理论而且一定能够产生理论的时代，这是一个需要思想而且一定能够产生思想的时代”①。坚持和发展中国特色社会主义，统筹推进“五位一体”总体布局和协调推进“四个全面”战略布局，实现“两个一百年”奋斗目标、实现中华民族伟大复兴的中国梦，需要构建中国特色哲学社会科学体系。市场经济就是法治经济，法学和经济学是哲学社会科学的重要支撑学科，是新时代构建中国特色哲学社会科学体系的着力点、着重点。法学与经济学交叉融合成为哲学社会科学创新发展的重要动力，也为塑造中国学术自主性提供了重大机遇。学校坚持财经政法融通的办学定位和学科学术发展战略，“双一流”建设以来，以“法与经济学科群”为引领，以构建中国特色法学和经济学学科、学术、话语体系为己任，立足新时代中国特色社会主义伟大实践，发掘中国传统经济思想、法律文化智慧，提炼中国经济发展与法治实践经验，推动马克思主义法学和经济学中国化、现代化、国际化，产出了一批高质量的研究成果，“中南财经政法大学‘双一流’建设文库”即为其中部分学术成果的展现。

文库首批遴选、出版二百余册专著，以区域发展、长江经济带、“一带一路”、创新治理、中国经济发展、贸易冲突、全球治理、数字经济、文化传承、生态文明等十个主题系列呈现，通过问题导向、概念共享，探寻中华文明生生不息的内在复杂性与合理性，阐释新时代中国经济、法治成就与自信，展望人类命运共同体构建过程中所呈现的新生态体系，为解决全球经济、法治问题提供创新性思路和方案，进一步促进财经政法融合发展、范式更新。本文库的著者有德高望重的学科开拓者、奠基人，有风华正茂的学术带头人和领军人物，亦有崭露头角的青年一代，老中青学者秉持家国情怀，述学立论、建言献策，彰显“中南大”经世济民的学术底蕴和薪火相传的人才体系。放眼未来、走向世界，我们以习近平新时代中国特色社会主义思想为指导，砥砺前行，凝心聚

① 习近平：《在哲学社会科学工作座谈会上的讲话》，2016年5月17日。

力推进“双一流”加快建设、特色建设、高质量建设，开创“中南学派”，以中国理论、中国实践引领法学和经济学研究的国际前沿，为世界经济发展、法治建设做出卓越贡献。为此，我们将积极回应社会发展出现的新问题、新趋势，不断推出新的主题系列，以增强文库的开放性和丰富性。

“中南财经政法大学‘双一流’建设文库”的出版工作是一个系统工程，它的推进得到相关学院和出版单位的鼎力支持，学者们精益求精、数易其稿，付出极大辛劳。在此，我们向所有作者以及参与编纂工作的同志们致以诚挚的谢意！

因时间所囿，不妥之处还恳请广大读者和同行包涵、指正！

中南财经政法大学校长

目　录

第一章　导　　论

第一节　研究意义与学术价值

企业绩效是指一定经营期间的企业经营效益和经营者业绩。企业绩效大致可以分为两大类，财务绩效和市场绩效。市场绩效由于容易受到多种市场因素的影响，所以本书选择财务绩效作为研究对象。

现有财务理论一般假设上下游企业之间是完全竞争关系，企业绩效只受企业内在因素的影响，而与上下游无关。但在现实中，越来越多的企业加强了与上下游的合作（马士华等，2014），通过减少交易伙伴数量、扩大交易规模等措施提高跨企业业务的效率，并在此基础上逐步形成供应链集中[①]。一旦企业的原材料采购依赖个别供应商，或者企业的产品销售依赖个别大客户，企业的经营风险就会大增。供应链集中不仅改变了企业的经营环境，有些甚至改变了公司的治理结构。在此背景下，研究供应链风险对企业财务决策及其经济后果的影响，不但能够推动有关财务理论的发展，而且对现实企业的财务决策具有指导意义。

本书的不足之处在于：本书分析了供应链风险对企业的物流成本、商业信用规模、借款成本、创新支出、财务绩效等的影响机制，但这些分析尚属于分离状态，没有将它们纳入到一个统一的分析模型之中，没有分析供应链风险对企业整体财务绩效的影响路径。

---

① 美国 SFAS131（1997）要求上市公司披露销售额占总销售额 10% 以上客户的信息，大部分学术论文按此将 10% 以上的客户界定为大客户。遵循这种惯例，本书将采购额占企业采购总量 10% 以上的供应商界定为大供应商，将拥有大供应商、大客户的企业界定为供应商集中、客户集中，统称供应链集中。

第二节　国内外研究现状综述

一、内部治理对企业绩效的影响

目前国内外关于绩效影响因素的研究，主要集中在内、外两个方面，此处先分析内部治理结构对企业绩效的影响。

（一）股权结构与性质对企业绩效的影响

在公司治理结构中，股东是拥有最高权力的利益主体。公司的董事会和高管直接或间接地由股东大会选举产生，所以股东的构成对公司财务绩效具有重要影响。在控股权集中的情况下，公司董事会主要成员和主要高管来自控股股东，他们代表控股股东的利益。在这类公司里，中小股东搭便车的问题不是主要问题，控股股东有动力去加强企业的管理，但过高的控制权容易引起大股东掏空问题，进而损害企业的财务绩效。La Porta 等（1999）和 Claessens 等（2000）的研究指出，大股东往往有提高公司经营业绩的动力。股权集中度和经营绩效之间有着显著的正向线性关系，但过高的股权制衡程度对公司的经营绩效有负面影响（徐莉萍等，2006）。当股权相对集中时，作为最终控制人的控股股东的控制权比例越大，其侵占其他股东利益的动力就越大，公司内部代理成本也就越严重，公司绩效越低（王鹏，2008）。控股股东的现金流量权比例越大，其侵占其他股东利益的动力就越小，公司内部代理成本也就越小，公司绩效越高（La Porta et al.，1999，2002；Claessens et al.，2002）。

从股权性质方面看，国有企业股东承担部分政府的职能，经济效益可能不是其首要目标，因此国家股比例与公司绩效显著负相关（杜莹、刘立国，2002）。胡一帆、宋敏、张俊喜（2005）指出，在关于国有企业与民营企业间绩效问题的争论中，主要存在两种观点：第一种观点基于竞争理论。这种观点认为，国有企业的主要问题在于激励不足，竞争可以减少管理层偷懒行为并降低产品成本，从而迫使国有企业改善绩效。第二种观点被称为产权理论。这种观点认为，国有企业相对于私营企业具有天然的绩效劣势。Boycko、Shleifer 和

Vishny（1996）认为，政府官员通常会向国有企业施压，迫使其雇佣过多的劳动力。Krueger（1990）指出，国有企业通常倾向于雇佣具有政府背景的人，而不是那些最称职的人。也就是说，国有企业通常会放弃利润最大化的目标，转而追求诸如充分就业、收入再分配以及政治稳定等社会和政治目标。Kornai 和 Weibull（1983）认为，如果亏损国有企业会从政府那里得到补贴，即所谓的软预算约束问题，会抑制国有企业经理人员对企业进行高效运作的积极性。Boardman 和 Vining（1989，1992）研究发现，即使是在竞争性行业中，民营企业仍然要比国有企业更有效率。Megginson、Nash 和 Randenborgh（1994）对民营化前后公司的绩效进行了考察，发现在任何情况下私有产权都有助于提高效率，而且这种效应在竞争市场中更加显著。Dewenter 和 Malatesta（2001）应用多国别、多年度、跨行业的大样本数据进行的研究发现，国有企业的盈利性远低于民营企业。总之，这些研究认为国有控股公司的绩效要逊于私有控股公司。

（二）董事会对企业绩效的影响

在现代公司中，股东们首先选出代表自己利益的董事会，然后通过董事会再对经理层实施监督和制约，并对高管层的主要决策进行审核、批准，因而董事会在公司治理机制中具有重要地位。它不仅是公司治理的重要组成部分，更是公司治理组成部分的中心，对公司具有经营控制权。大量的研究认为，董事会规模、独立性、董事的年龄和经历等对公司绩效都具有不同的影响。

从董事会的规模方面看，董事会的规模过大，容易产生人浮于事、决策效率下降、不能把握稍纵即逝的机会等问题，不利于公司绩效的提高；但董事会的规模过小，又不利于引进外部资源，董事会的决策容易走极端。于东智、池国华（2004）经过实证分析得出结论：董事会规模与公司绩效指标之间存在着倒“U”形的曲线关系。

从董事会的独立性方面看，一般认为独立董事的独立性越强，越有利于公司绩效的提高，董事会的独立性与公司业绩成显著的正相关（Baysinger 和 Butler，1985；吴淑琨等，2001；王跃堂等，2006）。董事会独立性对公司绩效的影响主要有两种解释：第一种理论是“资源支持理论”。该理论认为，由于独立董事在其行业内的影响能够为公司经营提供重要的资源支持，因而他们有利于企业绩效的提高（Pfeffer，1972；Pfeffer and Salancik，1978；Zahra and Pearce，

1989）。魏刚、肖泽忠、Nick Travlos、邹宏等（2007）研究发现，有政府背景和银行背景的独立董事比例越高，公司经营业绩越好。第二种理论是“声誉理论”。声誉理论认为，独立董事有动机去提高其作为决策专家及监督专家的声誉（Fama and Jensen，1983）。因此，独立董事有利于提高公司绩效。

（三）管理当局对企业绩效的影响

现代公司的一大特点就是所有权与经营权的分离，公司管理层对其绩效具有重大影响。股东为了促使管理当局尽心尽责工作，一方面会对其进行监督，如委派监事会或聘请独立审计师对企业财务报告进行审计；另一方面，从权利和薪酬、期权等方面对管理当局进行激励，以避免监督成本过高的问题。Coughlan 和 Schmidt（1985）研究发现，高级管理层持股和年度报酬对公司的业绩有显著的正面影响。权小锋、吴世农（2010）研究发现：CEO 权力强度越大，公司的经营业绩越高，但公司经营业绩的风险也越大；国有企业 CEO 的权力强度对公司业绩波动性的影响显著地高于非国有企业 CEO 权力强度对公司业绩波动性的影响。吴联生、林景艺和王亚平（2010）发现，正向额外薪酬与非国有企业业绩显著正相关。但是，正向额外薪酬的激励作用仅在非国有企业成立，因为国有企业的管理层更注重自身的政治前途。

二、外部治理环境对企业绩效的影响

除了公司内部治理结构影响到绩效之外，外部治理环境对企业绩效同样会产生影响。

（一）竞争对企业绩效的影响

施东晖（2004）指出，所有权结构对公司绩效的影响可能是状态依存的，它取决于行业的竞争程度。陈晓和江东（2000）发现，国有股对公司绩效的负面影响，以及法人股和流通股对公司绩效的正面影响，这些只在竞争性较强的电子电器行业成立，而在竞争性相对较弱的行业和公用事业并不成立。朱武祥和宋勇（2001）发现，在竞争激烈的家电行业上市公司中，股权结构与公司价值没有显著关系。胡一帆、宋敏、张俊喜（2005）发现，在缺乏高效的内部治理机制的情况下，竞争对于提高国有企业效率具有非常重大的作用。徐忠、沈艳、王小康、沈明高（2009）发现，市场份额与银行资产回报率之间有显著正向相关关系，市场集中度和资产回报率之间存在显著负向相关关系。Fynes et al.

（2005）发现供应链伙伴关系与供应链绩效正相关，外部竞争越激烈，供应链伙伴关系对供应链绩效的影响越大。

（二）投资者保护对企业绩效的影响

王鹏（2008）研究发现：投资者保护水平与公司绩效正相关；国有控股上市公司的投资者保护水平与公司绩效的关系更显著。投资者保护水平能减弱控股股东的控制权和公司绩效的关系，降低控股股东对上市公司的资金占用，并减少上市公司对外部审计的需求。

（三）政治关联对企业绩效的影响

政治关联会显著影响企业的经济后果，但这种影响是多方面的。Faccio（2006）发现，在企业的管理者建立政治联系后，企业价值显著上升。潘红波、夏新平和余明桂（2008）以地方政府控制的上市公司收购非上市公司的事件为背景，研究了并购前后上市公司市场业绩的变化，发现企业政治关联可以保护企业产权免受地方政府损害。

此外，地理位置、文化背景等也可能会影响到公司的绩效。

三、供应链风险对企业绩效的影响

（一）供应链集中

越来越多的企业通过减少交易伙伴数量、扩大与单个伙伴的交易规模等措施来降低交易成本、扩大销售、降低采购成本、提高跨企业业务的效率，并在此基础上逐步形成供应链集中。如表 1－1 所示，2018 年我国有近 50% 的上市公司的第一大客户占企业销售比例在 10% 以上，22.7% 的上市公司第一大客户占其销售比例在 20% 以上，11.3% 的上市公司第一大客户占其销售额的比例在 30% 以上，4.2% 的上市公司第一大客户的占比在 50% 以上。从前五大客户方面看，这些数据就更大了：分别有 86%、63%、45%、20% 以上的上市公司前五大客户占其销售额的比例在 10%、20%、30%、50% 以上。从采购方面看，第一大供应商占企业采购额比例在 10%、20%、30%、50% 以上的上市公司分别为 53.7%、23.6%、11.8%、3.3%，前五大供应商占企业采购额比例在 10%、20%、30%、50% 以上的上市公司分别为 94.9%、74.5%、50.2%、20.8%。可以看出，即使是上市公司这样的大企业，其供应商集中、客户集中的情形都非常严重，采购环节的集中度比销售环节的集中度还要大。

表 1 – 1　　供应链集中情况统计表（比例）

		2001 年	2002 年	2009 年	2010 年	2017 年	2018 年
第一大客户占企业销售额的比例	10% 以上	0. 570	0. 618	0. 428	0. 454	0. 478	0. 495
	20% 以上	0. 280	0. 353	0. 191	0. 196	0. 213	0. 227
	30% 以上	0. 194	0. 265	0. 109	0. 093	0. 109	0. 113
	50% 以上	0. 065	0. 118	0. 042	0. 039	0. 042	0. 042
第一大供应商占企业采购总量的比例	10% 以上	0. 727	0. 854	0. 546	0. 67	0. 56	0. 537
	20% 以上	0. 409	0. 585	0. 287	0. 295	0. 237	0. 236
	30% 以上	0. 318	0. 366	0. 139	0. 14	0. 12	0. 118
	50% 以上	0. 091	0. 220	0. 056	0. 04	0. 034	0. 033
前五大客户占企业中销售额的比例	10% 以上	0. 868597	0. 856164	0. 984375	0. 858629	0. 859398	0. 859425
	20% 以上	0. 658129	0. 638943	0. 684896	0. 619951	0. 634197	0. 630845
	30% 以上	0. 45657	0. 452055	0. 460938	0. 416769	0. 437295	0. 446123
	50% 以上	0. 230512	0. 197652	0. 208333	0. 188494	0. 201072	0. 203892
前五大供应商占企业采购总量的比例	10% 以上	0. 939547	0. 937853	0. 903226	0. 943627	0. 949985	0. 949084
	20% 以上	0. 790932	0. 79096	0. 730205	0. 752451	0. 754987	0. 745708
	30% 以上	0. 662469	0. 618644	0. 510264	0. 588235	0. 517416	0. 501891
	50% 以上	0. 34005	0. 313559	0. 269795	0. 254902	0. 217922	0. 20803

资料来源：根据国泰安数据库整理。

供应量集中在给企业带来效率提升、成本节约等好处的同时，也可能带来严重的后果：第一，会加大企业的经营风险。由于企业严重依赖少数几个供应商或客户，一旦供应商或客户出现经营风险或其他问题，必然会传导给企业。经营风险增大的直接后果可能就是企业财务绩效的波动性增加。第二，会侵蚀企业的利益。大供应商或大客户由于具有较强的谈判优势，在利益诱使下很可能侵占企业的经济利益，使企业的财务绩效发生相对的下降。

（二）上下游竞合关系

供应链集中一方面能够提高跨企业业务的效率，但另一方面也会引起上下游企业地位的失衡，弱势一方不得不牺牲一定的利益以维持双方关系（陈正林，2014）。因此，供应链集中既能促进上下游合作，也会引起上下游更激烈、更全面的竞争。

一方面，供应链集中使上下游企业加强了合作（马士华等，2014），合作的目的是降低交易成本、优化业务流程、加强信息共享、增加专用资产投资、提高资产使用效率等，并在工作流、信息流、物流和资金流等方面能够尽可能实现一体化运作。因而供应链企业的整体效益大为提高，这也是供应链管理在近二三十年得到迅速发展的原因。另一方面，由于上下游企业分别属于不同的产权主体，它们之间的利益竞争也无处不在。尤其是企业对大供应商或大客户的依赖导致双方谈判地位失衡，而企业的转换成本又极高，所以强势方对利益的巧取豪夺在所难免。从弱势一方看，尽管不得不牺牲部分经济利益（陈正林，2014），但仍然能够从合作收益中分得一杯羹。相较于单打独斗，企业处在供应链中更有利于提升其竞争实力。因此，供应链集中既促进了上下游的合作，也不能免除上下游企业之间的竞争，竞争与合作并存的局面将随着供应链集中的发展而长期存在。但必须看到，竞争与合作并存并不意味着两者平分秋色。从大的趋势来看，上下游的合作程度在不断提升；从局部、从短期看，虽然竞争与合作同时存在，但在某些时期、某些情况下，竞争占主导地位，是双方关系的主要表现。实际上，上下游关系始终处在竞争与合作的不断转换之中，呈现为螺旋式上升的竞合并存状态。

（三）供应链的治理作用

合作是一种双方在互惠承诺下的互动关系（Anderson，1994），是参与合作的企业基于彼此的利益建立的存在于市场与层级组织之间的协议关系（Williamson，1975）。建立在竞争与合作并存基础之上的上下游关系，通过关系约束、声誉保障、成员资格控制、信息共享和内部协商等机制来约束和协调企业之间的关系，从而使供应链成为介于市场与企业之间的第三种治理机制。供应链通过三种途径实现对企业的治理：

1. 供应链提高企业的信息透明度。从技术方面看，供应链集中意味着上下游企业共享需求预测、库存计划、资源配置、设备管理、路径优化、生产计划、作业安排、物料和能力计划、采购计划等信息，公司在其大供应商或大客户面前几乎没有太多的秘密，从而使企业受到上下游更严密的监督，供应链成为资本市场控制的替代性治理机制（Cremers et al.，2008）。Johnson et al.（2010）发现，由于大客户更容易获取公司的核心信息和运作状况，因此大客户对公司的IPO具有担保作用，拥有大型顾客的公司在IPO中的估值较高，且其长期绩效较优。

2. 供应链影响上下游企业对关系资产的投资。上下游企业增加关系资产投资可以降低企业的投资规模和投资风险，提高企业的经济效益。但是，增加对关系资产投资会使上下游的风险上升，因而企业如何通过自己的财务行为降低上下游的投资风险成为问题的关键。Titman（1984）认为，企业的资本结构会影响客户和供应商对专用资产的投资决策。换言之，当公司采取诸如提高经营杠杆等增加财务危机发生可能性的行为时，其客户和供应商就会采取相应防范措施来调整他们之间的关系，反过来说，企业的资本结构决策也会受到供应商和客户的影响。Maksimovic 和 Titman（1991）指出：客户不愿意从一家即将破产的企业购买产品，原因是一旦企业破产，客户投入的关系资产就会贬值，因此企业过高的财务杠杆会降低供应商、客户对关系资产的投入；反之，企业可以通过提高盈余质量来吸引上下游企业对关系资产的投资。Cen et al.（2011）发现，当企业存在敌意收购威胁时，很难与上下游建立长期关系，吸引上下游的关系资产投资也会变得更加困难。Baranchuk 和 Rebello（2011）指出，当一家公司出现财务危机或者破产时，包括公司的客户和供应商在内的所有利益相关者都可能会受到影响。因此，供应商、客户可以通过调节关系资产投资规模等手段影响公司的财务决策行为。Krolikowski 和 Yuan（2017）发现较高的客户集中度会增加企业的研发投入和创新，因为较高的客户集中度意味着企业与主要客户有很强的关系并且转换成本较高，企业将创新作为一种防御型战略，更愿意投资到研发和创新。但是，Kim 和 Zhu（2018）却发现客户集中度负向影响企业的研发强度。他们提出，高客户集中度导致企业的风险和不确定性上升，从而导致企业投资到创新和追寻新技术的意愿大大降低。类似地，Yli – Renko 和 Janakiaman（2008）发现高客户集中度对于企业新产品产出的影响是负向的。

3. 供应链改变了上下游之间的利益博弈模式。供应链集中使上下游企业之间形成竞合关系，从而使企业既要保持与上下游的合作，又必然会与之发生利益博弈，且该情境下的博弈模式有别于传统企业之间你死我活式的斗争。以合作为基础的利益博弈使企业进行财务决策时必须顾及上下游的反应，从而影响到企业的财务行为。Hui at. al.（2012）发现，当供应商、客户处于强势谈判地位时，公司不得不采取更保守的会计政策，对会计损失的确认也更及时。Intintoli et al.（2013）发现，公司更换 CEO 会给供应商的销售带来不利影响，但如果供应商谈判实力较强，或者双方的关系牢固，公司可能不得不为迎合供应商的要求而改变自己的财务决策。王雄元、王鹏、罗炜（2014）的研究显示：面对强势客户，公司不得不及时化解风险，以避免公司风险的集聚和股价崩盘风险的爆发；客户关系越稳定，客户对公司股价崩盘风险的抑制效应就越强。总之，为了提高自身的谈判地位，公司在做财务决策时不得不顾及供应商、客户的反应，表明重要的供应商和客户能对公司的财务决策产生治理作用。

以上分析说明，企业的非财务利益相关者同样会“参与”企业的财务决策，并导致不同的经济后果。因此，在企业绩效的研究过程中，应该将供应链因素纳入到考察范围，以更加全面地剖析企业绩效的影响机制。

（四）供应链集中对财务绩效的影响

供应链集中对企业的财务绩效（甚至是公司治理）能产生何种影响?

从20世纪90年代开始，学者们就开始关注利益相关者对企业绩效的影响。Nahapiet and Ghoshal（1998）基于对社会资本、智力资本和组织优势的研究，从企业战略的角度肯定了利益相关者对企业经营绩效的作用。供应商和客户作为企业重要的利益相关者，对企业的绩效无疑具有重大影响。

但现有文献分别从竞争与合作两个对立面进行研究，并且得出并不一致的结论。

1. 从合作方面看，供应链集中能够显著提高企业的绩效。Tang 和 Rai（2012）发现，供应商集中度对企业竞争绩效有显著正向影响。Frohlich 和 Westbrook（2001）发现，企业与上下游的整合能够提高其生产效率和非生产绩效，进而提高其市场竞争优势。赵丽等（2011）认为，供应商整合通过提高供应商运作绩效从而提升财务绩效，客户整合通过提升客户服务绩效从而促进财务绩效。Vickery et al.（2003）发现，供应链整合通过改善客户服务水平，从而提升企业的财务绩效。Yu et al.（2013）发现客户整合能够显著地提高客户满意度。Chang 等（2016）分析了1995年至2015年学术期刊论文、毕业论文、会议和工作论文、书稿等170篇实证研究，发现供应商整合和客户整合对于企业运营绩效、关系绩效、战略绩效和财务绩效都有显著提升作用。Ataseven 和 Nair（2017）分析了1995年至2016年发表在学术期刊上的40篇实证研究，发现客户整合对财务绩效有显著的影响，供应商整合对于总体绩效、财务绩效和运营绩效都有显著影响。

综合来看，合作促进企业绩效改善的途径主要表现在三个方面：首先，对企业而言，上下游合作是一种关系资本。企业与供应商、顾客，以及企业所在网络成员之间的联系就是它的关系资本（Johnson，1999）。Joyce A. Young（2000）认为关系质量会直接影响双方合作的效果，合作双方的关系认知水平、企业自身的组织能力都是影响合作绩效的重要因素。其次，企业与上下游之间的合作是一种资源互补。Dyer 和 Singh（1998）指出，互补性资源是合作伙伴彼此具有独特的资源，其联结可以产生比单一企业更多的利润。Gadde 和 Snehota（2000）在研究中发现，当供货商拥有制造商所欠缺的专有核心技术与能力时，双方的合作关系进一步发展的潜力更大，并且会显著增强企业之间彼此的合作意愿。因此，供应链伙伴关系可显著提升供应链上下游企业绩效。供应商伙伴关系与企业运营绩效无关，与财务绩效正相关；销售商伙伴关系与企业运营绩效和财务绩效均正相关（赵泉午、王青、黄亚峰，2010）。王龙伟等（2003）发现，企业对供应商的支持与协助以及鼓励供应商参与产品开发等能提高双方绩效。Narayanan、Narasinihan 和 Schoenherr（2015）指出，供应链整合使企业从上下游获取信息和资源，及时掌握市场需求变化，并在合作伙伴的配合下敏捷调整采购、生产和销售。最后，上下游合作能稳定双方的长期预期。Carr 和 Pearson（1999）发现，与关键供应商建立长期的合作伙伴关系会显著提高企业财务绩效。Patatoukas（2012）研究了边际利润为正数的企业样本，发现客户集中通过削减运营成本和增加资产利用率改善了经营效率，进而提高企业绩效。Irvine 等（2016）发现客户集中对企业绩效的影响受到与主要客户关系的生命周期的影响。客户集中在关系建立初期会损害企业绩效；但是，在关系成熟和维持期，则有利于企业绩效的提升。

2. 从竞争方面看，供应链集中引起的竞争会对企业绩效改善产生不利影响。原因在于：第一，与合作伙伴的高度整合会使得企业过于依赖合作伙伴，决策模式僵化，响应时间更长，使企业无法应对外部环境变化（Das et al.，2006）。第二，供应链集中会导致企业风险的增长。Mihov 和 Naranjo（2016）发现，高客户集中度增加了企业股票的特质波动率。Dhaliwal et al.（2016）发现高客户集中度会增加企业的风险并且导致更高的权益资本成本。第三，竞争导致企业成本的增长：为了满足大客户的订单要求，企业可能需要投入过多的产能和物流设备，并引起生产成本的不合理增长；竞争影响上下游之间的生产和物流协调，企业为了应付下游客户的需求变动，不得不持有比“牛鞭效应”存在时还要高的库存水平，各节点高水平的库存会浪费仓储空间和运输能力，从而使整条供应链显得越发笨重；在面对快速变化的市场需求时，缺乏合作的供应链使得企业难以提前安排生产和物流，容易出现生产能力和物流能力在某些情况下空置，在另外一些情况下不能满足实际需求，这些要么引起浪费，要么影响供应链的效率和客户的满意度。因此，Kim（2017）发现，客户集中度对企业的绩效为负向影响。Saboo et al.（2017）发现，客户集中度与企业绩效负向相关，但是客户集中度对企业绩效的负向影响会随着企业营销、技术、运营能力和客户信用质量的提升而降低。

可见，合作能够提升企业的绩效，竞争可能降低企业的绩效。但现有研究成果要么仅从合作的角度、要么仅从竞争角度去分析供应链集中的经济后果，其结果可能都不是完整的，这也许是很多研究结果之间相互矛盾的原因。上下游企业之间处于竞合并存状态，尤其是在供应商、客户占据谈判优势时更倾向于攫取竞争利益时，供应链集中带给企业的影响是复杂的。我们必须全面地、辩证地分析上下游之间的竞争与合作关系，才能更好地剖析供应链集中对企业绩效的作用机制。

第二章　理论基础研究

没有理论指导的实践是盲目的实践。本章通过对利益相关者理论、供应链理论、风险管理理论的回顾和分析，为研究供应链风险对企业绩效的影响寻求理论基础。

第一节　利益相关者理论研究

美国Standford研究院于1963年提出“利益相关者”概念。他们指出，利益相关者是和企业具有紧密关系的所有人。如果公司没有这些利益群体的支持，它就无法持续经营下去（Clark，1998）。Freeman（1984）对利益相关者进行了广义的界定，即利益相关者是可以影响公司整体目标实现，或者可以被公司实现其目标的过程影响的所有个人及群体，包含了互相之间交易以及合约关系等一系列形式。利益相关者是企业行动产生的影响所涉及的人、群体或组织，或者是承担企业行动后果的那些群体，即与企业决策有利害关系的人，通常意义的利益相关者包括股东、债权人、经理、雇员、政府、顾客①、供应商，以及社区邻居等。克拉克森（Clarkson）将公司利益相关者解释为：“对公司现在、过去或未来的活动享有或者主张所有权、权利或者利益的自然人或社会团体。”而大卫·威勒和玛丽亚·西兰琶（2002）则提出了一个更宽泛的利益相关者概念，他们将自然环境、人类后代、非人类的物种等都包括在利益相关者概念之内。

Margaret M. Blair（1995）指出，公司不仅仅是实物资产所组成的总体，还

① 为了行文的简洁，本书将企业产品或服务的批发商、零售商或用户（包括产品的最终用户和将产品作为原材料的工商用户）统称为顾客。

是一个典型的法律框架。上述关系不单单有公司的股东，还需要考虑贷款人、供应商及顾客以及企业的员工。其原因是这些个体皆为公司做出了贡献，且此类贡献在很大程度上决定他们与公司之间的稳定关系。Blair 认为公司的员工、贷款人、顾客及供应商都能做出不同的专业投资，而这些投资和股东的投资相同，且皆有相应的风险，所以他们对利益的寻求与参与公司治理的权利一样应该得到合理的维护。

利益相关者理论认为企业是利益相关者的企业。与股东价值取向的观点不同，利益相关者理论更强调利益相关者在企业中的利益。企业所关注的是利益相关者群体——投资者、雇员、供应商、顾客和管理者等的广泛利益，而不是只关注其中的一类（约翰·凯，2001）。企业是各利益相关者依据各自的价值（预期）考虑和判断，为了追求价值创造和价值最大化而凝结的一种网络系统（祁顺生，2001）。具体而言，股东和债权人向企业投入了财务资本，经理人员和雇员向企业投入了知识和人力资本，他们都承担了资产专用性的套牢风险；供应商和顾客虽然没有直接向企业投入资本，但如果企业与他们之间形成了长期稳定的供销关系，他们也要承担一定的违约风险。因此，企业的行为关系到全部利益相关者的利益。反过来，企业利用了利益相关者的各种资源，协同不同的资源组合并，通过投入和产出活动得到回报。企业支付给上游企业的买价、支付给企业股东的股利和支付员工的工资、支付给国家的税收以及支付给债权人的利息等都应该看作是各个利益相关者从总体价值增值中分配到的增值，而企业存在的根本目的及实际意义就是提高利益相关者的资源在企业中的回报程度，创造最大的总体价值增值（高宏亮，2005）。所以说，企业只是利益相关者的代理人，企业的利益最终归属于利益相关者的利益。但是，这并不意味着可以忽视企业的作用。相反，企业在由各方所构成的利益共同体中处于中心地位。

早先的企业管理理论主要以股东利益最大化为公司的价值取向和行为目标，伴随以 Stislitz（1992）为代表的新兴经济发展理论的深入，公司治理过程中的价值取向与行为目标逐渐发生了改变，实现“利益相关者”目标日渐显现。利益相关者理论提出，除了股东提供财务资本之外，管理者和员工提供了人力资本，银行等借款人提供了财务资本，供应商和客户为企业承受了经营风险、社区和政府也为企业提供了社会环境、人力资源等。因此，股东、管理者、员工、银行、供应商、主要客户、周边社区居民和地方政府等都是公司的利益相关者，公司的持续经营少不了利益相关者的维护与支持，公司只有将利益相关者的利益维护好，营造出和谐稳定的发展环境，才能实现公司自身利益与长期发展目标。公司的经营者应该给全体利益相关者提供保值与增值的服务，进而为其创造更丰富的财富，并非单单以实现“股东利益最大化”为唯一目标。因此，从公司治理的角度看，利益相关者应参与公司治理、分享公司的决策权。

基于这样的理念，许多国家不仅在管理理念方面，而且在实际行动上，已经逐渐在为利益相关者参与企业的治理创造条件。据统计，美国已经有 29 个州修改了《公司法》，规定公司的经理在考虑股东（Stockholder）利益的同时，也应当为其利益相关者（Stakeholders）进行服务。在德国和日本，企业的客户、供应商、银行机构、企业员工等都以利益相关者的身份投入到公司治理的过程中，并为公司相关决策与长期发展而服务。中国证监会于 2005 年出台的《上市公司治理准则》第六章第 81—86 条明确对“利益相关者的利益维护与参与公司治理”。

根据对利益相关者参与企业利益深浅的不同认识，可把利益相关者理论区别为三种观点：（1）企业依赖利益相关者而生存。1963 年，斯坦福大学研究所的研究报告指出：“如果没有利益相关者的支持，企业就无法生存”。该观点将利益相关者看成是企业生存的必要条件，企业应该重视他们的利益。但该观点认为企业仍然独立于利益相关者，两者共同利益的基础仍不是十分广泛。（2）利益相关者参与企业的战略管理（Freeman，1984）。该观点认为企业与利益相关者之间的关系不仅仅是依赖与被依赖的关系，利益相关者在企业战略发展中占有重要地位。这种观点进一步确立了利益相关者对企业的重要性，强调企业应该在战略分析、规划和实施过程中协调与利益相关者的关系。（3）利益相关者参与企业的利益分配。该观点将企业契约理论中所有权安排的边界由股东延伸至企业众多的利益相关者，主张企业是一组“关系契约网络”（杨瑞龙、周业安，1997）。该观点强调企业与其利益相关者之间是一个利益共同体，相互之间应该是互惠互利的关系，企业应该协调好内部生产与外部利益相关者之间的关系以达到共赢的目的。这三种逐步递进的观点反映了该理论对企业双重本质属性认识的不断融合和进一步深化。

利益相关者理论克服了新古典经济学将企业看成是追求股东利益最大化生产者的狭隘观点，避免了企业能力理论与企业契约理论对企业性质认识上的失误，将企业的内外利益相关者全部纳入研究范畴，并从交易性和生产性两个方面揭示了企业的本质，其在理论上的进步是显著的。

基于利益相关者理论，尤其是利益相关者参与企业利益分配的观点，企业决策不应以企业或股东的利益为目标导向，而应该以供应商、企业自身、顾客等供应链成员的整体利益最大化为目标。

本书认为，企业绩效管理必须将上下游企业（尤其是大的供应商和大的客户）纳入到考虑范围内，既是由于供应商和客户事实上对企业的经营管理产生重大影响，也是由于他们是企业的主要利益相关者，企业对他们进行回报也是企业长期发展的需求。

第二节　供应链理论研究

一、供应链理论的产生基础

供应链理论是建立在一系列管理理念和管理技术的基础之上的，下文通过对供应链起基础作用的相关管理理念和管理技术的研究，来阐明供应链的产生背景。

（一）企业关系的变化

过去人们一直认为，企业与供应商之间只是简单的买卖关系，甚至是经济利益对立的关系。随着社会分工的不断发展和竞争的日益激烈，许多企业通过缩短产业链而致力于核心竞争力的发挥，因此企业越来越依靠上游的供应商，其采购成本在企业总成本中的比重越来越大，采购管理在企业中变得日益重要。在这种背景下，企业加强了与供应商在计划、成本、质量等方面的信息沟通，以期降低采购成本，提高原材料质量，保证原材料供应。甚至在产品开发阶段，企业就开始吸收供应商参与其新产品的研制，目的是缩短原材料和零部件的供应周期，加快产品上市的速度。随着双方信任的加深，企业减少供应商的数量，更进一步地加强与供应商在资金、人员、信息、技术等方面的合作，从而与供应商建立起互惠互利的战略合作关系。产业链上下游企业之间合作关系的建立是供应链产生的社会基础。

（二）快速反应和有效顾客反应的产生

自20世纪70年代中期起，世界经济逐步进入“买方市场”时代，在国外廉价商品大量涌入和国内大型连锁店迅速发展的双重冲击下，美国传统的批发零售业举步维艰。于是，服装业求教于著名的流通咨询公司——KSA。KSA公司经调查研究后指出：虽然服装业中的每一环节都有很高的效率，但整个产业流程的效率却非常低。因此，KSA公司建议对产业流程进行整合，提出通过制造和流通领域的信息共享，改善市场预测，加强对库存的监控，实现对顾客需求的快速反应（quick response，QR）。QR运动在美国服装业的推行取得来令人惊奇的成果：提高库存周转率30%—90%，增加销售额30%—60%。此后，QR向日用杂货、家具、食器、家电等领域扩展，提高了整个零售业的流通效率。QR的基本思想是将原有的以制造商计划为主导的“推动式”（push）产业链转变为以消费者需求为主导的“拉动式”（pull）产业链。在“推动式”产业链中，制造商通常是根据自己的情报和判断来预测需求，制订生产计划，然后将产品“推向”市场。在卖方市场条件下，这种产业模式不存在什么问题，因为当时生产多少就能卖掉多少，生产什么就能卖掉什么。但随着买方市场的形成，消费者选择的余地越来越大，经常出现“企业生产的产品卖不掉、顾客想要的产品没有生产出来”的困境。“拉动式”产业链是以消费者的需求（订单）作为制订生产计划的依据，通过统筹安排采购、生产和库存，从而大大提高了对市场需求的响应速度。这种从“推动”向“拉动”的转变，是供应链管理产生的一个重要思想与实践基础。

随后，KSA公司针对美国食品零售业存在的问题提出了有效顾客反应（efficient consumer response，ECR）的管理策略。ECR的基本思想与QR类似，它通过应用营销技术、物流技术、信息技术、组织化技术，实现在商品搭配、商品补充、促销活动，以及对新商品开发等领域对顾客需求的有效反应。营销技术、物流技术、信息技术和组织化技术等的发展，为供应链管理构筑了技术基础。

（三）组织重构

20世纪80年代中期，很多企业组织规模庞大但效率却十分低下。通过探索，这些企业逐步认识到，其实竞争环境已经发生了极大的变化，竞争的重点已经不仅是产品本身的质量、价格和服务，而是为“最终顾客”提供的产品、服务的质量、时间和价格。为此，企业不得不改变组织结构以提高对市场需求的应变能力，其中一个重要的变革思路就是沿着业务流程的方向重新调整内外组织结构。就企业内部组织结构调整而言，许多企业打破传统的按职能设置内部组织的做法，改为按作业流程为基础重构内部组织机构；就企业间关系来说，以“供应商的数目少，与每个供应商保持长期关系”为特点的日本式企业组织模式得到了西方学者们的推崇，许多西方企业也纷纷效仿（Vokurka, et al, 1998）。组织结构的重组为供应链管理提供了组织保障。

（四）业务流程再造

1993 年，Hammer 和 Champy 发表了著名的《企业再造》一书，在世界范围内掀起了业务流程再造（business process reengineering, BPR）的热潮。按照哈默和钱皮的观点，现代企业组织是建立在劳动分工论的基础上的，无论是个人工作还是组织工作，分工都有助于提高效率。因此，诞生于 20 世纪初的现代企业，不仅对个人的工作进行了详尽分工，而且对组织内部的分工也越来越细。分工的结果导致组织的层次越来越多，组织越来越庞大，业务流程也拉得越来越长。由于每一个人都按照分工专注自己所属部门内的业务，谁都不对整个流程负责，因此没有相应的手段来监控流程。BPR 的目的正是从根本上重新思考企业的工作方式，对企业现存的业务流程进行根本性的改造，从而大幅度地改善质量、成本、速度等企业绩效。包含在 BPR 中的这些思想，对于企业构建供应链，对供应链进行集成管理同样是适用的，因为供应链的基本思想本来就是要把从整个供应链作为一个完整的“流程”来看待和管理。因此，BPR 对企业重新思考、构建、改进自身的供应链起了极大的促进作用（Quinn, 1999）。

（五）约束理论

传统思想认为，只要改进各个环节、各个部门，就可以带来整个系统的改进，即各个部分的最优之和等于整体的最优。但是，约束理论（theory of constraints, TOC）却认为，系统各个部分的最优并不等于系统的整体最优，一个系统的产出速度和产出量取决于系统的瓶颈环节，因此，管理的目标应该是寻找并消除这样的瓶颈环节。在该理论的基础上，Goldratt（1990）提出了具体的寻找和消除瓶颈的方法。TOC 理论对供应链系统管理思想的形成具有很大的启示性作用。

二、供应链管理的概念

关于供应链管理（supply chain management, SCM）的概念，目前尚无一个统一的定义，学者们根据自己不同的理解、从不同的角度来给供应链下定义。

早期的观点认为供应链管理是对制造企业内部操作层面的改造，此时注重的是企业自身的资源利用，此阶段的研究主要集中在如何利用直接供应商的能力和技术来提高制造商的生产效率等方面。Houlihan（1987）将供应链管理定义为：在组织内部整合不同的职能领域，以提高从直接供应商经制造和配送到达最终用户的产品流动。

20 世纪 90 年代，许多生产和服务提供商希望通过加强与供应商的合作来提高采购和供应的管理水平，使得通常的采购和供应管理整合为供应链管理的一部分。由于这种“供应链管理”的着眼点主要集中在工业制造商的采购和供应领域，所以被称为采购和供应的供应链管理（Tan 等，1999）。与此同时，许多批发商和零售商也通过整合他们的配送渠道来管理“供应链”以提高自己的竞争力。两种不同角度的“供应链管理”经过各自的发展最后合并为一个完整的具有战略高度的供应链管理，其范围涵盖了原材料供应、制造、销售等各个领域，这就是现在通常意义上的供应链管理。Scott 等（1991）把供应链管理描述为：将从原材料到最终用户的所有制造和供应环节中所有元素链接起来的链的管理。按照这个定义，供应链管理包含了从原材料的取得到满足最终用户的所有物流活动，其范围超出了单个企业的界限。

Baatz（1995）更进一步地将供应链管理的范围拓宽到包含循环和再利用方面。Harland et al.（1999）将供应链管理定义为：管理商业活动和联系，包括组织内部、与直接供应商之间、与沿着供应链的第一第二级供应商和客户之间，以及与整个供应链的联系。这一时期研究供应链管理的重点在于如何有效地利用供应商们的流程、技术和能力来提高产品的竞争力（Farley，1997），以及企业组织内部的制造和物流的协调管理（Lee et al.，1998）。当时的人们认为，当供应链上所有的节点企业的战略得到有效的整合并且发挥单一整体作用的时候，整个供应链系统的效能就能够得到提高。

随着管理水平、制造技术和制造工艺的提高，制造环节的可压缩成本日益减少，物流环节的成本节省日益受到重视，于是 New 和 Payne（1995）将供应链的研究重点扩展到对整个销售和零售体系的整合，强调物质配送渠道和物流整合的重要性。在这一领域的相关文献中，研究的重点是通过优化最终产品到最终用户之间的运输以达到缩减库存和提高响应时间的目的。直到现在，物流系统的优化和管理仍然是供应链管理研究中的一个热点。

目前，人们更加注重对供应链上各节点企业在物流、信息流、资金流等方面的一体化、集成化管理。因此，Johnson 和 Pyke（1999）认为："供应链管理是通过贯穿整个供应链的从供应商、部件生产商、装配商到分销商（批发商和零售商）直到最终客户的把物流、信息流和资金流连成一个整体的管理模式。" Simchi et al.（2000）定义供应链管理为："供应链管理是在满足服务水平需要的同时，为使系统成本最小而采用的把供应商、制造商、仓库和商店有效地结合成一体来生产商品，并把正确的商品在正确的时间配送到正确的地点的一套方法。"

总而言之，供应链管理的发展经历了三个阶段：最初，主要是通过与上游直接供应商的合作来实现生产成本的降低（Fernie，1995），但当时供应链的柔性很低，新产品的开发与推出速度也十分缓慢；之后，随着与供应商合作的加深和企业内部工艺的改进，供应链的柔性得到提高，成本也得到进一步的降低；最近，随着企业之间合作的范围进一步扩展和合作程度的不断加深，制造企业与上游供应商的技术合作缩短了新产品开发的周期，与零售商的合作实现了销售渠道的无缝化配合，从而极大地提高了供应链的响应速度，降低了供应链的整体成本。

三、供应链管理背景下的上下游竞合关系

现实中，越来越多的企业加强了与上下游的合作（马士华等，2014），通过减少交易伙伴数量、扩大交易规模等措施提高跨企业业务的效率，并在此基础上逐步形成供应链集中。供应链集中一方面能够提高存货运行效率，但另一方面也会引起上下游企业地位的失衡，弱势一方不得不牺牲一定的利益以维持双方关系（陈正林，2014）。因此，供应链集中既是上下游合作的结果，也时刻伴随着双方利益的竞争，从而使上下游企业之间形成螺旋式上升的竞合关系。

在供应链集中越来越普遍的情况下，供应链集中如何影响企业的存货运行效率呢？它是否受到上下游竞合关系的影响？对此问题，现有文献给出两种截然不同的结论。Patatoukas（2012）认为上下游企业之间的利益是对立的，对具有谈判优势的企业来说，它能将库存压力转嫁给下游客户，因而其自身的存货周转率较高。但 Irvine at el.（2016）以上下游合作为假设前提，认为客户集中能促进关系资产的投资，从而提高存货的周转效率。可见，现有文献只是从竞争与合作的一个侧面去分析，且只分析了客户集中的影响，并没有将竞争与合作这一矛盾体纳

入到一种情境下进行分析，也没有分析上下游同时集中的作用机制。

从采购方面看，企业仅从少数供应商处采购材料，特别是长期从这些供应商手里购买货物，就会逐渐形成供应商集中。供应商集中有利于企业存货运行效率的提高：（1）多次、大规模的交易能提高双方的信任程度，促进专用资产投资，从而提升企业采购物流的运行效率；（2）通过与少数供应商的信息共享，企业可实时掌握存货的供应信息，对市场变化做出灵活响应，进而缩短订货提前期、减少安全库存；（3）供应商集中可以促进跨企业物流模式的优化，通过同步物流、供应商管理库存、集配等先进物流模式实现对供应物流、生产物流的集成，从而大大降低采购和生产环节的库存。总之，供应商集中能促进物流业务集成，提高企业的存货运行效率。

从销售方面看，如果形成客户集中，企业存货的运行效率也能够得到提升：（1）企业与少数大客户之间更容易形成信息共享，这有助于降低企业的供产销各环节的安全库存，提高存货运行效率（Kulp，2002）；（2）客户集中使企业能够实现拉动式采购和生产，最大限度地压缩了各环节的存货数量。

传统观点从竞争出发，认为大供应商或大客户具有更强的议价能力，供应链集中会给企业带来不利影响（Galbraith，1952；Scherer 和 Frederic，1970；Porter，1974；Lustgarten，1975），企业被迫承担更多的安全库存（Kelly 和 Gosman，2000），企业的存货周转期变长，存货管理效率下降（Cachon 和 Terwiesch，2008）。因此，面对以利益竞争为主导的大供应商（或大客户）时，企业存货的库存可能会增加，存货运行效率面临下降的压力。

但在现实中，越来越多的企业加强了上下游之间的合作，并在上下游集中的基础之上形成长期稳定的合作关系（马士华等，2016）。如前分析，无论供应商集中还是客户集中，都是企业与上下游长期信任、合作的结果。随着上下游交易时间的延长，大部分的供应商和客户被淘汰，企业只与剩下的少数几个供应商、客户保持交易，交易金额也越来越大，合作程度不断提升。随着合作的深入，供应商就近建厂，从而有效降低企业采购环节的不确定性、减少库存；双方加大专用资产的投资，使物流效率大大提升，存货库存大幅降低；不断优化跨企业的业务流程，进一步提高企业的存货运行效率。

必须强调的是，竞争与合作是上下游关系中“一个硬币的两个面”，矛盾的双方同时存在，只不过在某些情况下竞争占据主导地位，在另一些情况下合作占主导地位。但是从长期来看，企业与大供应商、大客户之间合作比他们之间的竞争更多，否则双方的交易不会越做越大。这也就是说，企业与上下游的关系中同时包含竞争与合作，有时合作占主导，有时竞争占主导。相应地，企业的存货运行效率受企业与上下游关系的影响。

从时间轴上看，无论是供应商集中还是客户集中，都是一个逐步形成的过程。在这个过程中，企业与上下游之间的竞争与合作对企业存货运行效率产生不同的影响：（1）当集中度较低时（比如，供应商、客户集中度小于10%），企业与供应商、客户之间可能只是一种普通的市场交易关系，彼此之间缺乏信任，尚未建立稳定的合作机制。在这种状态下，供应商（或客户）集中对企业存货运行效率的影响可能不明显。（2）随着上下游交易时间的延长，供应链集中度越来越高，双方的合作不断深入，从而促进企业存货运行效率的提高。（3）当企业与上下游的集中度过高时，过度集中可能会诱导机会主义行为产生，竞争在双方关系中的地位更加凸显，权力分配倾向于强势一方。面对大的供应商（或大客户）时，企业在谈判中往往处于不利地位，不得不为大供应商（或大客户）承担更多的存货囤积任务，存货效率提升在弱势企业一方的表现逐渐消失。

可见，上下游之间不断变化的竞合关系对企业绩效的影响是复杂的，因时因势而变动。

第三节　供应链风险理论研究

一、供应链风险内涵

供应链风险指供应链的不确定性和易变性。供应链风险包含三种含义：风险来源是各种不确定性因素；牛鞭效应使供应链风险被放大；供应链任一企业的风险问题都可能波及影响其他企业，影响整个供应链正常运作，甚至导致供应链破裂与失败（廖诺等，2007）。就供应链中的企业而言，它承受的供应链风险主要来源于三个方面：供应不确定性、生产不确定性和需求不确定性（韩东东等，2002）。

显然，无论是来自企业内部的不确定性，还是来自上下游的不确定性，都会影响企业整体的不确定性。特别是在供应链集中的情况下，企业主要供应商或主要客户的任何风吹草动都可能给企业带来严重影响。本书在分析上下游风险产生原因的基础之上，重点考察它对企业财务绩效产生的影响。

二、供应链风险的产生原因

供应链跨地域、多参与主体、多环节等特征，使其很容易受到外部环境和链上各主体不利因素的影响，从而形成供应链风险（张存禄，2010）。从来源上看，供应链风险既有来自供应链节点企业之间的风险，也有来自于供应链之外的风险。

从供应链内部风险来源看，既有上下游企业的客观因素，也有上下游企业的主观原因。首先，链上企业受各种因素的影响，它本身就存在不确定性，一旦它将各种不确定性往上下游传递，必然引起其他企业的不确定性。其次，链上企业也存在向上下游转移不确定性的可能。在信息不对称的情况下，企业有条件、有动力将其承受的不确定性向上下游转移。特别是由于各自目标和利益不同，维系上下游企业之间业务的合约更多的是口头协议或商业惯例，而非完备的书面合同，企业在道德风险和逆向选择等因素的推动下可能会做出对自己有利、对上下游不利的选择，从而引发供应链风险。当链中某一企业对上下游具有较高依存度时，它更容易受到上下游的胁迫。过度依赖单一或有限数量的供应商，可能会给企业带来战略风险（Cousins et al.，2004）。

外部风险也可能会引起企业的供应链风险。引起供应链外部风险的因素很多，主要包括：产品更新风险、产品市场竞争风险、市场需求风险、金融政策风险、政治环境风险、外汇汇率风险等。Gaonkar et al.（2004）认为，供应链的全球化、核心工厂和集中分销、外包、供应商数目的减少、需求的易变性、对过程控制和监测的缺乏等会使供应链的风险水平大大增加。全球化使来自政治事件、经济事件的风险更高，任何一个国家供应链的断裂可能会迅速影响到整个全球供应链（Harland et al.，2003）。从这个角度看，外部风险不可避免，供应链风险对企业的影响也不可避免。我们研究供应链风险的目的就是要明确供应链风险的产生原因，从而更好地理解它对企业绩效的传导路径和影响程度，以便能制定有针对性的预防措施。

三、供应链风险管理策略

在风险应对上，企业可采取独立应对，也可能联合供应链上其他企业进行协作应对。供应链风险控制包括：（1）风险规避。它是指的是通过事先采取一定的措施，降低风险发生的概率，或降低风险可能带来的负面影响的供应链风险管理方法。比如，Choi 和 Krause（2006）指出，企业应选择一定数量的供应商，并使供应商之间的差异性尽量小，从多个供应商处采购，来分散供应不确定性带来的风险，以降低供应链风险水平。（2）风险分担。供应链风险分担侧重于供应链合作伙伴间的协作，使整个供应链及其成员在不增加供应链风险的前提下获得最大利润。常用的供应链风险分担形式有收入共享、回购契约、折扣策略、柔性契约等。比如，利用延迟战略、战略库存、弹性供应基数、自制与购买结合、经济供应激励、弹性运输、收益管理、分类计划、快速更新等策略可以降低供应链风险（Tang，2006）。

由于供应链成员之间存在“委托—代理”关系，应通过利益分成及风险分担机制来约束供应商或客户的道德风险，包括：（1）通过增进合作伙伴之间的信任以降低供应链风险（Christopher，2004）；（2）利用现代信息技术，建立激励机制，签订防范性合同（傅少川等，2004）；（3）与上下游结成战略联盟。通过建立动态合同，增加信任，降低静态合同或普通契约中的合作风险，为供应链战略联盟运行提供更加有效和全面的决策支持。

第三章　供应链风险影响企业物流成本的案例研究

第一节　企业物流成本内涵及其构成

物流成本是伴随着企业物流运作过程而逐步产生的。本章从单项功能成本和综合总成本两个角度来研究物流成本的生成机制，从而为物流成本控制提供研究基础。

随着顾客个性化、快速化消费潮流的兴起，加上采购和销售市场的日益国际化，企业的物流活动逐渐向小批量、多品种、快速化、国际化方向发展，不仅物流在企业生产经营战略中的地位越来越重要，而且企业的物流任务越来越繁重，物流成本占销售成本之比例也越来越高（我国汽车生产企业的物流成本占销售成本之比例在15%以上①，而我国宏观物流成本占GDP的比例也高达19%②），物流成本成为企业名副其实的“第三利润源泉”③，“物流成本的合理控制是当前企业‘最重要的竞争领域’”④。近年来，尽管物流技术的发展速度很快，但会计界专门研究物流成本的理论成果并不多见。

一、企业物流成本内涵剖析

中华人民共和国国家标准《企业物流成本构成与计算》（GB/T 20523－2006）

---

① 王德平：《KIT供给方式在汽车生产中的应用》，《物流技术（装备版）》，2010（2）：51－53。

② 美国的物流成本占GDP的比例在9%以下，我国“比发达国家要高出将近10%”（商务部国内贸易与战略研究部副主任张育林，2010年7月于上海“中国国际物流高峰论坛”）。

③ 之所以称为“第三利润源泉”，是因为此前在材料成本、人工成本等方面取得了卓有成效的控制效果。

④ 杨凌：《制造业物流成本控制研究》，《沈阳工程学院学报（社会科学版）》，2009（4）：211－213。

将物流成本定义为“物流活动中所消耗的物化劳动和活劳动的货币表现，包括货物在运输、储存、包装、装卸搬运、流通加工、物流信息、物流管理等过程中所消耗人力、物力和财力的总和，以及与存货有关的流动资金占用成本、存货风险成本和存货保险成本。”此定义解决了两个问题：一是将物流成本的性质界定为“物流活动中所消耗的物化劳动和活劳动的货币表现”。也就是说，该定义将物流成本仅限于物流活动过程中已消耗的能够用货币计量的经济资源和人力资源价值，未实际消耗的经济资源和人力资源，或者不能用货币可靠计量的经济资源和人力资源消耗，不构成物流成本；二是将物流成本划分为：运输成本、储存成本、包装成本、装卸搬运成本、流通加工成本、物流信息成本、物流管理成本，以及资金占用成本、存货风险成本和存货保险成本等十个构成项目①。

本书认为，GB/T 20523－2006关于物流成本的定义存在两方面问题：其一，它将物流成本的性质界定为“所消耗的物化劳动和活劳动的货币表现”，实际上是将尚未发生或者虽然已发生但却不能用货币计量的成本要素排除在物流成本之外，故其所界定的至多只是财务会计范畴的物流成本概念，而当前人们研究物流成本的主要目的是加强物流成本的内部控制而不是对外报告，所以该定义存在与实际成本核算目标不一致的问题。其二，“所消耗的物化劳动和活劳动”与其后的“与存货有关的流动资金占用成本、存货风险成本”的阐述存在矛盾，因为流动资金占用成本、存货风险成本并非“所消耗”的成本。因此，本书认为物流成本是企业为实现货物、服务及其相关信息从产出地到消费者之间双向流动和储存而所付出的代价。其中“从产出地到消费者之间双向流动和储存”界定了物流成本发生的空间范围②，它比国标中“物流活动”的内涵更加具体、更具可操作性；而“代价”既包括能用货币可靠计量的经济代价，也包括不能用货币可靠计量的诸如环境污染、社会资源占用、时间耗费等方面的代价；既包括已经付出的代价，也包括虽未实际付出但可归属于物流活动的机会成本、风险成本等。因而，这一定义的内涵概括更科学也更切实，既能避免将其界定于财务会计范畴时在会计计量和核算目标方面受到的约束，又符合物流活动在时间、风险、环境污染等方面的特殊性，其表述反映了多层次管理物流成本的

① 其中前七项被称为物流功能成本，而后三项不属于独立的功能成本，故在核算时应并入运输成本和储存成本之中。

② 该范围的界定参考了美国供应链管理专业委员会（CSCMP）2005年关于“物流管理”的定义。

客观要求。

二、企业物流成本的层次性

物流成本的划分标准有多种，本书按照控制对象将物流成本由小到大划分为四个层次（见图3-1）：

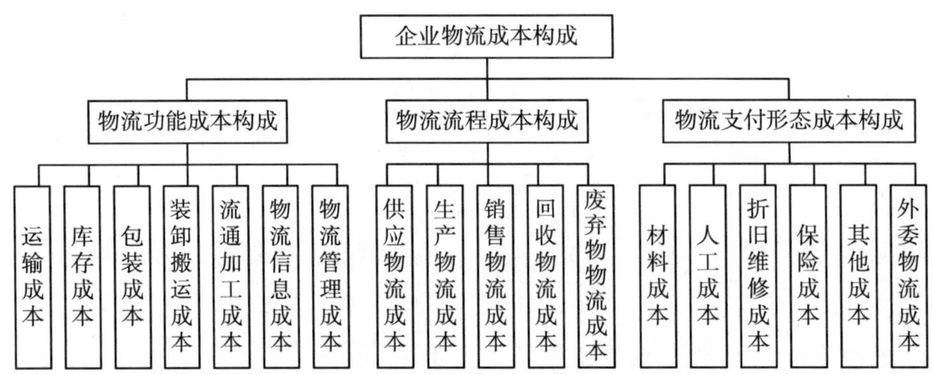

图3-1　企业物流成本的分类

（一）物流作业成本

物流作业是能够清楚划分物流成果与成本关系的最小物流单位，如为了控制购进货物的质量，需要投入一定的资源进行质量检验，因而质量检验是一项基本的物流作业。物流作业成本是为了完成某项物流作业而付出的代价。分析物流作业成本的目的在于清晰勾画出物流作业与物流成本之间的关系，进而通过对这种投入产出关系的分析，找出经济性较差的物流环节并对其加以改进，为物流成本全面控制奠定基础。

（二）物流功能成本

物流功能是为实现一定物流目标所需要的一系列物流作业的总称，如企业的零部件储存功能一般需经过卸货、数量清点、质量检验、搬运定位、仓储管理、搬运出库等作业，因而物流功能成本是构成该项物流功能的各项物流作业的成本之和。国标GB/T 20523-2006将物流划分为运输、储存、包装、装卸搬运、流通加工、物流信息、物流管理等七项功能[①]，根据前文对物流成本内涵的

① 其中的流通加工虽然发生于物流过程中，但本质上仍属于生产性活动，其成本发生规律与生产成本的相一致，所以后文不再讨论流通加工成本的控制问题。

界定，本章将每项物流功能成本的具体内容界定如表 3－1 所示。

表 3－1　　　　　物流功能成本分类及其构成要素

	直接成本	机会成本	风险成本	时间成本	社会成本
运输成本	人工成本、设备折旧和修理成本、燃料成本、过路过桥费、车船税	回程空载损失、设备闲置损失	保险费、发生交通事故时货物、人员、设施损失和善后成本	运输占用存货的资金成本、运输不及时造成的损失	占用社会交通资源成本、社会承担的交通事故预防和善后成本
储存成本	人工成本、水电成本、设施折旧和维修成本	仓储设备闲置损失、存货资金占用成本	保险成本、存货报废、毁损、丢失、贬值损失	缺货成本	有毒有害物质泄露导致环境和社会损失
包装成本	人工成本、设备折旧和维修成本、包装材料成本、包装标志标识的印制和粘贴成本	过度包装导致的运输和增量仓储成本	包装不当导致的货物损坏、标志标识不清导致错货	包装不及时造成的损失	社会用于处置包装废弃物的成本
装卸搬运成本	人工成本、燃料和动力成本、设备折旧和维修成本	能力闲置成本	货损成本	装卸搬运不及时造成的损失	
物流信息成本	人工成本、设备折旧和维护成本、软件使用成本、通信成本		信息错误造成的损失	信息传递不畅造成的损失	
物流管理成本	人工成本、管理设备折旧和维护成本、水电成本		管理不当造成的损失		

物流功能成本内涵和范围的界定非常重要，它既是企业物流成本核算的基础，也是物流预测和决策的基础，同时也是企业考核物流组织和人员的依据之一。

(三)物流流程成本

一系列相互关联的物流功能活动构成物流流程①，如企业的供应物流是由供应商开发与签约、订货、装卸搬运、运输、验收、储存、空容器返回等功能活动组成。物流流程成本是构成物流流程的各项功能成本之和。流程成本既是判断物流流程优劣与否的经济标准，也是评价流程执行部门的指标之一。从物流成本控制效果方面看，通过优化物流流程能够避免一些不必要的物流作业和物流功能活动，从而能取得比控制作业成本和功能成本更好的效果。如神龙汽车有限责任公司过去零部件的供应物流需经历供应商中间仓库、神龙公司中转仓库和总装线缓冲仓库等三次库存、多次装卸搬运和运输后才能被配送到汽车总装线，而经过改革后的汽车座椅的供应物流省去了中间的两次储存和多次装卸搬运，直接由供应商的中间仓库同步配送到汽车总装线，仅此一项改革就使其座椅库存量、包装容器数、仓储面积分别降低了78%、78%、77%，节约流动资金619840元。可见，优化物流流程是物流成本控制的重要途径。

(四)供应链物流成本

供应链物流是指连接供应链节点企业之间的物流活动，它是连接供应商、生产商、销售商和最终用户的跨企业边界的物流流程。人们常说“商品的竞争归根结底是供应链的竞争”，而物流无疑是供应链中最薄弱的环节②，所以控制供应链物流成本对提高供应链竞争力具有非常重要的意义。与前三个层次的物流成本相比，供应链物流成本的影响因素更多，最突出之处在于：由于供应链上的各个企业之间没有共同的产权基础，因而交易成本成为影响供应链物流成本的一个关键因素。所以，供应链物流成本控制的重点在于：一方面，应当站在供应链的角度去优化物流流程，寻求跨企业的成本控制途径；另一方面，物流成本控制的成果应由参与各方共同分享，以调动各个方面的积极性。

从以上的分析可以看出，不同层次的物流成本所涉及的责任主体、经济内涵、影响因素各不相同，相应地，各层次物流成本的控制主体、控制内容、控

① 企业全部的物流活动通常被分为供应物流、生产物流、销售物流、回收物流和废弃物物流等五大流程。

② 在如今的电子商务时代，商品交易所必不可少的信息流、产权流、资金流等都能通过互联网快速、廉价地实现转移，唯有物资的流动最困难（不仅速度慢，而且代价昂贵），因而可以毫不夸张地说，物流是当前商品交易最大的瓶颈。当然，这也反证了物流及物流成本控制的重要性。

制方法也应当各不相同，这一点是物流成本控制过程中所必须把握的。

第二节　企业物流成本的生成机理

与产品生产过程中的材料成本和人工成本相比，物流成本具有与之完全不同的发生机理。首先，各项物流功能成本之间相互影响，一种功能成本的削减很可能导致另一种功能成本的增加，具有明显的二律悖反性。如加大原材料的采购批量一般可以节约信息成本、物流管理成本、装卸搬运和运输成本，但也会造成储存成本的增加。这一特性表明，企业不应追求某一功能的成本最低，而应站在物流系统的角度追求物流总成本最低。其次，物流成本发生的环节多，具有空间上的分散性和时间上的广泛性[①]。具体而言，物流贯穿于供应链上的供应商、生产商、销售商乃至最终消费者，在企业内部涉及计划、采购、生产、销售、售后服务等多个部门，具有跨越企业外部边界和内部职能部门的特性。根据责任成本的控制原理，对这样一种跨企业边界、跨内部职能部门的成本必须由专门的机构和人员对其进行管理，才能实现责任与权利的统一。所以，企业必须改变过去职能部门纵向分割的物流管理模式，组建专门的物流管理组织，以实现对企业物流成本的整体有效控制，并在此基础之上落实物流成本控制责任。再次，引起物流成本发生的因素很多，物流成本的诱因具有复杂性。如前述及，货物储存包含信息处理、卸载与搬运、数量清点、质量检验、仓库管理（仓库管理又分为安全管理、数量管理和仓储位置管理）等作业环节，而每一作业的成本驱动因素又各不相同，如信息处理成本与批次有关，卸载和搬运成本与货物重量及体积有关，仓库管理成本与货物的价值、性能、体积、储存时间等因素有关。物流成本的这一特性使得物流成本核算变得尤为困难，企业只有借助作业成本法的原理仔细区分各种成本动因，才能为物流成本控制找到有效途径。最后，物流投入与产出之间的关系比较模糊。一般而言，企业的物流投入与物流产出（即物流服务）正向相关，投入越多，服务水平就越高。但由于物流系统的产出不是有形的产品，而是无形的服务，并且服务的接受者除了企

---

① 据统计，在一般企业的存货周转期中，物流占用的时间通常超过 90%，而加工时间往往不足 10%。

业的生产部门、销售部门之外，还包括企业的外部顾客，因而对物流服务水平的评价比较困难，再加上物流功能之间的相互悖反，使企业难以清楚地评估出某项物流投入是否达到预期目标。物流成本的这一特性，一方面说明厘清物流成本发生规律对物流成本控制的重要意义，另一方面要求企业切合本企业特点与实际制定合适的物流服务目标。

物流成本的上述特性说明物流成本控制不能照搬产品生产成本的控制办法，只有把握住物流成本的生成机理，才能采取有具针对性的措施有效控制物流成本。针对物流成本独特的生成机理，结合现有的成本控制理论，本书认为企业物流成本控制的基本途径在于：第一，要合理确定企业的物流战略。物流战略是指涉及企业物流发展方向的重大决策，通常包括企业物流服务目标的确定、工厂和仓库选址、人员配备、信息系统建立、设备购建等。正如产品设计决定了产品成本的绝大部分一样，物流战略也在很大程度上决定了物流成本的大小及其构成比例。因而，物流成本控制的首要任务是制定合适的物流战略，并据此确定切实可行的目标成本；第二，要整合内部物流组织，加强责任成本管理。物流成本发生的二律悖反性和分散性说明，只有将分散于各部门的物流职能集中到统一的管理组织之中，才能建立物流责任成本控制体系，调动物流人员参与成本控制的积极性；第三，要重组物流流程，不断优化物流模式，纵向集成物流功能。传统的物流模式根源于各部门分别管理自身物流的管理环境，导致物流信息交流不畅、存货流转不协调、重复搬运、库存积压严重、缺货时有发生等问题。在统一管理企业全部物流的新环境下，企业应重新评估物流流程的合理性，避免供应、生产、销售三大流程之间的脱节，尽量压缩和集成物流功能，并且在供应链范围内寻求最优物流模式。第四，要充分利用外部资源，走专业化、规模化道路，实现物流资源的横向共享。对于一家跨地区或跨国企业而言（如下文分析的神龙公司），采购和分销物流覆盖面很广，完全靠自己的物流系统完成全部物流任务，不但人力物力投资巨大、管理负担沉重，而且许多物流资源不一定能得到充分运用，其后果必然导致物流成本的居高不下。企业应充分利用第三方物流服务商（3PL）的专业服务，将不影响自身核心竞争力的物流业务全部外包出去；对那些自己不得不保留的物流能力，也应尽量发挥其规模经济效应，向社会出售剩余服务能力，以降低企业自己承担的物流成本；最后，应构建物流成本核算体系和成本控制的绩效体系。正如前文所述，物流成本产生过程漫长、影响因素众多，企业应该分清不同层次物流成本的经济内容和产生原因，正确核算各层级物流成本，结合企业的战略目标合理确定物流成本目标，建立以责任成本为中心的物流绩效指标体系，以调动各方物流人员的积极性。

企业物流创造了物品的空间价值和时间价值，同时也相应付出了经济代价。物流成本是企业为实现物流功能、创造物流价值而付出的全部代价，它产生于企业各项具体的物流活动之中。物流是由订货、包装、装卸搬运、运输、库存管理和信息管理等一系列单项物流功能共同作用的结果，当然，物流成本首先直观地表现为单项功能成本。下文具体分析各单项功能成本的生成原因。

一、订货成本的发生机理

订货成本是指企业向供应商发出订单而产生的成本，通常包括订货信息搜寻、谈判、签约和监督执行等过程中发生的支出。显然，订货成本与订货的次数有关，订货次数越多，总的订货成本就越高。在供应链管理模式下，由于企业与供应商之间建立起了相互信任和合作的关系，所以订货次数可以大幅下降，在订货信息搜寻、谈判、签约和监督等方面的支出也可以大幅减少。与此同时，从供应链整体成本最低原则出发，企业还应该将供应商的生产调整成本作为订货成本的一部分加以考虑。所谓生产调整成本是指供应商在收到企业的订单时，尤其是收到计划外的紧急订单时，花费在生产计划调整、生产装备更换、作业工人调换等方面的额外支出。减少订货次数，增加采购工作的计划性，就能够减少供应商的生产调整成本，实现与供应商的共赢。

订货成本的存在，给企业订货规模提出了一个课题：订货批量大，订货成本就小，但库存成本便会上涨；反之，订货批量小，订货成本就多，库存成本就下降。物流成本控制，应当就总的物流成本最低化进行决策。

二、包装成本的发生机理

包装起着保护货物、方便储运、促进销售等作用。包装成本是指用于包装方面的支出，以及因包装不当而引起的损失，前者被称为显性包装成本，后者被称为隐性包装成本。其中，显性包装成本大约占全部物流成本的10%，有些商品的包装成本甚至达到物流成本的50%，因此包装成本是物流成本的一个重要组成部分。

显性包装成本包括：（1）包装材料成本。常见的包装材料有木材、纸、金属、自然纤维、合成纤维、玻璃、塑料等。制造企业涉及的包装材料非常多，如包装各种精密零件的发泡塑料、覆盖企业车身的粘贴纸等，各种包装材料的价格不一，但一定批量的包装材料算下来的价值不菲。以油桶为例，一只200升的石油桶价格约为160元，每升油的包装材料成本达0.8元。（2）包装容器成本。常见的包装容器有盒、袋、桶、罐等，企业常常用塑料盒盛装小零件、金属箱盛装较大零件、金属架盛装大零件，其中塑料盒的成本大约在50元/个，使用寿命约为一年，金属箱的成本约为1500元/只，使用寿命约为两年。（3）包装机械成本。包装机械能够提高包装的劳动生产率和工艺水平，但包装机械的折旧或摊销成本也会进入物流成本之中。（4）包装人工成本。包装人工成本是从事包装管理和作业人员的劳动力成本，包括从事包装设计、管理、操作等人员的工资、奖金和各种补贴。（5）包装辅助成本，如包装标志、标识的印制和粘贴等方面的支出。（6）包装管理成本。包装管理成本包括包装所涉及的税、佣金、专利权使用费等。

包装隐性成本包括：包装不足带来的货物损毁成本，过度包装带来的装卸搬运和运输增加成本。这些成本的波动性很大，包装物损坏时造成的损失往往大大超出货物本身的价值，给企业的品牌形象带来很大的负面效应。据估计，我国每年因包装不足而造成的货物损失高达数百亿，而过度包装所造的材料、运力等损失则无法核算。

三、装卸搬运成本的发生机理

在同一地域范围内（如车站、工厂、仓库）改变物品存放状况的活动被称为装卸，改变物品空间位置的活动被称为搬运。实际操作中，装卸与搬运相伴而生，密不可分，人们通常将两者作为一个整体来看待，合称为装卸搬运。装卸搬运除了用于一定范围内的物品转运之外，还常常是运输的辅助性活动，即物品运输之前需要依靠装卸搬运将物品从仓储位置装上运输工具，物品运抵目的地后又需要依靠装卸搬运将物品卸下并搬运至指定仓储位置。

装卸搬运包括如下基本作业：装车（船）、卸车、堆垛、入库、出库，以及连接上述各项动作的短途运输。装卸搬运是连接运输与库存的转换点，出现的频率远高于其他物流活动，而且每次装卸作业的时间较长，是影响物流速度的关键因素之一。装卸搬运消耗人力较多，因此其成本占物流总成本的比例也较高，如我国铁路运输中装卸搬运费占运费的20%左右，船运中装卸搬运费占运费的40%左右。此外，由于操作过程直接接触货物，容易造成货物破损、散失、损耗与混合等，是造成货损的主要环节。

装卸搬运成本与装卸搬运的货物量和作业次数有关，被装卸搬运的货物越多，作业次数越多，装卸搬运的成本就越高。装卸搬运的显性成本有：燃料和动力成本、人工成本（如工人工资、福利费、奖金、津贴、补贴等）、搬运设备折旧和维修费、管理成本（如差旅费、办公费、保险费、相关税金等）等。装卸搬运的隐性成本由搬运不及时而引起的机会损失、装卸搬运导致的货物损坏（如货物破损、散失、损耗、混合等）等构成。

四、运输成本的发生机理

运输是指物品借助于运力实现空间位置移动的过程，物品空间价值的创造最主要是由运输来完成的，因而运输是物流的最主要功能。运输除了能够实现空间位置转移外，同时能够实现对货物的储存功能，反过来说，运输过程形成了对货物的资金占用，运输过程越短所耗费的资金占用成本便越低。因而，追求运输速度的高速化一直是现代物流发展的一个方向，运输成为物流的中心环节，其他物流活动如包装、装卸搬运、物流信息等都是围绕运输而进行的，物流合理化在很大程度上取决于运输合理化，科学合理的运输能够提高物流速度，加快资金周转速度，降低资金占用数量，保证物流安全，最终达到降低物流成本的目的。

运输成本是为实现物品运输而付出的代价。运输成本占物流总成本的比重较大，一般达40%左右，是影响物流成本的重要因素。运输成本也由显性运输成本和隐性运输成本两部分构成。运输的显性成本包括：人员成本、运输设备折旧和修理成本、轮胎费、燃料成本、车辆清理费、过桥过路费、保险费、车船税、养路费、管理费（如差旅费、相关税金）等。运输隐性成本包括：回程空载成本、缺货损失、安全事故损失、设备闲置损失、货物破损损失、运输延误损失等。其中，回程空载成本是指企业将货物由甲地运往乙地，汽车由乙地返回时空载仍然需要耗费的成本，如人工成本、设备折旧、燃料、过路过桥费等；缺货损失是指由于运输不及时，导致生产停工待料而造成的损失；安全事故损失是指因安全事故而发生的除保险赔偿之外的人员、设备损失；运输延误损失是指由于运输不及时，导致生产停工待料、后期加班加点或者引起顾客的不满甚至退货等引起的损失，也包括因前期运输延误而导致征用更快更贵的运输工具而多花费的代价。运输延误导致顾客不满等成本，实际上很难用货币进行准确计量。

在运输成本的构成项目中，有些项目是固定成本项目，与运输量不成正比例关系，如车船税、养路费、人工成本等；有些是半变动成本，如燃料、过路费等。显然，就单位货物的运输成本而言，运输批量越大，单位运输成本便越低，以较大批量进行运输有利于降低单位货物的成本。

五、库存成本的发生机理

库存是指企业对存货的管理活动，如预测存货数量、加速存货周转、防止存货贬值等。库存与仓储的含义不同，仓储强调的是对仓库中的存货进行防腐、防潮等物理性的管理，而库存则是对企业全部存货的价值管理，强调通过对存货运动的合理安排实现存货价值最大化。库存有时也作名词使用，意指存货。

库存管理的目的在于创造物品的时间价值。所谓时间价值，是指物品从一个时间点过渡到另一个时间点时所发生的价值变化，即同一物品在不同时点的价值之差。价值是顾客为取得某一商品或服务愿意支付的价格，商品或劳务的价值受交易当时市场供求关系和商品内在品质两方面因素的影响。商品的内在品质是指商品的功能、质量及其附带的服务等商品自然属性，商品的内在品质取决于生产和保管过程中的资源投入。商品的加工过程一旦完成，其内在价值就不再增加。相反，随着时间的推移，自然力的不断侵蚀，大部分商品的内在品质呈下降趋势，如粮食的保质期越来越短、汽车的元器件逐步老化。只有少数商品的内在价值随时间的推移而增加，如陈年老酒越来越香，价值便越来越大。为了抵御大自然的侵蚀，或者更好地提高商品的品质，库存管理发挥着十分重要的作用。库存为商品提供了存放的空间，减少了商品的风吹雨淋、鼠咬虫叮、锈蚀变质等自然侵蚀，最大限度地缓解了商品内在品质的降低，从而创造了商品的时间价值。对于陈年老酒等物品来说，库存为其创造了更适宜的条件，加速了其品质的改善，同样创造了时间价值。总之，库存改善了商品的自然属性，创造了商品的时间价值。

库存成本是因持有存货而发生的资金成本、保管成本与存货跌价损失、存货损坏损失等的总称。一般情况下，库存价值占到企业总资产的30%左右，库存成本占据物流成本的相当比例，因此，库存的管理情况如何，直接关系到企业的资金占用水平与资产运作效率。库存成本也由显性库存成本和隐性库存成本两部分构成，库存显性成本包括：保管成本、人员成本、仓库和其他设备的折旧、保险费、有关税金、管理成本等；隐性成本则包括：缺货成本、资金占用成本、库存积压降价损失、库存品呆滞、贬值或报废损失、移仓成本等。其中，保险费、管理成本、缺货成本、资金占用成本、库存呆滞、贬值或报废损失、移仓成本等都与库存货物的数量和时间成正比关系，库存越多、储存时间越长，库存成本也便越大。

六、信息成本的发生机理

信息成本是指为处理各种物流信息而发生的成本。物流与信息流紧密相关，信息是提高物流效率的主要导因。企业通过电话、传真、邮政、互联网等途径下达采购订单、接受客户订单、保持与外界的物流信息联系，利用电话、内部网络等与企业管理、生产、销售等部门进行联系，从而实现物流信息的实时与透明，为优化物流运作提供信息基础。

信息成本亦由显性信息成本和隐性信息成本构成。信息的显性成本包括：管理成本、信息设备折旧和维护成本、人工成本、水电费、软件使用费、电话、传真、邮政、互联网等费用。信息的隐性成本主要是指由于信息工作的不完善而导致企业成本的增加，如信息错误或不及时而造成的损失。

通过上述分析可以看出，物流成本形成于各项具体的物流活动过程，而各项功能成本的大小不仅与业务量有关，而且与企业的物流能力有关。不仅表现为外在的物流支出，而且表现为潜在的损失或者对其他物流功能成本造成的影响。因此，企业一方面应建立与企业物流目标相适应的物流能力，避免因过度投资而形成过大的固定成本。另一方面，要防止物流能力不足而造成的潜在损失。上面都是物流成本控制中要把握的，管理者对它们的具体构成都要有正确清楚的了解。

第三节 流程物流成本的控制策略

企业为了保证本身的生产节奏，需要不断组织原材料、零部件、燃料、辅助材料的供应。供应物流是指企业生产所需的一切物料的计划、订货、包装、装卸搬运、运输、库存管理、用料管理、供料运输等物流活动。供应物流的基本任务是保证适时、适量、齐备成套和经济合理地供应生产过程所需的各种物料，并通过对供应物流活动的科学组织和管理，促进物料合理流动，以利于加速资金周转，降低物流成本，使企业取得较好的经济效益。供应物流模式就是在现实可行的各种模式中，合理配搭各项物流活动，使供应物流系统既能满足客户服务目标，又能将供应物流成本降到最低。

在现代化大生产中，每个制造企业每天都要消耗大量原材料，生产型企业原材料和零部件的采购额通常要占到其销售额的40%—70%，故供应物流的速度、效率会直接影响到企业能否快速灵活地满足下游客户的需求。如果原材料供应数量不足、规格不符、质量不好或供应不及时、不配套，企业的生产活动就无法正常进行。因此，供应物流对企业成本的控制相当重要。从主要方面讲，供应物流应注意把握下述特点：（1）供应难度大。在现代化的大生产中，供应物流不仅要面对遍布全国乃至全球的成百上千的供应商，完成成千上万种外购零部件的计划、运输和库存任务，而且要求不出差错（即使出了差错，也应能及时更正），故对其复杂程度应事前有所预料。（2）受外界因素影响大。供应物流会受到上游断货、工人罢工、自然灾害等各种意外事故的影响。（3）难以把握。供应物流离最终顾客需求的环节最多，牛鞭效应最明显，过多或过少地持有存货都会导致企业成本的上升。

物流成本产生于物流过程，其表现为订单成本、装卸搬运成本、运输成本、库存成本等功能成本之和。但这些功能成本大小及其比例关系又不是一成不变的，它们随物流模式的改变而呈现出此消彼长的关系，物流总成本也会因物流模式的不同而改变。因此，有效进行物流成本控制，首先应从物流模式的确定着手。下面就对不同供应模式及其成本特性进行分析。

一、经济订货批量模型

一般而言，供应物流服务水平越高，意味着必须为生产准备更多的物品和提供更快的服务，要实现这一目标，必然导致库存、运输、订单处理等物流成本的上升。相反，较低的物流服务水平，可能会导致生产因缺料而停工，引起生产成本的增加，供应物流各项目之间的效益背反现象十分明显。

传统企业的供应职能往往由多个部门来执行，供应的基本程序是：计划部门根据销售预测制定主生产计划，然后应用 MRP 等计划工具计算出本期所需采购原材料的种类和数量，并排出采购的时间计划；采购部门接到采购计划后，组织供应商报价，经过与供应商的讨价还价后才能确定采购价格、数量和时间，最后通过下订单、运输、清收、检验、入库、保管等程序才能最终完成供应物流过程。传统采购的特点在于：（1）企业与供应商是临时性的买卖关系，双方利益对立。为了占据谈判的主动地位，企业通常会对同一采购件选取多家供应商，购销双方只是简单的买卖关系。为了最大化本方的利益，供销双方都会有意隐藏成本、数量、质量等信息，并在价格、质量、供货条件、失约责任等方面进行讨价还价，购销信息不透明，缺乏合作，从而造成交易成本增加；（2）物流成本高。由于各方只考虑本方利益，因而会在包装、运输、库存等方面发生重复劳动、库存积压等浪费；（3）反应慢、供应周期长。由于双方没有事前的计划和协调，供应商与采购商的生产准备、订单传递、运输等行为只能按部就班进行，这就形成时间上的串联关系，因而物流周期长。对新产品所用材料（或零部件）的研制，供应周期更长。因供应不及时而停工待料或推迟上市等给企业造成的损失不可计量；（4）质量不稳定。在临时性的供应关系中，采购方不断压低采购价格，供应方力图多获利润，偷工减料、以次充好的倾向不可避免，故对质量的预防成本不可小视。总之，由于缺乏合作，双方不得不付出许多不必要的成本。

为了有效降低供应物流成本，早在 19 世纪 80 年国外便有人提出了一个很有名的采购模型——经济订货批量模型（economic order quantity，EOQ）。经典的 EOQ 模型假设：（1）企业能够及时补充所需货物，既不存在买不到的问题，也不需要购货时间（购货提前期为零）；（2）所购货物瞬间集中到达，入库时间忽略不计；（3）不允许缺货，即假设缺货成本无穷大，必须保证不缺货；（4）需求量稳定、均衡、可预测；（5）购货单价不变，不考虑价格变化、数量折扣等因素；（6）只考虑一种货物的采购；（7）所购货物不会变质、贬值，并且全部能被使用；（8）运输成本与所购货物量成正比，单位运费率不变，运输达经济批量。在此严格的假设前提下，购买方的可变物流成本（决策相关成本）仅和订货成本与库存成本有关①，其关系如（3－1）所示：

购买方的可变物流成本＝订货成本＋库存成本　　（3－1）

假设以一年为一个考核期，年货物需求总量为 D，采购次数为 N，每次订购成本为 K，单位货物的库存成本为 Kc，则：年订购次数为 D/Q，年订货成本为 $D \times K/N$；由于假设存货均衡耗用，没有安全库存，也无缺货现象发生，所以平均库存为 $Q/2$，库存成本为 $Q \times Kc/2$。因此，购买方的可变物流成本用公式（3－2）表示为：

$$TC = D \cdot K/Q + Q \cdot Kc/2 \qquad (3-2)$$

为了使 TC 最低，对式（4－2）求导并令其导数为零，得：

最佳采购量为：$Q^* = \sqrt{2D \cdot K/Kc}$　　（3－3）

最优采购次数为：$N = \sqrt{D \cdot Kc/(2K)}$　　（3－4）

购买方的总可变物流成本为：$TC^* = \sqrt{2D \cdot K \cdot Kc}$　　（3－5）

EOQ 模型反映了传统供销中的实际情况，作为一个理论模型，EOQ 模型的理论意义不言而喻。但该模型在当今供应链时代偏离现实已经很远了，其缺陷在于：

1. EOQ 模型只考虑了购货方的物流成本，而没有将供货方的成本考虑进来。EOQ 模型只是从购货方的角度计算其最佳经济批量，隐含供货方随时能提供足够的货物（即持有大量库存），或者供货方会不计生产准备成本随时能投入生产以满足购货方的要求，显然，这便需要供货方以库存成本和生产准备成本为代价。而供货方付出的代价会向购买方直至最终顾客转移，最终损害的是整个供应链的利益。因此，现代供应链理论强调应将供需双方的物流管理统一起来，从供需双方整体成本最低的角度进行决策，这样方可提高物流成本控制的总体效果。

2. EOQ 模型只考虑变动成本，而没有将固定成本纳入考虑范围，实际是假

① 购买方的采购总成本是由货物的买价、订货成本、包装成本、装卸搬运成本、库存成本、运输成本、缺货成本等构成。但由于有价格不变化、不允许缺货、单位运费率不变等假设，以及一般假设包装成本、装卸搬运成本等与采购批量无关，因此，真正影响采购决策的只有订货成本、库存成本中的可变部分。

设固定成本长期不变。但，固定成本并非永远“固定”，固定是相对一定时间和一定范围而言的，如仓库的折旧一般是固定成本，但从一个较长的时期看，如果对仓库的需求增大，企业投资建设新的仓库，仓库的折旧费就会增长；供需双方各自设立仓库，双方都存在仓库折旧问题，假使双方的仓库合二为一，就能省出部分仓库折旧。因此，不考虑固定成本的模型只适用于短期，仅对单个企业的物流成本考察。从物流战略的角度看或从双方共同利益的角度来分析，它是不合适的。

3. EOQ 模型中单位货物运费率不变的假设存在问题。由于存在运输的规模经济性，不同规模的货物运输会选择不同的渠道和不同的运输工具，因而成本率并不是一个恒定值。如 1 公斤的货物通过快递公司从武汉运至重庆的费用是 20 元，折合来算 20000 元/吨。几吨到几十吨的货物从武汉运至重庆的费用是 400 元/吨左右，而如果货物达到较大的批量（比如 60 吨），通过铁路运输的单位成本就更低，每吨运费在 210 元左右。同时，实际运费率与运输工具的容量有关，用载重 10 吨货车运 1 吨货物的运费率比运 10 吨货物的运费率显然要高得多。因此，运费率并非定值，它与运输的数量密切相关，故在物流成本模型中应将这个要素考虑进去。

4. EOQ 模型没有考虑双方合作所带来的收益。“能够及时补充所需货物，既不存在买不到所购货物，也不存在购货时间（购货提前期为零）”的假设在现实中是不存在的，“需求量稳定、均衡、可预测”的假设在现实中也很难满足。实务中，购买方为了防止断货通常采取的办法是保留一定的安全库存，这当然会引起物流成本的上升。如果购销双方建立起互惠互利和关系稳定的供应链关系，通过良好的合作和充分的信息交流，便可以最大限度地减少库存成本与装卸搬运成本，以及订货过程中的交易成本。所以，在供应链环境下的物流成本并非原来供销双方物流成本的简单相加，而通过合作使一定物流成本得到降低。

基于以上的认识，本章认为在不合作的条件下，供销双方物流成本分别是模型（3-6）和（3-7）：

（1）购买方的物流成本 = 交易成本 + 运输成本 + 装卸搬运成本 + 库存成本 + 拆包成本 + 缺货成本　　（3-6）

其中：交易成本包括供应商的信息收集成本、谈判成本、签约成本、订货成本、验收成本等；库存成本包括购买方仓库的固定成本、与存货保管有关的变动成本、存货的资金成本和保险成本、存货过期变质或贬值成本等。

（2）供应商的物流成本 = 推销成本 + 接受订单成本 + 装包成本
+ 装卸搬运成本 + 库存成本 （3－7）

而在供销双方进行合作的情况下，双方的物流总成本则为：

供应物流成本 = 信息成本 + 运输成本 + 装卸搬运成本
+ 装包拆包成本 + 库存成本 （3－8）

合作模型（3－8）与非合作模型（3－6）和（3－7）相比，可以降低如下成本：（1）以信息交流成本代替了原来的交易成本和推销成本、接受订单成本，这便能节约大量的非生产性成本；（2）由于在包装方面的合作，通过使用能多次回收的容器、采用便于开启的包装方法等，虽然可能会增加其中一方的包装成本，但总的包装成本则比不合作时要低；（3）在双方合作的条件下，销售方可以直接将货物送到购买方的生产线，以减少了装卸搬运的次数和存货库存量，从而可降低装卸搬运成本和库存成本，减少装卸搬运过程中的货物损失；（4）在双方充分的信息交流和信誉保障的前提下，供货方不盲目生产，购买方不会因担心缺货而储存过多的存货，从而能降低双方的总库存成本和缺货成本。

当然，上述合作模型（3－8）也只是一个理论模型，如何保障交易双方充分的信息交流，如何共同改进包装，如何实现双方库存的共同管理以及如何分配合作所带来的收益等问题都值得进一步探讨。其中，供应商管理库存模式作为供销双方合作管理库存的一个典型，已经被投入实际应用之中。

二、供应商管理库存模式

供应商管理库存（Vendor Managed Inventory，VMI）是为了减少购买方（制造商）存货库存，加快对购买方需求的响应速度而提出的一个合作模型。其主要思想与做法是供应商在制造商处设立库存，并负责该库存的管理和存货补充，制造商在需要时直接取用存货；存货只有在被制造商领用时其所有权才由供应商转移给制造商。因此，对于购买方而言，既省去了存货管理成本，又能在需要时方便地领用存货。而对供应商来说，只是将仓库搬到了制造商的家门口，自己的存货并没有增加。相反，由于能直接取得自己的产品被耗用的信息，因而能避免盲目生产，使得库存成本降低。VMI 模式实现了供货商与制造商库存管理的集成，具有以下优点：（1）信息透明，交易成本低。供应商直接管理库存，直接掌握顾客对自己产品的需求信息，避免了盲目生产，并有效地克服“牛鞭效应”①，实现了供求双方库存成本的共同节约；（2）提高了响应速度，实现了优质物流服务。由于信息的及时取得和库存的合二为一，因此可以避免许多不必要的交接、等待和重复搬运，实现了物流职能的集成，进而实现了供需双方物流总成本的降低。

虽然VMI具有上述种种优点，但在实务运作中也存在一些问题：首先，当供应商所生产的产品出现市场短缺时，供应商是否愿意或是有能力继续维持对制造商的供应，这是一个值得研究的问题。如果供应商见利忘义或无能为力，致使对制造商的供货中断，便会给制造商带来很大的损失。其次，VMI模式未考虑货物的运输成本问题。VMI模式只是考虑供应商与制造商库存合并所带来的效益，而没有考虑单位货物运输成本的变化，实际上是假设无论每次运输量是大是小，每一件货物的运输成本都不变，因而总物流成本与每次的运输量无关。显然，该假设是以货物的规模足够大为前提，如果规模不够大，单位货物的运输成本随批量的增大而减少，供应商就不得不在库存成本与运输成本之间进行权衡，物流总成本比只考虑库存成本时要高。随着市场竞争的日益激烈和顾客个性化需求的进一步发展，小批量生产乃至定制化生产将会成为许多行业的发展方向，制造商向供应商的订货规模也会越来越小，VMI的运输问题也将会进一步突出。

总的来讲，既要保持较小的供货批量，又要实现及时的供货，还要降低运输成本，解决问题的办法只能是实现横向联合，即实现多种存货共同运输或者多家企业货物的共同运输，而实现这种横向物流联合的便是集配模式。

三、集配模式

集配模式的基本原理在于：集配服务提供商（即集配商）在制造商（购买方）附近甚至在制造商工厂内建立集配中心，供应商自己或者由集配商将多家供应商的货物集中运送至集配中心，集配商在集配中心完成储存、分拣、组配与信息处理等作业，然后按照制造商的生产计划或要货令将各种货物配送给制

① 牛鞭效应是指供应链上的一种需求变异放大现象。在需求信息自最终顾客经制造商向各级供应商的传递过程中，由于没有实现信息共享，各级供应商只是根据来自其相邻的下级销售商的需求信息进行供应决策，需求信息的不真实性会沿着供应链逆流而上，产生逐级放大的现象。

造商（或制造商的生产线）；供应商的货物由集配商负责保管和运输，一般只有在货物被制造商耗用时货物的所有权才转移给制造商。集配模式实际是VMI模式的集成，它将多家供应商各自管理自己存货的职能集中到集配商一家身上，使集配商能同时为多家企业发挥“集、配、送”功能，因此，集配模式比VMI模式具有更加充分的专业性服务和更大的规模，以及更高的效率和更低的单位成本。集配模式原理图如图3－2所示。

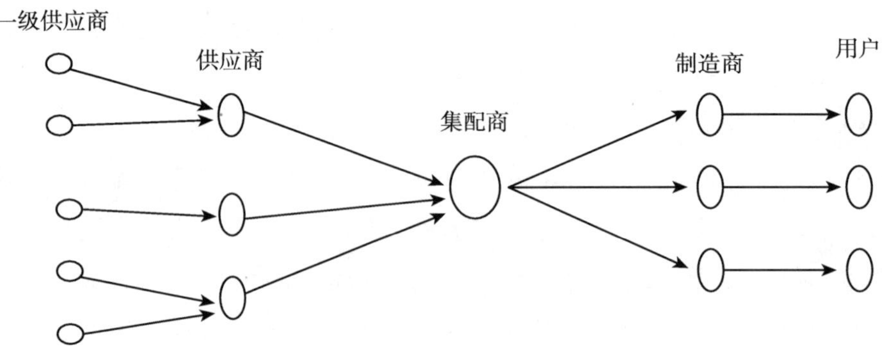

图3－2 集配模式原理图

在集配模式中，担当集配商角色的可以是社会上的第三方物流企业，也可以是采购企业，甚至可以是供应链中的大型供应商。只不过因为3PL具有很多潜在的规模与管理优势，所以目前负责大型制造商供应物流的集配商一般多是由3PL承担。

集配模式的优势在于：一是3PL负责管理各供应商的原料库存和制造商的供应物流，通过专业化、规模化的物流运作，能达到降低供应链物流成本的目的；二是它可以保证制造商物料需求的及时供应，当制造商生产线需要原材料时，系统便会自动生产一个物料需求订单给3PL，3PL再根据订单将各个供应商存放在集配中心的物料准时送到生产线上，物料的所有权在此时才由供应商转移给制造商，从而使制造商在供应过程中实现了“真正的零库存”，这样做既消除了制造商前端库存对资金的占用，又减少了由于市场变化可能带来的货物贬值；三是就供应商而言，即使有很多的制造商厂家，由于只有一个或很少的材料输送点，从而能够降低供应商的配送成本；即使制造商对供应商提出JIT要求，建立在制造商附近的集配中心也能满足制造商的要求，而供应商在自己工厂内不必施行JIT，这样便可以降低对供应商资源的限制。由于供应商花很少时间便能做好补充库存的工作，因此能够更专注于自己的工作。表面上看物料在被制造商接受前要承担物料贬值风险，但也正是由于物料所有权转移的时间特点，在供应商通过集配商同时为多家制造商供货的情况下，供应商可以灵活地调配存放在集配中心的存货，这样就降低供应商总体存货水平。

当然，应用集配模式也有一定的条件限制，如人为地增加了供应链的环节；信息的透明化会使供应商受制于其他供应商和集配商；规模较小的供应商承担不起建立信息系统的投资。因此，集配模式并不适合于所有的行业，只适合于大批量、快节奏的行业，如电子制造业、汽车制造业等。

总之，EOQ 供应物流模式基于传统企业之间相互独立的关系，虽然在一定程度上能节约企业的物流成本，但假设条件与现实的距离较大，压缩物流成本的空间有限。而 VMI 模式实现了对供应商库存和制造商库存的集中管理，提高了管理效率和供应服务水平，降低了库存成本。同时，集配模式是 VMI 模式的进一步集成，由于集配商对多家供应商库存的集中管理，这便进一步提高了物流管理的效率，并提高了供应链的灵敏度和柔韧性，降低了供应链的物流成本。

四、基于流程的物流成本控制策略

一般而言，制造型企业经营的基本过程是：从市场上取得所需要的原材料，然后通过加工和装配完成产品的生产，最后通过产品销售收回成本并取得利润。因而，企业所需原材料的供应特性和所产产品的销售特性对企业的生产经营过程影响很大。

按市场供应的稳定性划分，可将原材料划分为供应稳定型原材料和供应不稳定型原材料。目前大多数的商品市场属于买方市场，因而企业通常能够在确定的时间和地点取得它所需要的原材料，这类原材料对企业而言就是供应稳定型原材料。与此相反，有些原材料的供应可能由于客观条件的限制（如与供应商的距离遥远，交通不便）或者由于上游供应商寡头的控制，使得企业对所购原材料的可得性把握不大，此类原材料便属于供应不稳定型原材料。从企业供应物流的角度看，供应稳定型原材料的可得性高，企业能够很好地计划物流活动，因而企业应该充分利用物流能力，发掘物流系统的“规模经济”，以尽可能经济的方式完成物流任务；而对供应不稳定型原材料，由于原材料供应的不确定性，企业不得不以大量的库存来应对缺货所带来的损失。因此，不同的供应环境会迫使企业采用不同的物流战略。

同样的道理，按市场对企业产品需求的稳定性的不同可将产品分为销售稳定型产品和销售不稳供应型产品两类。销售稳定型产品的市场需求量能够预先确定，因而企业能够提前做好准备，按预计的需求量组织生产和物流活动，以提高物流运作的计划性。而对销售不稳定型产品，由于无法有效确定其需求的数量、时间和地点分布，企业要么将大量的产品存放于各个可能的销售点以应对需求的不确定性，要么等需求信息明确后再快速组织物流活动。但是这两种运作模式都有其弊端，前者会引起存货数额增大，从而引起库存成本和存货贬值风险增大；后者要求企业的物流系统具有快速反应能力。

总之，企业经营的产品性能不同，企业所处的市场供销环境不同，企业的物流战略就应随之而相应改变。只有选择适合企业实际情况的物流模式才是企业需要的物流模式，才能达到物流成本控制的目的。

第四节　供应链风险影响鲁斯公司物流成本的案例分析

一、案例资料

武汉鲁斯机械有限公司（以下简称：鲁斯公司。因为可能涉及商业秘密，本书对公司名称和地址进行了变换）成立于 2001 年，公司地址位于湖北省武汉市，公司总投资 13000 万元，占地面积 220 亩。该公司由鲁姓老板个人投资，没有股东大会、董事会、监事会等现代公司治理组织，是典型的私营中小企业。

鲁斯公司主要从事阀门、工业接头等产品的研发、生产与销售，2016 年销售额达 8600 余万元，销售收入增长率在 30% 左右，当年上交税收 350 万元。鲁斯公司于 2009 年通过德国 TUV 质量体系认证，具有欧盟认可 PED 资质，公司在德国、波兰设立办事处，85% 的产品销往欧洲、美国、俄罗斯等国家和地区，

2009 年取得自营进出口权。截至 2016 年底，该公司拥有 1 项发明专利和 7 项实用新型专利，是省级认定的高新技术企业。

鲁斯公司分三个厂区，其中最远的两个厂区之间距离 30 多公里，存在人员、原材料、半成品往返运输的不合理现象。该公司设模具车间、精铸车间、机加工一车间、机加工二车间、锻压车间、包装车间、仓库等主要部门。公司有职工 410 余名，其中门卫、厨师等后勤人员 12 人，采购 10 人，销售 12 人，财务 5 人，司机、仓库管理人员 13 人。

鲁斯公司生产组织的基本模式是：客户下订单——工艺科制定生产工艺——生产部下达生产计划——精铸车间或煅压车间生产——机加工车间精加工——包装车间打包——外委物流公司发货，一般订单的周期为两个月。如果是新产品，还须经过产品设计、模具制造等工艺过程，订单周期在三个月左右。

鲁斯公司常年往来的客户大约有 400 余家（主要是欧美客户），其中销售给第一大客户的产品占其海外销售额的 20. 2% 左右，销售给前五大客户的产品占海外销售额的 60. 8% ，客户集中度较高。公司客户采用多品种、小批量的方式下订单，订单规模有大有小，小订单只有几种产品，大订单可能有数十种产品，而且每一品种的数量也不等，在十几件到几千件之间。由于客户来自不同国家，各国产品的标准不统一，所以鲁斯公司对外提供的产品种类达 2000 余种。基于以上特征，该公司的生产组织方式是属于订单拉动型、多品种、小批量生产，生产组织难度较大。

鲁斯公司材料采购分三种方式：（1）大批量采购主材。产品材质为不锈钢、黄铜、铝、碳钢等几种，年消耗主材 1000 余吨，常年储备各种主材达数百吨，主材的成本在 1000 万元左右。公司的主材供应商是国内大型钢铁厂、铝厂等，供应商集中度较高，但鲁斯公司采购量占这些大型企业的销售比例却很低，双方的依赖性严重不对称。尽管如此，当达到一定的采购批量时，铝厂等供应商还是愿意与鲁斯公司合作，将挤压成型过程中的通用模具换成鲁斯公司指定的特定成型模具。这样的好处是：鲁斯公司的原材料相当于已经进行了预成形，能够减少生产中的主材消耗，提高了产品质量和锻造成形效率，节约了一半的加工成本。该公司在采购过程中一般采用现付方式进行结算，以获取现金折扣。（2）按计划批量采购辅材。鲁斯公司使用的辅材达 800 余种，辅材按生产计划和库存情况小批量采购。在库辅材成本在 300 万元至 500 万元之间。（3）对于临时需要的材料，专设一名采购人员，临时采购。

鲁斯公司2016年6月上旬的主要车间的成本资料如表3－2所示：

表3－2　　鲁斯公司2016年6月上旬主要车间成本统计表　　单位：元

	主材成本	辅料成本	水电费	人工费	折旧费
精铸车间	382272	207575.3	149659.03	222667.57	18202.36
模具车间	37764.26	16844.55	4727.08	87702.18	13962.97
机加车间	0	0	15163.22	125621.19	21718.54
包装车间	0	14550.5	1749	54826.8	3771.55
小计	420036.26	238970.35	171298.33	490817.74	57655.42

由于主材的体积较大，鲁斯公司将主材直接堆放在生产车间，生产时直接加工，对剩余的主材没有专门管理人员，也没有对领用的材料进行登记，成本统计数据来源于现场管理人员的估计。

由于所购买的ERP系统未能正常使用，鲁斯公司主要依赖Excel表格进行库存的统计，所以对原材料、半成品、产成品的出入库数据的统计不完整、不及时，会计人员对存货的记录也不够准确、及时，存在大量账外存货的问题。

为了预防生产过程中可能出现的质量问题，鲁斯公司下达的生产计划数量比客户订单数量多10%—15%。一般实际报废件少于预防数，其结果是每一批次都会多出一些剩余库存。由于产品达2000余种，每种产品基本上都有剩余库存，其结果是总库存量巨大、种类繁多，产品仓库达500余平方米。

由于产品库存信息不准确，生产调度人员在下达生产任务时主要凭借个人记忆，许多剩余库存未能及时销售出去。尽管每一种产品的库存量不大，但由于涉及上千种产品，总库存数量惊人，保守估计仓库中的产品成本在1000万元以上。由于对库存产品的处理不及时，有些产品的库存时间达十年，许多产品完全失去市场价值。

鲁斯公司精铸车间每月生产200—300种产品，每种产品的数量不等，多则数千件，少则十几件。不同铸件的生产过程基本相同，都需要十二道工序，但不同产品的大小、形状不同。所以，即使用同一种主材生产，不同产品所消耗的人工成本和材料成本也不相同，处于不同加工状态的半成品的成本当然也不同。精铸车间有专职的现场统计员，他的主要任务是记录每个班次每一种在产品的生产数量和每个工人的生产量，以便月底计算工人的绩效奖金。但他没记录每一种产品、每一道工序的数量、生产时间、废品率等信息，也不会将这些信息传递给会计人员。因此，会计人员不掌握在产品的成本信息，只能根据原材料、辅助材料仓库的发货信息和产成品仓库的收货信息大体估算完工产品的成本。事实上，该公司会计人员根本不核算精铸车间在产品、产成品的成本，将每个月发生的料工费直接记为完工产品的成本，而没有核算在产品的成本。也就是说，由于核算精铸车间每一种产成品、半成品所需要的料、工、费等信息不足，会计人员将当月所消耗的材料成本按完工产品的理论重量进行分摊，车间当月发生的水电费、折旧费、管理费等也是按照当月完工产品的理论重量进行分摊，月末在产品不分摊材料成本、人工成本等。

机加车间和包装车间也是按类似原理核算完工产品成本，在产品没有分摊料、工、费。会计期末，直接按照完工产品成本结转销售成本。这样，该公司会计账上看不到半成品和完工产品的成本数据。

鲁斯公司原材料通过大批量采购，请物流公司集中运输。对外销售物流任务分外销和内销两部分，外销物流委托专业物流公司先运输到宁波港或上海港，经报关后走海运销往欧美等地。但是，由于产品种类繁多、生产任务饱和、生产安排不当等问题，该公司经常出现不能按期交单的情况。为避免违背合同约定的时间界限，维持公司声誉，该公司销往欧美的产品走空运的情况也比较常见，仅 2016 年前五个月共发生 154382. 22 元的空运费。对内销售的物流一般是委托给国内物流公司完成，通过快递公司发货的情况也比较多见，每月的快递费在 6000 元左右。鲁斯公司不同生产基地之间的原材料、半成品转运由公司所购的两辆货车来执行。

二、鲁斯公司物流成本管理存在的问题及其对策

该公司生产组织方式属于典型的订单拉动型、多品种、小批量生产，与传统的少品种、大批量生产和物流方式不同，其物流成本有着独特的发生机制。但是，从前面给出的资料中仍然可以看出公司存在需要改进的方面。

（一）鲁斯公司物流成本管理存在的问题

1. 供应链管理的理念淡薄。从该公司的实际情况看，除与主材供应商有一定的合作外，鲁斯公司在物流、信息流、资金流等方面几乎没有与上下游企业展开合作，更谈不上与“部件供应商、原材料生产商、装配商到分销商（批发

商和零售商）直到最终客户”开展一体化、集成化管理。即使从公司内部看，至少存在工厂选址不当、信息化程度低、库存管理手段落后等问题。究其原因，主要还是管理者对供应链管理的理念淡薄，对公司信息化管理重要性认识不够造成的。

2. 供应链风险管理能力差。如前所述，应对供应链风险应从上下游合作和公司内部两个方面展开。该公司客户集中度很高，但它并没有采取任何有效措施予以改善。在与客户的信息共享、订货期沟通等方面合作程度低，以至于不得不花高代价向海外客户空运货物。从企业内部看，流程化管理程度低，各部门各自为政，导致内部信息不畅，与客户签订的交货期无法实现，内部各环节存货数量巨大。

3. 信息化程度低。尽管该公司曾经计划建立起内部 ERP 系统，但因种种原因导致失败。更严重的问题是，作为公司信息汇集中心的会计部门不能及时收集到材料使用量、产品完工数量和程度、库存数量等基本信息，导致公司的成本核算资料不全，生产决策失去信息基础。

4. 成本核算不健全。一是，未能区分在产品与产成品的成本界限，不能有效核算对外销售产品的成本，不能准确掌握期末存货的成本信息。这一缺陷不但给其带来了纳税方面的风险，也断送了企业准备在新三板挂牌的计划。二是，不能掌握物流成本。尽管现行的会计制度没有要求企业单独核算物流成本，但企业还是应该尽可能在二级科目下对库存成本、运输成本等主要物流成本进行核算。其实，鲁斯公司上上下下都知道其物流成本巨大，但这个“物流黑大陆”到底有多大，谁也不清楚。这显然不利于企业的物流成本控制。

5. 运输成本控制不力。该公司主材大批量采购、大批量运输，单位数量的运输成本应该还是比较低的。辅材按计划批量采购，运输成本的支出也算合理。临时采购由该公司的货车运输，货车的人员成本、折旧费、汽油费、维修费等折算下来，临时采购的运输成本不低。当然，该公司的两辆货车还负责在两个厂区之间转运货物，这种转运本身不合理，属于工厂选址不当造成的后遗症。厂区内原材料、在产品、产成品的运输主要由人工或叉车未完成，但由于内部布局不合理，存在往返运输等问题。向海外市场销售产品，通过海运肯定是最经济的，但该公司 2016 年前五个月就花费 15 万元余元的空运费，这显然是很大的浪费。国内通过快递公司向外销售产品，而不是由成本更低的物流公司运输，这其中也存在一定的浪费。

6. 库存成本控制失效。按照现有的资料分析，该公司主材有数百吨的库存，但这不一定有问题，因为这里涉及供应商供货批量的要求（满足供应商的批量要求，就可以减少后续生产成本），而且批量大时可以节约运输成本和订货成本，因此这里需要结合几个方面的综合信息予以判断。辅材的库存量有数百万元，库存成本和资金占用成本不少。最不合理的库存就是该公司的产成品，由于信息处理能力差，超千万元的库存一年的资金成本、仓库占用成本、减值成本至少有数百万元，这一部分的浪费惊人。

（二）改善鲁斯公司物流成本管理的建议

针对该公司存在的问题，建议该公司从以下方面予以改进：

1. 加强供应链管理。供应链管理属于企业战略层面的管理，首先需要公司管理层的重视，包括加强与上下游企业的合作，特别是在信息流、物流、资金流等方面的合作，理顺跨企业的业务流程。

2. 加强对供应链的风险管控。一是，要避免供应商和客户的过度集中，加强与上下游的沟通，最好能够建立起供应链联盟，将上下游的利益有机地协调起来。二是，理顺内部业务流程，避免内部各部门的利益纠葛。

3. 建立起高效的信息系统。该公司应利用现代通信技术和智能化的管理系统，加强内部信息的收集、传递、处理、反馈机制建设，使内部各职能部门能够及时、准确掌握和利用相关信息，避免内部信息孤岛。

4. 加强成本核算工作。该公司首先应保证会计人员能够及时掌握企业资金运动的情况，供产销各部门及时将有关信息传递到财务部门，使之能够及时、准确地核算生产、销售成本，降低纳税风险。其次，该公司财务部门应与各职能部分协调，详尽掌握公司存货的分布数量和价格，掌握运输、包装等信息，在现行会计核算框架内利用二级科目核算企业的物流成本。

5. 加强运输成本控制。该公司目前最大的运输问题是因为赶合同期而采用昂贵的运输方式，因此它应该加强与客户的协调，尽量将合同期延长；合理安排生产排期，避免前松后紧；与第三方物流公司协调，加快产品的运输速度。

6. 降低存货成本。该公司可以通过加强生产质量控制，减少生产计划中过多的安全余量；在制订生产计划前，尽可能摸清库存情况，避免积压品不断向后滚动；加强与客户的沟通，签订弹性订单，或将合格品推向给客户；对已有的库存品，尽快处理。

第四章　供应链风险影响企业商业信用的实证研究

第一节　引　　论

商业信用是企业向客户销售产品（或提供服务）但未同步收取款项所形成的债权，财务上表现为企业为客户提供了融资服务。由于供应商比银行更具信息优势、清算优势和管理优势，供应商代替银行为客户提供资金能降低上下游的整体交易成本（Petersen and Rajan，1997）。如果企业具有融资优势，它为客户提供商业信用能降低上下游的整体融资成本（Schwartz，1974）。基于此，低融资约束企业将其所获得的银行信贷以商业信用的形式转移给高融资约束客户，商业信用就起到了资金的二次配置作用（Jain，2001）。以上从交易成本节约的角度解释了商业信用产生的内在动因，但它们无法解释即使不具融资优势的供应商也在为其客户提供商业信用的现实，于是学者们又提出了竞争理论。Van Horen（2005）发现，企业通常会迫于买方势力而“被迫”为客户提供商业信用。强势买方依靠自身的竞争优势要求企业为其提供商业信用，且这种现象对信息披露和产品质量不透明的企业尤为明显（Fabbri et al.，2010），越是具有谈判优势的客户享受的商业信用越多（Cull et al.，2009；张新民等，2012；Fabbri和Klapper，2016）。与此同时，行业竞争也会促使企业为客户提供商业信用以便锁定客户，商业信用成为战胜竞争对手的一种手段（Fabbri和Menichini，2010；余明桂和潘洪波，2010）。可见，上下游竞争和行业竞争都是影响商业信用的重要因素，但现有文献只分析其中的一个方面，没有明确两种竞争对商业信用的作用机制，本章的目标是对此问题展开分析。

本章计划解决三个问题：（1）供应链风险（客户集中[①]）会导致客户竞争地位的提高，那么它是否导致商业信用的增加？现有研究主要从谈判优势等方面考察上下游竞争对商业信用的影响。相对来说，客户集中度能更直观地反映上下游之间的竞争状态，如果能够验证客户集中导致商业信用的增加，就能更好地支持竞争理论；（2）强势客户迫使企业提供更多的商业信用（Van Horen，2005；Cull et al.，2009；张新民等，2012；Fabbri and Klapper，2016），行业竞争也会导致企业商业信用的增长（Fabbri and Menichini，2010；余明桂和潘洪波，2010），那么两种竞争如何影响商业信用呢？（3）国有控股公司与非国有控股公司[②]在运用商业信用作为竞争手段的时候是否存在差异？在我国，国有公司与政府之间存在千丝万缕的联系，国有公司能获得大量的稀缺资源，包括垄断行业的特许经营权、项目用地、优惠贷款、政府补贴、税收减免等（Allen et al.，2005），因而国有公司在与客户谈判时会更有底气，竞争对国有公司商业信用的影响可能小于私营公司。

通过对沪深两市A股制造业上市公司2007—2015年相关数据的分析，我们发现：供应链风险越高（客户集中度越高），企业为客户提供的商业信用就越多，说明来自客户的竞争确实是商业信用的重要影响因素；上下游竞争和行业竞争共同作用促使私营公司为客户提供更多的商业信用；相对于私营公司，上下游竞争和行业竞争对国有公司商业信用的影响较小。进一步研究还发现，上述原理同样适用于企业与上游供应商之间的商业信用，甚至客户集中还会导致企业占用上游更多的商业信用，这些说明企业与上游供应商的竞争、与下游客户的竞争、与横向同行业的竞争等共同影响商业信用的规模。

本章以中国的转型经济为背景，其可能的创新之处在于：第一，现有文献分析了竞争对商业信用的决定作用，但未明确竞争的来源，本书同时从行业竞争与上下游竞争两个角度分析了商业信用的决定机制，拓展了商业信用的竞争理论；第二，本书剖析不同产权性质的企业利用商业信用作为竞争手段的差异，深化了竞争理论；第三，本书将宏观的行业竞争与微观的供应链关系、公司财务行为等相结合，揭示出企业的财务行为受到宏观因素和经营环境的共同影响，扩展了研究视角。

---

① 企业将较大比例的产品卖给一家或者少数几家大客户就是所谓的客户集中（Customer Concentration，简称CC）。国外文献一般将占企业销售额10%及以上的客户称为大客户，国内文献往往称前五大客户为大客户。

② 下文分别简称其为“国有公司”与“私营公司”。

第二节　理论分析和研究假设

竞争理论认为，在买方市场条件下客户占据谈判优势地位，企业被迫给客户提供商业信用。客户集中度越高，企业提供给客户的商业信用就越多，其原因在于：（1）客户集中导致双方依赖的不对称性。大客户对企业经营效益的影响不言而喻，一旦失去大客户不但会导致企业业绩的严重下滑，而且此前为构建双方供销关系而投资的专用资产也会大幅贬值，企业未来不得不花费大量的时间和金钱去开发新客户。对客户而言，企业可能只是其众多供应商之一，其转换成本相对较低。在这种不对称的依赖关系中，客户集中程度越高，客户的议价能力越强，它越有能力迫使企业迎合其要求，企业不得不在降低销售价格、提供商业信用、储存超额存货等方面做出妥协（Porter，1974；Piercy and Lane，2006）。（2）从企业的角度看，为大客户提供一定数量的商业信用是可以接受的。企业和大客户通常会在营运模式、信息流、物流、资金流等方面展开合作，从而提高双方的资金周转效率、降低生产和物流成本，因此客户集中能够给企业带来可观的经济效益（Patatoukas，2012；Ak 和 Patatoukas，2016；陈正林和王彧，2014）。在此情况下，企业替客户承担一部分货款的周转成本、给予大客户更多的商业信用是很正常的。（3）客户集中向资本市场传递重要信息，有利于降低企业的融资约束。大客户的存在向外界显示企业的市场状况良好，大客户在一定程度上为企业的信贷提供隐形担保[①]，也为银行获取企业信息提供了渠道，使银行等债权人能够更全面地了解企业的经营情况，提高了企业的融资能力（王迪等，2016），为企业向客户提供商业信用创造了条件。（4）大客户往往是企业的长期交易伙伴，企业对其经营状况、还款能力等情况较为熟悉，企业为其提供较大额度的商业信用并不一定意味着收款风险的大幅上涨，因而企业敢于为其提供商业信用。为此，本书提出：

假设1：在其他条件相同的情况下，客户集中度越高，企业为客户提供的商业信用就越多。

---

① 现实中越来越多的供应链融资就是通过上下游企业的协作提高企业的融资能力。

企业一方面要承受来自客户的利益竞争，另一方面会受到同行业其他企业对上下游资源的争夺。具体到商业信用方面，尽管同行业竞争并不会直接影响企业的商业信用，但行业竞争越激烈，客户越容易找到替代企业的供应商，企业在客户面前越是处于不利的竞争地位[①]。因此，行业竞争会加大企业承受的上下游竞争压力，迫使企业为客户提供更多的商业信用。

应该看到，上述只是针对一般情况的分析，实际中我国不同企业之间还存在较为明显的产权差异，私营公司在很多方面受到的“待遇”明显有别于国有公司，其受到的竞争压力大于国有公司。较大的竞争压力使私营公司不得不为客户提供更多的商业信用：（1）与国有公司相比，私营公司较难得到政府的支持，一般不占有稀缺资源，更容易被大客户所要挟。（2）在中国，私营公司的规模相对较小，大客户对其销售绩效（乃至企业发展前景）具有重大影响，失去大客户对许多私营公司来说是无法承受的打击。因此，许多私营公司只得满足大客户的资金占用要求，哪怕为此要承担很高的财务成本。（3）私营公司成立的时间较短，它们在产品知名度、美誉度等方面比国有公司稍逊一筹，而商业信用可以使客户有充分的时间来检验货物质量，实际上是变相地为其产品提供质量保证（Smith，1987）。从行业竞争方面看，由于私营公司不占有稀缺资源、规模小、知名度低，他们在与同行业的国有公司进行竞争的时候必然处于劣势地位，不得不提供更多的商业信用以锁定客户。因此，行业竞争越激烈，私营公司为客户提供的商业信用就越多。基于此，我们提出：

假设 2：客户集中和行业竞争共同作用使得私营公司为客户提供更多的商业信用。

与私营公司相比，国有公司除了在行业竞争中具有一定的优势之外，在与上下游的竞争中也可能较少利用商业信用：第一，国有公司往往能够得到政府更多的政策支持，他们占据许多稀缺资源，甚至形成较强的垄断势力（方军雄，2007）。行业竞争越激烈，国有公司所持有的稀缺资源或垄断势力就越显重要，其相对于同行业私营公司的优势就越明显，这使其与客户谈判时拥有较大的话语权，降低了客户集中带来的竞争压力。第二，国有公司通过政治关联能得到政府及其关联企业的项目和订单（余明桂和潘洪波，2010），这些项目和订单不受行业竞争的影响，国有公司也无需为套牢政府及其关联企业而提供较多的商业信用，因而

① 同样，行业竞争越激烈，供应商的相对谈判地位就越高，企业能够从供应商处获得的商业信用就越少。

行业竞争和客户集中对国有公司的影响都会小于私营公司。基于此，本书提出：

假设3：相对于私营公司，客户集中和行业竞争对国有公司商业信用的影响较小。

第三节 研究设计

一、样本选取与数据来源

本书选取2007—2015年沪、深两市A股制造业上市公司为样本，并按照中国证监会2001年颁布的“上市公司行业分类指引”将样本划分为十二行业①。在此基础上，按以下程序作进一步的筛选：（1）剔除ST类公司；（2）剔除研究期间发生重大重组或主营业务变化的公司；（3）删除数据缺失的公司，本书最终得到12个行业9年共5769个观测值。此外，本书对所有连续变量上下1%样本进行Winsorize处理，以消除极端值的影响。本书的客户集中数据来自上市公司年报，经人工收集、整理得到，其他数据主要来源于CSMAR数据库。

二、主要变量设计

1. 商业信用的度量。参照王永进和盛丹（2013）、王彦超（2014）等的做法，本书利用定义“应收账款/总资产”为商业信用（TC1）。

2. 客户集中的度量。参照Patatoukas（2012）、王雄元等（2014）、Irvine et al.（2016）的做法，本书用两种方式度量客户集中度：用“前五客户销售之和占全部销售额的比例”（CC）和“前五大客户各自销售额占销售总额比例的平方和”（CCHHI）作为客户集中的计量指标。

3. 行业竞争的度量。本书用两种方法度量企业行业竞争（Competition）：（1）参照Fisman和Raturi（2004）的做法，本书从国家统计局网站查找各年度

---

① 一般按首字母C后一位数字分类，“C7机械制造”按C后二位数进行分类，剔除掉数量太少的“C2木材、家具”和公司性质差距过大的“C9其他制造业”两类。

所选12个行业规模以上企业的数量，将企业数量在中位数之上的6个行业定义为行业竞争激烈的行业，其行业竞争变量CompetN取1，其他行业定义为竞争不激烈的行业，CompetN取0。（2）用各行业上市公司营业收入的赫芬达尔指数衡量行业竞争，赫芬达尔指数小于中位数的6个行业定义为竞争强的行业，CompetH取1，其他行业定义为竞争不激烈的行业，CompetH取0。

4. 控制变量。本书在模型中还控制公司规模、经营绩效、现金持有比例、存货持有比例和所属行业、年份等。变量的具体界定见表4－1。

表4－1　主要变量的定义

	变量名称	变量代码	变量定义
被解释变量	商业信用	TC1	期末应收账款与总资产之比
解释变量	客户集中度	CC	前五大客户销售额占全部销售额的比例×100
		CCHHI	前五大客户销售比重的赫芬达尔指数
	行业竞争	CompetN	按行业内企业的数量，竞争不激烈的行业取0，竞争激烈的行业取1
		CompetH	按行业内企业的营收，竞争不激烈的行业取0，竞争激烈的行业取1
	企业控股权性质	SOE	哑变量，私营公司取0，国有公司取1
	公司规模	Size	取期末总资产的自然对数
	经营绩效	Roa	总资产报酬率，净利润与期初和期末总资产的平均数之比
	现金持有比例	Cash	期末现金及现金等价物与总资产之比
	存货	Invent	期末存货与总资产之比
	行业	Indust	哑变量，分十二个行业
	年份	Year	哑变量，九个年份

三、模型设计

参照王彦超（2014）的做法，本书用模型（4－1）来检验假设1：

$$TC_{it} = \alpha_0 + \alpha_1 CC_{it} + \alpha_2 Size_{it} + \alpha_3 Roa_{it} + \alpha_4 Cash_{it} + \alpha_5 Invent_{it} + \alpha_6 Indust + \alpha_7 Year + \varepsilon_{it} \quad (4-1)$$

其中：TC_{it}代表第i家公司在第j年为客户提供的商业信用，用该公司在样本期间的应收账款与总资产之比表示。CC_{it}是解释变量，代表第 i 家公司在第 t 年的客户集中度。如果回归系数 α_1 显著为正，则说明客户集中会导致公司商业信用水平的增长，假设 1 得到证明。

本书用模型（4－2）来检验假设 2 和假设 3，其中$Compet_{it}$表示行业竞争状况，其他变量的定义同模型（1）；$Control_{it}$是控制变量，与模型（1）相同。在模型（2）中，交乘项$CC_{it}\times Compet_{it}$表示客户集中与行业竞争对私营公司商业信用的影响，如果其估计系数 α_5 显著为正，则说明客户集中与行业竞争能够促使私营公司为客户提供更多的商业信用，假设 2 得到证明。模型（4－2）的交乘项$CC_{it}\times SOE_{it}\times Compet_{it}$表示相对于私营公司而言，客户集中与行业竞争的交互效应对国有公司商业信用的影响，如果其估计系数 α_7 显著为负，则说明国有公司受到客户集中与行业竞争的交互效应较小。

$$TC_{it}=\alpha_0+\alpha_1 CC_{it}+\alpha_2 SOE_{it}+\alpha_3 Compet_{it}+\alpha_4 CC_{it}\times SOE_{it}+\alpha_5 CC_{it}\times Compet_{it}+\alpha_6 SOE_{it}\times Compet_{it}+\alpha_7 CC_{it}\times SOE_{it}\times Compet_{it}+\alpha_n Control_{it}+\varepsilon_{it} \quad (4-2)$$

第四节　实证结果

一、样本描述性统计

表 4－2 是主要变量的描述性统计结果：各公司的商业信用占总资产之比差距较大，最小的只有 0.0003，最大的达到 0.418，中位数和平均值分别是 0.086 和 0.106，标准差为 0.09；客户集中度 CC、CCHHI 的最小值分别为 0.0353、0.0002，最大值分别为 0.918、0.485，标准差分别为 0.186、0.0741，说明不同公司客户集中度的差距较大；总资产对数的均值和方差分别为 21.99、1.166，最小值与最大值差距不大，说明我国 A 股市场制造业公司之间的规模相差不远；公司的 ROA 水平相差显著，最大、最小值分别为－0.162、0.243，均值和中位数分别是 0.0405、0.0318；现金持有比例的最小、最大值分别是 0.0152、0.511，存货持有比例的最小、最大值分别是 0.0179、0.516，各公司在资产流动性方面的差别也比较明显。

表 4－2　　主要变量统计性描述

variable	N	mean	p25	p50	p75	sd	min	max
tc1	5769	0. 106	0. 0350	0. 0859	0. 151	0. 0903	0. 000320	0. 418
cc	5769	0. 272	0. 139	0. 218	0. 353	0. 186	0. 0353	0. 918
cchhi	3441	0. 0377	0. 00444	0. 0119	0. 0344	0. 0741	0. 000245	0. 485
size	5769	21. 99	21. 15	21. 85	22. 67	1. 166	19. 83	25. 25
roa	5769	0. 0405	0. 00937	0. 0318	0. 0684	0. 0615	－0. 162	0. 243
cash	5769	0. 159	0. 0864	0. 135	0. 207	0. 103	0. 0152	0. 511
invent	5769	0. 162	0. 0945	0. 143	0. 207	0. 0965	0. 0179	0. 516

表 4－3 报告了主要变量之间的相关系数。从表 4－3 可以看出，CC 与 TC1 显著正相关，初步说明客户集中导致商业信用的增加。各解释变量之间相关系数都较小，说明模型不存在严重的共线性问题。

表 4－3　　主要变量之间的相关性检验

	tc1	cc	size	roa	cash	invent
cc	0. 1196 *	1				
size	－0. 2065 *	－0. 1844 *	1			
roa	0. 0295 *	－0. 0313 *	0. 0384 *	1		
cash	－0. 0454 *	0. 0500 *	－0. 1074 *	0. 3289 *	1	
invent	0. 0461 *	－0. 0685 *	－0. 0152	－0. 0475 *	－0. 1397 *	1

注：* 代表显著性水平 $p<0.1$，** 代表显著性水平 $p<0.05$，*** 代表显著性水平 $p<0.01$。

二、回归分析

我们将样本公司的相关数据代入模型（4－1），得到的回归结果见表 4－4 中的（1）和（4），可以看出，CC、CCHHI 都与 TC1 显著正相关，说明客户集中度越高，公司的商业信用也越多，假设 1 得到了验证。从控制变量方面看，公司规模（Size）与商业信用显著负相关，原因是公司规模越大，公司的谈判地位越高，向客户提供的商业信用就越少；公司的绩效（ROA）与客户集中度正相关，原因是绩效好时公司愿意为客户提供更多的商业信用；公司的现金持有量

(Cash) 与商业信用显著负相关，这可能是因为现金持有量越多，公司谈判的底气就越足，越是敢于拒接客户的垫资要求；公司的存货持有量（Invent）与商业信用显著正相关，可能是因为公司的存货持有量较多时，其销售压力较大，不得不给出更宽松的信用政策。

表 4-4　客户集中度、行业竞争影响商业信用的回归结果

	α_i	(1)	(2)	(3)	(4)	(5)	(6)
		tcl	tcl	tcl	tcl	tcl	tcl
CC	1	0.021*** (3.96)	-0.003 (-0.29)	-0.006 (-0.54)			
SOE	2		-0.002 (-0.31)	-0.012** (-2.40)		0.001 (0.33)	-0.008* (-1.88)
CompetH	3		-0.057*** (-7.00)			-0.053*** (-5.55)	
CC × SOE	4		0.033** (2.32)	0.043*** (2.99)			
CC × CompetH	5		0.066*** (4.09)				
SOE × CompetH	6		-0.017** (-2.47)				
CC × SOE × CompetH	7		-0.090*** (-4.35)				
CompetN	3			-0.011 (-1.17)			0.005 (0.18)
CC × CompetN	5			0.061*** (3.83)			
SOE × CompetN	6			-0.005 (-0.76)			
CC × SOE × CompetN	7			-0.091*** (-4.37)			
CCHHI	3				0.088*** (4.99)	-0.054 (-1.35)	-0.027 (-0.66)
CCHHI × SOE	4					0.199*** (3.88)	0.218*** (4.09)
CCHHI × CompetH	5					0.270*** (4.98)	

续表

	α_i	(1)	(2)	(3)	(4)	(5)	(6)
		tc1	tc1	tc1	tc1	tc1	tc1
SOE × CompetH	6					-0.031*** (-5.21)	
CCHHI × SOE × CompetH	7					-0.394*** (-5.66)	
CCHHI × CompetN	5						0.204*** (3.71)
SOE × CompetN	6						-0.017*** (-2.83)
CCHHI × SOE × CompetN	7						-0.381*** (-5.41)
size		-0.016*** (-17.18)	-0.015*** (-15.58)	-0.015*** (-15.17)	-0.017*** (-13.57)	-0.015*** (-12.30)	-0.015*** (-12.04)
roa		0.119*** (6.92)	0.103*** (6.04)	0.104*** (6.06)	0.134*** (5.70)	0.118*** (5.07)	0.118*** (5.03)
cash		-0.138*** (-13.52)	-0.143*** (-14.19)	-0.140*** (-13.86)	-0.146*** (-10.68)	-0.151*** (-11.18)	-0.147*** (-10.82)
invent		0.029*** (2.81)	0.021** (2.03)	0.026** (2.50)	0.042*** (2.97)	0.030** (2.15)	0.036** (2.52)
行业和年份		控制	控制	控制	控制	控制	控制
_cons		0.516*** (24.44)	0.498*** (23.36)	0.493*** (22.98)	0.507*** (15.80)	0.489*** (15.41)	0.375*** (8.39)
N		5769	5769	5769	3441	3441	3441
r^2		0.364	0.382	0.376	0.363	0.387	0.380
r^2_a		0.361	0.379	0.373	0.358	0.382	0.374
F		136.706	122.166	115.430	80.950	74.360	69.544

注：* 代表显著性水平 $p<0.1$，** 代表显著性水平 $p<0.05$，*** 代表显著性水平 $p<0.01$。

将相关数据代入模型（4-2）后得到表4-4中（2）、（3）、（5）、（6）的回归结果。交乘项$CC_{it} \times Compet_{it}$的估计系数 α_5 显著为正，表明行业竞争越激烈、客户集中度越高，私营公司为客户提供的商业信用就越多，说明客户集中与行业竞争共同导致私营公司提供更多的商业信用，假设 2 得到证明；交乘项 $CC_{it} \times SOE_{it} \times Compet_{it}$的估计系数 α_7 显著为负，说明相对于私营公司，国有公司受到客户集中与行业竞争交互效应的影响较小，假设 3 得到验证。

表 4 – 4 的（2）、（3）、（5）、（6）还显示：估计系数 α_1 不显著，表明在行业竞争程度较低时，私营公司的客户集中对商业信用的影响不明显；（3）和（6）中估计系数 α_2 显著为负，表明在行业竞争较低时，国有公司为客户提供的商业信用比私营公司的少，这从侧面印证假设 1；估计系数 α_3 显著为负，表明行业竞争越激烈，私营公司为客户提供的商业信用就越少，可能的原因是在行业竞争激烈的情况下，企业需要持有更多的现金以应对竞争者带来的掠夺风险；估计系数 α_4 显著为正，表明在竞争较低的行业里，国有公司的客户集中度对商业信用的影响大于私营公司；估计系数 α_6 显著为负，表明在竞争激烈的行业里，国有公司比私营公司为客户提供了更少的商业信用。

三、稳定性检验

利用前述数据，本书进行了如下稳健性检验：

1. 改用其他指标作为被解释变量。定义“(应收账款 + 应收票据 – 预收账款)/总资产”为 TC2、“应收票据/总资产”为 TC3、“预收账款/总资产”为 TC4、“应收票据/(应收票据 + 应收账款)”为 TC5、“（应收账款 – 应付账款)/总资产”为 TC6，将 TC2、TC3、TC4、TC5 代入模型（4 – 1）中，回归结果如表 4 – 5 所示：客户集中度与 TC2 显著正相关，说明客户集中度越高，企业为客户提供的商业信用就越多，这与前面的结论是一致的；客户集中度与 TC3、TC4、TC5 都是显著负相关，这说明在客户集中集中度越高，企业收到的强制性欠款（应收票据）、提前收款就越少。原因在于：客户集中度越高，企业面临客户的竞争压力越大，不得不迁就客户的要求，这与前文的分析结果是一致的。将 TC5 代入模型（4 – 1）中，其结果如表 4 – 6 所示，客户集中度与 TC6（公司提供给客户的商业信用与占用供应商的商业信用之差）显著正相关，说明客户集中度越高，公司商业信用净额越多，这也与前文的结论一致。

表4-5　客户集中度与不同指标的商业信用的回归结果

	(1)	(2)	(3)	(4)	(5)	(6)	(7)	(8)
	(应收账款+应收票据-预收账款)/总资产	(应收账款+应收票据-预收账款)/总资产	应收票据/总资产	应收票据/总资产	预收账款/总资产	预收账款/总资产	应收票据/(应收票据+应收账款)	应收票据/(应收票据+应收账款)
CC	0.025*** (4.74)		-0.010** (-2.54)		-0.019*** (-5.30)		-0.108*** (-5.60)	
CCHHI		0.033*** (4.35)		-0.031** (-2.26)		-0.025** (-2.12)		-0.356*** (-5.70)
size	-0.020*** (-16.97)	-0.022*** (-13.24)	0.006*** (7.98)	0.004*** (4.41)	0.009*** (13.91)	0.009*** (10.55)	0.065*** (19.83)	0.064*** (15.02)
roa	0.201*** (9.82)	0.263*** (9.16)	0.095*** (7.35)	0.139*** (7.85)	0.048*** (4.17)	0.066*** (4.31)	0.104* (1.72)	0.183** (2.26)
cash	-0.115*** (-11.29)	-0.225*** (-15.65)	-0.010 (-1.24)	-0.022** (-2.11)	0.055*** (8.06)	0.067*** (7.32)	0.131*** (3.63)	0.160*** (3.29)
invent	0.007 (0.70)	-0.218*** (-14.74)	-0.019** (-2.43)	-0.035*** (-3.22)	0.213*** (30.86)	0.214*** (22.91)	-0.272*** (-7.42)	-0.423*** (-8.54)

续表

	(1)	(2)	(3)	(4)	(5)	(6)	(7)	(8)
	(应收账款+应收票据-预收账款)/总资产	(应收账款+应收票据-预收账款)/总资产	应收票据/总资产	应收票据/总资产	预收账款/总资产	预收账款/总资产	应收票据/(应收票据+应收账款)	应收票据/(应收票据+应收账款)
行业、年份	控制	控制	控制	控制	控制	控制	控制	控制
_cons	0.576*** (22.97)	0.689*** (19.58)	-0.079*** (-5.04)	-0.042* (-1.71)	-0.172*** (-12.34)	-0.204*** (-9.66)	-1.166*** (-15.79)	-0.927*** (-8.27)
N	5686	5686	5330	3061	5330	3061	5325	3057
r^2	0.386	0.304	0.087	0.091	0.236	0.241	0.227	0.248
r^2_a	0.383	0.301	0.083	0.084	0.232	0.235	0.224	0.242
F	122.684	85.337	21.868	13.210	71.099	41.844	67.718	43.379

t statistics in parentheses, * $p<0.1$, ** $p<0.05$, *** $p<0.01$.

表 4 – 6　　客户集中度与不同指标的商业信用的回归结果

	(1)	(2)
	(应收账款 – 应付账款)/总资产	(应收账款 – 应付账款)/总资产
CC	0.008 (1.38)	
CCHHI		0.052*** (2.82)
size	–0.022*** (–22.84)	–0.021*** (–16.89)
roa	0.146*** (8.14)	0.173*** (7.25)
cash	–0.090*** (–8.43)	–0.090*** (–6.28)
invent	–0.057*** (–5.29)	–0.046*** (–3.16)
行业和年份	控制	控制
_cons	0.552*** (25.24)	0.462*** (13.99)
N	5330	3061
r^2	0.259	0.273
r^2_a	0.256	0.268
F	80.751	49.678

t statistics in parentheses, * $p<0.1$, ** $p<0.05$, *** $p<0.01$.

2. 修改解释变量与被解释变量之间的时间对应关系。为防止内生性，我们用提前一期的数据构建解释变量，代入前述模型后结论基本不变，说明模型不存在严重的内生性问题。

四、进一步研究

企业从上游少数供应商处采购大量原料时就会形成供应商集中（此处用 MS 简称之）。按照前面的分析逻辑，供应商集中度越高，少数供应商对原料供应的控制力就越强，其谈判地位就越高，企业能够占用它们的商业信用就越少。

本书参照前面的模型（4－1）和（4－2）建立下列模型（4－3）和（4－4）。其中，模型（4－3）中 TC 表示企业占有供应商的商业信用（用应付账款/总资产表示），MS 表示供应商集中度，其他变量与模型（4－1）的变量界定相同。模型（4－4）中，Cont 表示企业所处的经济环境，本书用到如下指标表示经济环境：（1）group01 表示企业所在的行业竞争状况，我们将本书所涉及的 12 个行业按照其竞争程度划分为竞争激烈的行业和竞争不激烈行业，其中竞争激烈的行业取 1，竞争不激烈的含义取 0；（2）soe 表示企业控股股东的性质。在我国，国有控股公司与政府具有特殊关系，占据了许多稀缺资源，在商业谈判比私人控股公司更具话语权。在模型中国有控股公司的 soe 取 1，非国有控股公司的 soe 取 0；（3）shi01 表示企业所处地区的市场化进程，数据来源于王小鲁等（2013）编著的各地区市场化指数。我们按照样本公司市场化指数的中间值将所有公司所在地区的 shi 赋值 0、1，其中市场化程度高的地区取 1；（4）zongping01 表示公司所在地区的营商环境（用政府效率和廉洁程度等指标表示），数据来自世界银行（2006）的调查报告，其中营商环境好的地区取 1。模型中其他变量的内涵同前。

$$TC_{it} = \alpha_0 + \alpha_1 MS_{it} + \alpha_2 Size_{it} + \alpha_3 Roa_{it} + \alpha_4 Cash_{it} + \alpha_5 Invent_{it} + \alpha_6 Indust + \alpha_7 Year + \varepsilon_{it} \quad (4-3)$$

$$TC_{it} = \alpha_0 + \alpha_1 MS_{it} + \alpha_2 MS_{it} \times Cont_{it} + \alpha_3 Size_{it} + \alpha_4 Roa_{it} + \alpha_5 Cash_{it} + \alpha_6 Invent_{it} + \alpha_7 Indust + \alpha_8 Year + \varepsilon_{it} \quad (4-4)$$

本书分别使用“前五供应商采购合计与企业采购总额的比值（mst）”、“前五大供应商销售比重的赫芬达尔指数（mshhi）”作为供应商集中度的替代变量，用“应付账款/总资产”、“（应付账款＋应付票据－预付账款）/总资产”作为企业占用供应商商业信用的替代变量，将他们代入模型（4－3）和（4－4），回归结果如表 4－7 和表 4－8。

表 4－7 和表 4－8 的第（1）、（6）列显示：企业占用供应商的商业信用规模与供应商集中度负相关。这表明，供应商集中度越高，企业占用供应商的商业信用就越少，这就印证了上下游关系中的竞争理论，也是从另一个侧面验证了假设 1。表 4－7 和表 4－8 的第（2）、（7）列显示，供应商集中度与行业竞争的交叉项的系数显著负相关，表明企业所处的行业竞争越激烈，企业占有供应商的商业信用就越少。表 4－7 和表 4－8 的第（3）、（8）列显示，供应商集中度与行业竞争的交叉项的系数显著正相关，表明国有控股公司比非国有控股公司占用

表 4 – 7　　不同环境下供应商集中对商业信用（应收账款/总资产）的影响

	(1)	(2)	(3)	(4)	(5)	(6)	(7)	(8)	(9)	(10)
	TC	TC	TC	TC	TC	TC	TC	TC	TC	TC
mst	–0. 051 *** (–11. 62)	–0. 025 *** (–3. 64)	–0. 072 *** (–14. 01)	–0. 055 *** (–11. 52)	–0. 057 *** (–11. 94)					
mst × group01		–0. 043 *** (–4. 86)								
mst × soe			0. 034 *** (7. 77)							
mst × shi01				0. 008 ** (1. 99)						
mst × zongping01					0. 014 *** (3. 24)					
mshhi						–0. 089 *** (–4. 83)	–0. 036 (–1. 35)	–0. 135 *** (–5. 54)	–0. 136 *** (–5. 70)	–0. 134 *** (–5. 70)
mshhi × group01							–0. 102 *** (–2. 81)			
mshhi × soe								0. 087 *** (2. 88)		
mshhi × shi01									0. 091 *** (3. 10)	

续表

	(1)	(2)	(3)	(4)	(5)	(6)	(7)	(8)	(9)	(10)
	TC	TC	TC	TC	TC	TC	TC	TC	TC	TC
mshhi × zongping01										0.093*** (3.14)
size	0.004*** (5.47)	0.004*** (5.27)	0.003*** (3.42)	0.004*** (5.55)	0.004*** (5.62)	0.005*** (4.04)	0.005*** (4.16)	0.004*** (3.39)	0.005*** (4.08)	0.006*** (4.29)
roa	−0.070*** (−5.07)	−0.069*** (−4.97)	−0.055*** (−3.94)	−0.071*** (−5.14)	−0.071*** (−5.04)	−0.049** (−2.03)	−0.044* (−1.82)	−0.043* (−1.78)	−0.055** (−2.30)	−0.056** (−2.29)
cash	−0.040*** (−4.78)	−0.042*** (−5.08)	−0.040*** (−4.78)	−0.040*** (−4.85)	−0.041*** (−4.88)	−0.052*** (−3.72)	−0.056*** (−4.03)	−0.053*** (−3.81)	−0.050*** (−3.64)	−0.050*** (−3.58)
invent	0.116*** (13.52)	0.116*** (13.56)	0.115*** (13.39)	0.116*** (13.53)	0.116*** (13.34)	0.105*** (6.42)	0.106*** (6.47)	0.108*** (6.55)	0.106*** (6.44)	0.103*** (6.24)
行业和年份	控制	控制	控制	控制	控制	控制	控制	控制	控制	控制
_cons	−0.014 (−0.81)	−0.018 (−1.03)	0.018 (1.02)	0.031* (1.80)	−0.018 (−1.01)	−0.065 (−1.56)	−0.065 (−1.56)	−0.049 (−1.17)	−0.066 (−1.59)	−0.112*** (−2.64)
N	4967	4967	4967	4966	4914	1674	1674	1674	1674	1659
r^2	0.287	0.290	0.295	0.287	0.287	0.269	0.273	0.273	0.273	0.270
r^2_a	0.283	0.286	0.292	0.283	0.283	0.259	0.262	0.262	0.262	0.259
F	82.700	80.700	82.760	79.569	78.651	25.313	24.717	24.739	24.811	24.140

表 4－8　　不同环境下供应商集中对商业信用（应付账款＋应付票据－预付账款/总资产）的影响

	(1)	(2)	(3)	(4)	(5)	(6)	(7)	(8)	(9)	(10)
	TC	TC	TC	TC	TC	TC	TC	TC	TC	TC
mst9	－0. 052 *** (－7. 27)	－0. 021 * (－1. 88)	－0. 064 *** (－7. 68)	－0. 061 *** (－7. 91)	－0. 068 *** (－8. 89)					
mst9 × group01		－0. 050 *** (－3. 54)								
mst9 × soe			0. 020 *** (2. 79)							
mst9 × shi01				0. 021 *** (3. 12)						
mst9 × zongping01					0. 039 *** (5. 83)					
mshhi9						－0. 144 *** (－5. 01)	－0. 085 ** (－2. 05)	－0. 175 *** (－4. 59)	－0. 213 *** (－5. 71)	－0. 134 *** (－5. 70)
mshhi9 × group01							－0. 114 ** (－2. 00)			
mshhi9 × soe								0. 059 (1. 24)		
mshhi9 × shi01									0. 133 *** (2. 89)	

续表

	(1)	(2)	(3)	(4)	(5)	(6)	(7)	(8)	(9)	(10)
	TC	TC	TC	TC	TC	TC	TC	TC	TC	TC
mshhi9 × zongping01										0.093*** (3.14)
size9	0.008*** (6.57)	0.008*** (6.43)	0.007*** (5.69)	0.008*** (6.72)	0.008*** (6.86)	0.010*** (4.81)	0.010*** (4.90)	0.009*** (4.47)	0.010*** (4.86)	0.006*** (4.29)
roa9	-0.222*** (-9.92)	-0.220*** (-9.85)	-0.213*** (-9.43)	-0.224*** (-10.0)	-0.228*** (-10.1)	-0.197*** (-5.25)	-0.191*** (-5.09)	-0.193*** (-5.12)	-0.206*** (-5.49)	-0.056** (-2.29)
cash29	0.018 (1.32)	0.015 (1.10)	0.018 (1.33)	0.016 (1.21)	0.015 (1.12)	-0.000 (-0.01)	-0.005 (-0.25)	-0.001 (-0.05)	0.002 (0.07)	-0.050*** (-3.58)
invent9	0.143*** (10.34)	0.144*** (10.36)	0.142*** (10.27)	0.144*** (10.37)	0.141*** (10.11)	0.112*** (4.36)	0.113*** (4.39)	0.114*** (4.41)	0.112*** (4.38)	0.103*** (6.24)
行业和年份	控制	控制	控制	控制	控制	控制	控制	控制	控制	控制
_cons	-0.108*** (-3.81)	-0.112*** (-3.97)	-0.089*** (-3.06)	-0.071** (-2.57)	-0.117*** (-4.11)	-0.189*** (-2.90)	-0.189*** (-2.90)	-0.178*** (-2.71)	-0.191*** (-2.94)	-0.112*** (-2.64)
N	4967	4967	4967	4966	4914	1674	1674	1674	1674	1659
r^2	0.260	0.262	0.261	0.262	0.265	0.266	0.268	0.267	0.270	0.270
r^2_a	0.257	0.258	0.258	0.258	0.261	0.255	0.257	0.256	0.259	0.259
F	72.444	70.211	69.953	70.049	70.567	24.898	24.105	23.972	24.344	24.140

t statistics in parentheses, * $p<0.1$, ** $p<0.05$, *** $p<0.01$.

供应商的商业信用更多，主要原因在于国有控股公司比非国有控股公司在商业谈判中占有一定的优势，在大客户面前具有相对较强的地位，因而它能够减少供应商集中对商业信用的影响。表4－7和表4－8的第（4）、（9）列显示，供应商集中度与公司所在地区的市场化指数的交叉项的系数显著正相关，表明在市场化较发达地区供应商集中对商业信用的影响较小。原因可能在于，在市场化程度较高的地区，公司更容易找到合适的供应商，因而它受大供应商的影响较小，其商业信用规模受大客户的影响也较小。表4－7和表4－8的第（5）、（10）列显示，供应商集中度与公司所在地区的营商环境的交叉项的系数显著正相关，表明在因素环境好的地区，公司更能够按照市场规律办事，大供应商对企业的影响相对较小，公司的商业信用规模受大供应商的影响也较小。

第五节　研究结论与政策建议

本章通过对沪深两市A股制造业上市公司2007—2015年相关数据的分析，本文发现：客户集中度越高，客户的谈判优势就越明显，企业为客户提供的商业信用就越多，表明商业信用确实成为企业竞争的一种手段。行业竞争加大了私营公司承受的供应链风险和客户压力，它与上下游竞争共同迫使私营公司为客户提供更多的商业信用；相对于私营公司，上下游竞争和行业竞争对国有公司商业信用的影响较小。总之，企业与上游供应商之间、与下游客户之间、与同行业竞争者之间的竞争共同影响企业的商业信用水平，并受到企业产权性质的影响。从企业与上游供应商之间的商业信用来看，情况也是类似，供应商集中度越大，供应商的竞争地位就越强，公司能够占有大供应商的商业信用规模就越小。公司所处的行业竞争、控股股东的性质、公司所在地区的市场化程度和营商环境等也都会对供应商集中度与公司占有供应商商业信用的规模产生影响。

本章的研究表明，政府给予国有公司特殊的“待遇”改变了市场竞争的规则，这揭示了政府干预与企业财务行为之间的一条传递路径，也说明政府应该进一步减少对企业经济行为的直接干预，促进市场的公平竞争。

第五章 供应链风险影响企业借款成本的实证研究

第一节 导　　论

一、研究背景

改革开放以来我国资本市场取得了长足的发展，企业融资渠道实现了多元化。与股权融资相比，债务融资具有手续简单、成本更低等特点，所以债务融资（特别是银行贷款）依然是企业取得资金的重要途径。能否获得银行贷款，以及获得银行贷款的额度、成本、期限等对缓解企业融资约束、降低资金成木、保证资金链安全等均有影响。

从银行的角度看，作为企业的外部利益相关者的银行由于不参与企业的日常经营，无法准确获取公司的信息，存在严重的信息不对称问题，难以约束股东和管理者的道德风险和逆向选择，因而银行承担很大的投资风险。当然，除股东和管理者的道德风险和逆向选择之外，引起银行投资风险的主要原因还是企业的经营风险和偿债能力。因此，银行在投资之前必然全面评估公司股东和管理者的情况、评估公司面临的经营风险和违约风险等。在此基础之上，银行再决定是否对企业提供贷款、以什么样的条件（包括利率水平等）向企业提供贷款。因此，一切有助于提高企业信息透明度、帮助银行掌握企业经营风险和偿债能力的信息，都能够帮助银行作出投资决策。毫无疑问，公司特征、公司治理结构等都是影响银行决策的重要因素，现有的研究成果也主要是从这些进行探索。

随着信息技术和交通产业的突飞猛进，世界市场逐步形成，产品市场竞争更加激烈，企业面对的市场环境也更加复杂多变。过去单打独斗的单核发展模式已经不再适应新的竞争环境，越来越多的企业倾向于与上下游建立起长期的合作关系，并重点发展与少数大客户的供销关系，日渐形成稳定的客户集中状态。大量研究表明，较高的客户集中度有助于企业提高管理水平、提升财务绩效、增强竞争能力。但另一方面，较高的客户集中度容易加剧企业对主要客户的依赖，若大客户发生经营问题或财务危机，很可能影响企业的销售和资金流动；若企业的大客户流失，必将对其经营造成更大的影响。就算不出现这些极端问题，大客户由于在谈判中拥有较大的话语权，它在售价、规格、质量、配送条件等方面向企业提出新要求，都可能对企业的经营造成较大冲击。从这个角度说，客户集中无疑会加大企业的经营风险，增添企业偿债能力的不确定性。

对于企业客户集中情况的了解有助于银行的信贷决策。我国证监会颁布的《企业信息披露准则》规定，自2007年起上市公司应披露其前五大客户和前五大供应商的相关信息，包括对前五大客户的销售额及占营业收入总额的比例、自前五大供应商处采购量及占采购总额的比例等。这些信息的披露提高了投资者（包括银行）对企业经营风险和偿债能力的判断能力，可能对银行的信贷决策产生影响。但现有研究成果中，绝大部分主要还是从公司特征、公司治理结构等方面探讨企业银行借款成本的决定机制，较少文献从企业外部利益相关者（特别是客户集中）角度研究银行借款成本的问题。本书计划从供应链风险这个角度去研究客户集中对企业银行借款成本的影响，能够填补相关文献的空缺。

在我国的经济社会里，国有控股企业和非国有控股企业在许多方面存在显著差异，我们推测这两大类企业的借款成本及其影响机制也可能存在差异。一个不争的事实是，长期以来我国以国有银行为主的信贷市场在信贷资源的配置过程中严重偏向国有企业。随着市场经济的不断发展、各级政府减少了对经济活动的直接干预，我国的金融环境逐步得到优化，信贷资源配置机制似乎正在发生改变。那么，现阶段国有背景能否影响企业在获取信贷资源的条件方面的一致性呢？如果不一致，客户集中度如何影响不同所有制企业去获取信贷资源？这些问题的解决能够帮助我们更好地理解企业的融资行为，提高资本市场的资源配置效率。

企业除了要承受客户集中带来的纵向风险之外，还要承受产品市场竞争所带来的横向风险。市场竞争会对企业产生掠夺效应，产品市场竞争越激烈，企业的经营风险就越大、财务稳定性越差。进而，身处竞争激烈的企业，其获取银行借款的额度可能比较小、成本可能比较高。当企业同时承受横向竞争和纵向客户集中带来风险的情况下，其银行借款成本的决定机制如何？本书将分析市场竞争对客户集中度与公司取得的银行借款成本关系的影响。在此基础知识，本书进一步从产权性质、资产专用性等方面分析客户集中度对银行借款成本的影响。由于专用性资产的锁定效应和流动性较差，专用资产提高了企业对客户的依赖，客户对公司的议价能力进一步提高，对公司的利润蚕食和现金流侵占也进一步加强。因此，本书将资产专用性作为调节变量，分析资产专用性对客户集中度与银行借款成本关系的影响。

二、研究意义

1. 理论意义

本书研究客户集中度与银行借款成本的关系，并探究公司产权性质、所处市场竞争程度和公司资产专用性对客户集中度与银行借款成本的影响。随着信息技术的发展和行业竞争的加剧，供应链上下游关系的协调发展为公司更好地响应客户需求、保持竞争优势提供了便利，加强与客户合作成为公司发展趋势，使得公司客户集中度提高。但是客户集中是一把双刃剑，给公司带来价值创造和价值攫取两方面的影响。另一方面，银行借款成本是衡量公司的融资负担及借款难度的标尺，较低的银行借款成本反映了公司良好的信誉和较强的借款能力。在公司客户集中度普遍较高的情况下，公司的银行借款成本是否受到客户集中度的影响？客户集中度对借款成本的作用机理如何？是否存在其他因素影响客户集中度与银行借款成本的关系？现有研究较少针对客户集中度与银行借款成本的关系进行深入探讨，本项具有较强的理论意义。

首先，本章从客户集中度与银行借款成本的角度着手，揭示客户这一企业外部利益相关者对公司银行借款成本的影响，丰富了现有企业融资领域的研究，将银行借款成本的影响因素从公司内部经营、公司治理以及外部宏观环境拓展到外部利益相关者。其次，本章从产权性质、资产专用性和公司所处市场竞争程度等角度进一步拓展该领域的研究，将客户集中度这一中观层面因素与市场竞争这一宏观因素和公司资产专用性这一微观因素相结合，全面刻画现实中企业的行为机制。再者，本章拓展了客户集中问题的现有研究范围，从客户集中度对公司财务绩效、资本市场表现、经营管理状况、会计稳健性、现金持有量等问题的研究拓展到对银行借款成本的影响，丰富了客户集中度这一领域的研究内容。最后，本章为此后该领域的研究设计提供启示，说明在我国资本市场的研究设计中考虑产权性质因素的必要性。

2. 现实意义

随着科学技术的发展，人民生活水平的提高，为更好地服务消费者，提高公司的竞争能力，加强与客户的合作已经成为公司的重要发展战略。客户集中能够为公司创造价值，但同时也能造成价值攫取。公司获取经营所需资金的主要方式是债务融资，而债务融资的重要主体是银行，相比于债券融资复杂的手续和较严格的监督，银行借款手续相对简单，所受监督较少，成本相对较低，是公司获取融资资源的重要渠道。随着我国金融市场的发展完善和商业银行深化改革，银行借款为公司发展输入新的血液，成为公司发展的重要支撑。研究客户集中度与银行借款成本的关系契合我国金融发展现状和公司发展需求，在目前经济环境下具有较强的现实意义。

本章的研究结论为企业如何通过自身客户特点制定融资策略，降低融资成本，提升企业竞争力提供理论基础和现实的经验数据。再者，本章通过国有企业和非国有企业所处资源分配地位和承担社会使命的区别，关注非国有企业所处的市场竞争情况和公司资产专用性，为非国有企业如何把控客户集中度、制定融资决策提出建议，也为政府加大对非国有企业支持力度提供依据，同时为企业应对市场竞争、控制专用性资产投资，降低银行借款成本提出建议。

第二节　文献综述

影响银行借款成本的因素有很多，既包括公司层面的微观因素，也包括公司之外的宏观经济因素。本章结合研究主题从公司经营及财务状况，会计信息质量方面综述其对银行借款成本的影响，然后从客户集中度、公司产权性质、市场竞争程度和资产专用化四个角度分别分析影响银行借款成本的因素。

从银行的角度看，公司风险（财务、经营）越大，要求的收益就越高。所以，下面列示的这几个方面，实际都是风险对借款成本的影响。

一、公司经营及财务状况与银行借款成本

基于信贷契约理论，银行不仅需要判断企业目前的财务稳定性，还需要预

估企业未来的发展状况，加之银企之间存在的信息不对称以及个人的有限理性，信贷契约不能包含所有预期可能发生的情况，银行需要判断公司可能存在的财务困境或破产危机，以此估计银行的风险溢价，确定信贷条件。因此，公司的财务状况及潜在经营风险是影响银行借款成本的主要原因。万良勇（2010）实证研究分析了利益侵占如何增加财务危机发生的概率，因利益侵占可能使担保物价值受损，降低公司清算时的债务回收价值，债权人利益无法得到保障，银行会要求较高的银行借款成本。公司财务状况也是影响银行借款成本的关键因素。很多学者研究表明，资产负债率、现金持有状况等均能够显著影响公司取得银行借款的成本，公司财务状况越差，资产流动性和变现能力差，则银行借款成本越高。孙铮等（2006）认为，企业盈利能力和偿债能力是企业财务绩效的两大重要方面，也是我国银行为企业提供贷款考虑的重要方面，他们的研究表明长期借款时银行更看重企业盈利能力，短期借款时银行则更看重其偿债能力。饶艳超、胡奕明（2005）将银行借款分为短期借款和长期借款，分别研究公司财务和治理情况对不同期限借款利率的影响。结果表明，即使借款期限不同，公司的财务状况和治理状况依然能够对借款利率产生影响。

二、会计信息质量与银行借款成本

基于信息不对称理论，公司内部管理人员掌握公司足够信息，特别是尚未公开的信息；而公司外部利益相关者取得信息的方式有限，不能完全掌握公司未公开的信息，处于信息劣势。信息不对称理论为公司获取银行借款成本的高低提供了解释思路。公司内部管理层与银行的信息不对称程度越高，银行会制定更高的贷款利息，以防止信息不对称给银行带来的风险溢价。会计信息是平衡公司管理层和外部利益相关者的主要枢纽，国内外学者对会计信息质量与银行借款成本和公司债务融资成本的研究也较为深入。

Amihud et al.（1986）在资产定价研究中认为，投资者拥有相对较少的私人信息时，会要求更高的投资报酬率。Botoson（1997）以制造业企业为研究样本，实证分析了会计信息质量和债务资本成本显著负相关，且相关系数为 28，即较高的会计信息质量能够显著降低银行借款成本。Yu（2005）在 Botoson（1997）的研究基础上，研究会计信息质量对不同期限银行借款成本的影响，研究显示，公司会计信息质量越高，不同期限的银行借款利差均降低，相比短期银行借款，较高的会计信息质量能够更显著地降低长期银行借款利率。Leuz（2004）分析了会计信息质量对公司融资成本产生影响的作用机理，即会计信息是公司向外部利息相关者，包括资金提供者传递公司经营和财务状况的渠道，会计信息质量越差，外部利益相关者对公司会计信息的信赖程度越低，资金提供者要求的风险溢价越高，他们会要求更高的投资报酬率，表现在银行方面即提高银行借款成本。

针对会计信息质量与银行借款成本及债务融资成本的研究，国内学者也得出相似结论。邱旭荣（2011）分析上市公司会计信息质量对融资成本的影响，研究结果显示，会计信息质量能够降低公司的股权和债务融资成本。李志军、王善平（2011）将金融环境纳入研究考量中，结果显示在紧缩的货币政策下，会计信息质量能够显著影响银行借款，即会计信息质量越好，公司能够取得的银行借款越多，利率越低；这主要是因为紧缩的货币政策下，银行对外提供贷款更为谨慎，良好的会计信息质量能够显著降低银行的风险溢价。

综合国内外学者针对会计信息质量与银行借款成本的研究可以看出，会计信息质量越高，企业取得的银行借款成本越低。这主要是因为较高的公司会计信息质量提高了信息透明度，银行能够通过财务报表和会计信息对公司进行相对准确的判断，从而降低银行的风险溢价。

三、客户集中度与银行借款成本

国内外针对客户集中度的相关研究领域较多，包括客户集中度与公司现金持有量的关系，客户集中度对 IPO 折价的影响，客户集中度与会计稳健性的关系，客户集中度与公司财务绩效的关系等，但较少文章研究客户集中度与银行借款的关系，且研究得出的结论也不统一。Murillo et al.（2015）认为，虽然客户集中度能促进公司提高管理效率，降低销售成本，但较高的客户集中度使公司面临大客户丢失、针对客户进行专有化投资的经营风险和资产流动性风险，及客户较强的议价能力和公司为预防客户流失而需持有较多现金给公司带来的财务风险等问题。综合考虑客户集中度给公司带来的价值创造和价值攫取，Murillo et al.（2015）研究说明，较高的客户集中度提高了公司的债务违约风险，所以公司面临更严苛的银行借款条件，表现为较多的限制性条款，较短的银行借款期限和较高的银行借款成本。Hertzel et al.（2008）从专有化投资角度分析客户集中度与银行借款的关系分析表明，客户集中度较高的企业，为进一步加强与客户的合作、迎合客户需要，专有化投资较高。但专有化投资的流动性较弱，专用型较强，转换能力较低，进而面临潜在的套牢风险。一旦客户流失，专有化投资因套牢而丧失变现能力，由于专有化投资的专用性较强，若公司经营陷入困境，最终可能引发现金流问题，并危及企业的债务偿还能力。但也有学者提出了客户集中度能够显著降低银行借款成本的研究结论。由于较高的客户集中度能给公司带来稳定的销售渠道和更高的管理效率，所以客户集中度能够提高公司的盈利能力（Patatoukas，2012），向银行传递公司具有较好的经营状况和发展前景的利好消息（Cen，2015），进而获得更有利的银行借款条件。我国学者王迪等（2016）研究认为，较高的客户集中度能使企业享有相对稳定的销售渠道和合作关系，企业向银行借款时，银行只需关注公司主要客户的经营状况，降低了银行的监控成本；较高的客户集中度带来客户对企业信息甄别的外溢效应，所以客户集中度能够提高企业的银行借款能力。

国内外学者针对客户集中度与银行借款的研究结论不尽相同，因为客户集中度对公司的影响是两方面的，既有价值创造效应，也有价值攫取后果，所以不同文章针对客户集中度对公司影响的不同角度，加之研究样本的差异，得出的结论不尽相同。本书在国内外学者研究的基础上，综合考虑客户集中度对公司的双面影响，结合我国企业特征，得出相应结论。

四、产权性质与银行借款成本

在我国，信贷歧视的重要原因是产权的差异。在银行借款方面，国有企业与国有银行的股东均为政府，企业与银行均承担政治功能，导致国有企业和非国有企业存在差异，即存在信贷歧视。Porter et al.（2002）指出借款企业的产权背景与提供资金的银行的产权性质都会显著影响企业的融资行为。我国学者对产权性质与银行借款方面的研究也得出了相似的结论。魏志华等（2012）研究债务融资成本在不同产权性质企业间的差异，实证研究发现，国有上市公司的债务融资成本明显低于非国有上市公司，而金融生态环境的发展和健全能够缩小这种差距。江伟等（2006）通过对我国不同产权性质上市公司获取银行借款的数量研究，发现相比非国有上市公司，国有背景的上市公司能够从国有产权背景银行处取得更多的银行借款。孙铮等（2006）研究了不同产权性质的公司，银行信贷决策与会计信息关注程度是否存在差异，研究表明，银行更关注非国有企业的会计信息质量。综合国内外学者对不同产权性质企业存在的信贷歧视的研究，研究结论均为国有企业或政府拥有企业所有权时，企业借款成本更低。原因为银行是国有企业的信息依赖程度更低，以及企业的国有背景能够为银行提供更有利的保障，而非国有企业在银行借款方面处于劣势，不仅取得银行借款的数额更少，而且条件更为苛刻。

五、市场竞争程度与银行借款成本

国内外学者针对行业竞争相关领域的研究成果十分丰富，主要包括市场竞争对公司资本结构（Showalter，1995；朱武祥等，2002）、现金持有水平（Haushalter et al.，2007；韩忠雪等，2011）、股权成本（Press，2010）等方面，针对行业竞争程度与债务资本成本及银行借款成本的研究较少。行业竞争对公司财务及资本结构等方面影响的作用机制主要为市场掠夺机制和风险转移机制。Froot（1993）分析，若公司获得外部融资的能力有限，实力较强的竞争对手能够采取侵略性定价策略，提高公司的商业风险。Pulvino（1998）研究显示，市场竞争激烈会降低抵押品的流动性，导致抵押品价格降低。张合金等（2014）分析表明，行业竞争越激烈，同行业其他有实力的公司通常采取低价策略争夺市场份额，削弱行业中其他企业的利润和现金流，导致公司银行借款成本上升；实证检验结果显示，产品市场竞争能够显著提高公司的银行借款成本。Tirole（2010）研究认为，市场竞争压力削弱了行业中公司的影响力和利润，这种压力降低了公司的可承兑收入，提高了现金流风险，使得借方筹集资金的难度加大，债务资本成本提高。陈侃（2016）分析行业竞争程度对公司违约风险和资产清算价值的影响，并对我国上市公司行业竞争与债务成本进行实证分析，结果表明，行业竞争激烈的企业其债务资本成本也更高。综合不同学者的研究内容也可以看出，行业竞争能够显著提高公司的债务资本成本。Haushalter et al.（2007）研究显示，行业和市场竞争激烈，资金周转相对困难的企业无法有限利用现有投资条件，丧失有利的投资机会，进而会被其他竞争对手收购。当企业面临被收购的风险时，银行的风险溢价越高，其银行借款成本也越高（Chava et al.，2009）。

综上，国内外学者对行业竞争与债务资本成本的关系的研究结论趋于一致，即行业竞争的加剧提高了公司的债务资本成本。其作用机制为行业竞争给公司带来掠夺风险及风险转移困难，使银行面临较高的债务违约风险和违约后的资本收回风险，导致公司提高债务资本成本。

六、资产专用性与银行借款成本

国内外学者对专有化投资的研究主要集中在专有化投资对公司资本结构的影响（Balakrishnan et al.，1993；李青原等，2006）、专有化投资对公司纵向一体化的影响（Joskow et al.，2005；陈玉罡等，2007）以及专有化投资对公司财务报告质量的影响（Raman et al.，2008），较少文献研究专有化投资与债务融资成本及银行借款成本的关系。

专有化投资受到学者关注始于Williamson1971年研究纵向一体化时提出的专有化投资相关概念及理论基础。Williamson（1988）研究资产专用性与纵向一体化问题时认为，随着投资资产专用性程度的提高，公司预期收益的不确定性提高，经营风险增大，因此会导致更高的股权和债务融资成本。Sambasivan et al.（2013）研究发现，专有化资产与公司借款能力负相关。由于银行借款成本是公司债务负担和债务融资能力的体现，可以认为，公司借款能力越差，银行借款成本越高。Myers等（1998）、Morellec（2001）分析说明，若债务契约未限制管理者对公司资产处置权，公司资产专用性会降低公司清算价值，因为较高的资产专用性表明公司资产的适用性较弱，资产不能转为他用，清算价值降低。由国内外学者研究现状来看，专用性资产由于其专用性强，变现能力低，流动性弱，导致公司面临更大的风险，提高债务融资成本。专用性资产的抵押价值低，难以保障债权人的利益，从而提高公司的债务资本成本。

第三节　客户集中度对公司经营及财务行为的影响

基于资源依赖理论，企业发展需要各种资源，而一家企业往往难以具备发展所需的所有资源，所以企业需要与其他组织或个人合作，以此实现资源交换和互补，因此产生了对资源的依赖性。企业为了获取发展所需的各种资源，需要与供应商及客户进行合作，在合作的过程中实现资源共享，利益共赢，实现协同发展。所以随着公司与供应商及客户合作的深入，供应链关系逐渐稳定，大客户对公司越来越重要，因为大客户是公司的一种资源。但从博弈论的角度来看，供应链上下游企业之间的交易与合作可以视为长期、动态博弈的结果，双方不能取得共赢的结果。在双方未达到利益共同体之前，交易双方均以自身利益最大化为目标，合作过程中不得不面对对方的投机主义行为，在短期、静态博弈中，彼此间难以信任。学者的研究视角可能基于资源依赖理论或博弈论，基于资源依赖理论的研究认为客户能够为公司创造价值，促进公司经营业绩的提升和财务状况的好转，而基于博弈论的研究认为客户将给公司带来价值剥削和利益侵占，所以不同学者针对客户集中对公司经营及财务行为影响的研究结论也不尽相同。客户集中给公司造成价值创造和价值攫取两方面的影响，本书从客户集中给公司造成的价值创造和价值攫取两个方面研究客户集中对公司经营状况和财务状况可能产生的影响。

一、客户集中影响公司绩效

客户集中度较高说明公司与大客户建立了良好的合作关系，有稳定的销售渠道，公司的盈利性更强（Patatoukas，2012）。加强与客户的合作能够实现业务伙伴之间的优势互补和资源共享，对合作双方的发展都有促进作用。Gilbert（2010）研究认为，加强与客户的合作能够提高企业的效率，赢得竞争优势，有利于企业绩效的提升。另外，较高的客户集中度也可能向银行传递公司经营状况良好的信号（Cen et al.，2015）。Patatoukas（2012）研究表明，客户集中度与财务收益率呈显著正相关关系。原因为大客户虽然能够给公司带来劣势，但集中和大批量的销售能够降低库存成本和销售成本，提高存货周转率，从总体来看，客户集中对公司产生的影响利大于弊，能够提升企业绩效。

客户集中度较高也可能给公司造成经营困境。Tiaman（1984）从资产变现方面分析客户集中度对公司经营造成的限制和风险。他的研究表明，一方面，拥有较高客户集中度的企业现金流量和资产变现能力受限，成为公司的潜在经营风险。另一方面，为迎合客户需求，公司往往会进行专有化资产投资，专有化投资涉及研发支出，特有资产和非标准化资产的投资。虽然专有化投资能够将客户与供应商关系进一步绑定，但专有化资产的可变现能力和经营成功的不确定性造成公司潜在经营不利。客户集中影响公司持续经营能力的另外一个方面是客户议价能力。以波特五力模型为基础分析客户议价能力，Poter（2005）

认为，行业内对企业造成威胁的主要有五种关系，即现有竞争者，供应商和客户，新进入者及替代产品的威胁。其中，客户议价能力主要受客户数量和供应商数量的影响，当行业中供应商数量相对较多，客户数量较少时，客户的议价能力较强，企业必须采取提高产品质量、降低产品价格或信用销售等方式来争取客户。在公司存在较高客户集中度的情况下，客户对公司而言有重要影响，客户议价能力强，对企业的经营和绩效产生不利影响。张胜（2013）从客户议价能力方面解释较高的客户集中度会提高客户的议价能力，导致公司资产流动性减弱，流动资产和现金减少，公司业绩较差。段彩艳（2015）研究认为，客户集中度较高的企业面临潜在客户流失风险，一旦大客户流失，公司将面临巨大的财务压力，以及拓展销售渠道及产品滞销的经营压力。Cohen（2008）研究显示，投资者通常将客户集中度视为公司风险的信号，对有较高客户集中度的企业相应调低预期投资价值。我国学者张珩等（2001）从国内企业的合作发展进行研究，他认为国内合作伙伴之间缺乏必要的信任和交流，难以发展互利共赢的合作关系，所以客户集中带来的产品研发和管理效率提高不能显现地促进公司发展，上下游之间依然维持着低效率的交易关系。

综上，由于客户集中给公司带来价值创造和价值攫取两个方面的影响，加之国内外国情和研究样本的差异，不同学者对于客户集中度与公司经营和财务状况的研究结果大相径庭。

二、客户集中影响公司财务压力和偿债能力

张志宏等（2015）从客户集中度对公司现金持有量的角度进行研究，研究认为，由于客户集中度较高的企业面临客户流失的风险，以及客户对公司的议价能力导致公司收款期较长，利润压缩。所以公司为预防潜在不利风险，防止资金周转不利，往往会预留更多的现金。根据最优现金持有量理论，当公司现金持有量过高时，会提高现金的持有成本，包括丧失良好投资机会的机会成本，对公司长远发展造成不利影响。Murfin et al.（2014）从客户的议价能力方面进行分析，研究认为大客户有较高的议价能力，能够对公司造成财务压力。大客户能够影响购买价格和支付时间，通常会压低产品的购买价格，延长支付时间，对供应商造成利润减损和财务压力，导致公司偿债能力受限。我国学者韩静稳等（2009）研究得出了相似的结论，他认为客户集中会提高客户议价能力，

降低公司的财务绩效，提高公司的财务风险和经营风险。张敏（2012）从商业信用角度分析客户集中度与企业价值，因客户集中度较高的企业需向客户提供更多的商业信用，企业价值更低。陈正林（2016）采用实证研究方法分析得出，客户集中度能够增加公司的风险，这里的风险是公司的一个综合指标，说明客户集中虽然能够给公司带来利益，但整体而言对公司是一种风险。若公司不能保持良好的客户关系和客户结构，客户集中将损害公司的财务绩效和资产状况。

客户对公司的监督也能够对公司资金和财务状况起到积极作用。王雄元等（2017）研究表明，客户集中度能够降低企业进行营运资金粉饰的概率。此外，客户集中能够影响公司资产负债率，有学者研究认为，债务能够提高企业的议价能力，所以公司会通过提高财务杠杆来提升自己在客户关系中的谈判优势，而资产负债率的提高给公司造成较大的财务压力和偿债压力。

三、客户集中影响公司会计信息披露

基于上文所述的资源依赖理论，公司加强与客户合作的同时，客户也加强了对公司的监督。Chen 等（2008）研究发现，基于与客户合作的专用性投资越高，企业的会计稳健性会增强。Hui（2012）从客户议价能力方面解释了客户集中度与会计信息披露的关系，研究表明，客户议价能力与公司财务报告稳健性显著正相关，客户议价能力会增加公司财务报告稳健性。但对于自愿信息披露，客户集中度较高的公司会迅速披露好消息，而战略性地持有坏消息。Cen et al.（2015）研究发现，公司会选择性地披露坏消息，特别是涉及诉讼等事项，因为这些消息会引起客户对公司风险的关注，当公司面临潜在不利因素时，客户可能会削弱或终结与公司的合作关系。

四、文献述评

综上所述，从已有的研究成果来看，针对客户集中与公司银行借款成本的研究并不多，且国内外文献的研究结论大相径庭，我国学者切入的角度不同但研究结论趋于一致。国外学者的研究普遍认为，客户集中度较高对银行传递了负面信息，导致银行借款条款趋严，表现为较高的借款成本，较短的借款期限和较少的借款数额。国内学者的研究则认为，客户集中较高降低了银行的监控成本，且向银行传递公司经营状况较好的信息，从而降低银行借款成本。关于产权性质、市场竞争程度及资产专用性，主要集中于上述三个角度分别对银行借款成本的研究，研究结论趋于一致，即国有企业拥有更好的信贷条件；公司所处的市场竞争会提高债务融资成本；公司资产专用性程度越高，基于专用性资产的限制性，公司资产流动性减弱，清算价值降低，其资本成本也会提高。

客户集中对公司财务状况的影响方面，学者主要从客户集中对公司现金持有量及对公司经营状况的影响展开。研究表明，客户集中度越高，公司为预防客户流失带来的风险而需储备更多的现金。较高的现金持有率可能降低公司资金利用率，提高现金持有成本，错失良好的投资机会。此外，大客户相对较强的议价能力对公司利润造成减损，且信用条件的实施更为广泛，应收账款的增加给企业带来一定的财务风险。客户集中对公司会计信息披露也会产生影响，一方面客户对公司有监督作用，能够促进公司提高会计信息稳健性，但另一方面，基于合作关系的长远考虑，公司会选择性地披露潜在不利信息，降低会计信息可靠性。

国内外学者针对客户集中与银行借款成本的研究主要集中在客户集中对公司经营和财务状况的影响，以及从公司治理、公司绩效和外部市场环境等角度分析银行借款成本，较少文献对本书的内容进行研究。由于研究样本所处经济环境及关键变量衡量方法等的差异，国内外学者的研究结论不尽相同。

基于客户集中及供应链整合成为公司竞争的新趋势，且银行借款是公司获取融资的重要渠道，对公司的资金链安全及经营可持续性有重要影响，本书在现有文献研究的基础上，立足我国产权性质、公司所处市场竞争程度及资产专用性的差异，采用实证研究方法，对客户集中如何影响公司银行借款成本展开研究。同时，针对我国不同产权性质企业之间的差异，研究产权性质对客户集中与银行借款成本关系的影响；进一步，研究制造业企业所处市场竞争环境与公司资产专用性差异对客户集中与银行借款成本关系的影响。本书的研究是对客户集中相关问题的补充，同时丰富了银行借款成本的研究文献，相关结论为公司控制与客户的关联关系提供借鉴与参考建议。

第四节 研究设计

一、假设的提出

（一）客户集中对银行借款成本的影响

银行借款成本的影响因素主要包括公司内部特征和金融生态环境，而不同公司之间银行借款成本的差异主要来自于公司内部特征的不同。从公司内部来看，影响银行借款成本的因素主要有公司经营风险、财务风险、会计信息披露情况和公司治理情况。通常而言，公司经营稳健，销售渠道广泛，公司的债务违约风险和违约后的偿还风险越低，公司能够以较低的成本取得银行借款。同时，银行向公司提供贷款时，公司财务状况是优先考虑的因素，若公司有较低的财务杠杆和负债水平，债务偿还压力较小，说明公司财务状况良好，银行面临的债务偿还风险较低，借款成本也越低。公司治理情况能够影响公司未来发展的稳定性，良好的公司治理能够促进公司优化决策，稳健发展，从而降低银行借款成本。此外，会计信息质量是银行向公司提供贷款的重要参考依据，银行对公司的评价主要基于财务报告，所以会计信息质量决定了银行对公司的信任程度，会计信息质量越高，银行面临的风险溢价越低，对公司制定的信贷条件会相对宽松，降低公司的银行借款成本。

客户集中能够影响公司的经营风险、财务状况和会计信息质量，从而对银行借款成本产生重要影响。基于博弈论，上下游企业之间的交易与合作可以视为长期、动态博弈的结果。在双方未达到利益共同体之前，交易双方均以自身利益最大化为目标，合作过程中不得不面对对方的投机主义行为，在短期、静态博弈中，双方均以各自的短期利益为目标，彼此间难以信任。再者，与大客户的合作是基于隐性的契约关系，这种关系相对不稳定，客户存在转换供应商的风险。因此，客户集中对银行借款成本的影响主要由于大客户对公司的利益侵占给公司造成的经营风险和财务风险，主要表现为大客户流失风险，大客户议价能力对公司利润的侵占以及公司与银行信息不对称和代理问题的加剧。

客户集中度较高的企业面临较高的客户转换风险，一旦大客户流失，对公司的销售渠道和经营业绩将发生重大影响，削弱公司盈利能力（Irvine et al.，2015；陈宏明等，2017），甚至导致公司破产。黄晓波等（2016）实证检验认为，客户集中会降低公司的销售毛利率，有损公司绩效。此外，公司的经营业绩与客户的经营状况紧密相连，大客户的经营业绩持续走低将减少对供应商产品的需求，公司业绩也会出现持续下滑。Campello（2017）研究表明，公司客户集中度越高，其取得银行借款时，银行为其制定更为严苛的信贷条件。银行在向公司提供贷款时，若公司客户销售主要依赖几个大客户，银行不仅需要监控公司的发展状况，还需要监控大客户的经营发展状况（Cen，2015）。Kim 等（2015）针对美国市场信贷条件的研究显示，公司所获得的贷款契约受主要客户业绩的影响，且公司对客户的依赖越强，这种关系越明显。此外，针对公司债券利息，王雄元等（2017）研究表明，客户集中提高了债券信用利差，说明总体而言客户集中对债券投资者具有风险效应。因此，基于较高的客户集中度使公司面临一定的经营风险，加大了银行的监督成本，公司将面临更高的银行借款成本。

客户集中对公司产生影响的另一重要方面是公司较低的议价能力。根据波特五力模型，当公司主要依赖少数客户谋求发展时，特别在制造业行业产品缺乏异质性的情况下，客户可以选择的供应商较多，公司相对客户有较低的议价能力。此时客户往往具有较强的谈判能力，提出不利于企业的要求，如更宽松的信用政策、更低的产品价格和更严格的产品质量水平（Piercy et al.，2006），降低企业的利润空间。反之，随着客户数量的增加和客户集中度的降低，客户可协商的价格区间不断缩小（郭红莲等，2008）。客户关系风险或商业信用风险较高时，客户集中更容易被解读为风险（王雄元等，2017）。Campello 和 Gao（2017）发现高客户集中会增加企业贷款的利息以及新签和重签的银行贷款合同的限制性条款的数量。此外，公司也会对客户较强的议价能力做出反应。为了降低客户对公司提出更苛刻的要求，提高公司利润水平，公司将提高资产负债率，以更高的杠杆水平向客户提示风险，以此降低客户的要求。因此，客户集中度越高，公司议价能力会被压缩，作为一种风险提示，公司会提高资产负债率，导致其面临更高的财务风险。综合考虑公司的盈利能力和财务状况，较高的客户集中将导致更高的银行借款成本。

客户集中不仅影响公司经营状况，而且影响公司财务状况和会计信息质量。由于大客户对公司发展至关重要，公司往往会迎合客户需求，加之公司对大客户的依赖导致其议价能力较低，所以客户能够对公司进行利益侵占。如客户会要求公司提供宽松的信用政策，增加赊销额，延长赊销期限等，对公司的财务状况和现金流动性造成不利影响。而银行作为债务资金提供者，主要考虑公司是否能够及时足额偿还本金及利息，公司偿债能力和现金充足性是银行考虑的重要因素。此外，随着客户集中度的提高，客户掌握的公司信息越多，客户对公司的监督下降，公司会计信息质量会下降，银行的风险溢价提高。公司在与大客户的合作中，因满足客户需求可能导致银行利益受损，加剧公司与银行之间的委托代理问题。

综上分析，客户集中度越高，客户有较强议价能力，能够对公司造成利益侵蚀，降低公司盈利质量；此外，制造业企业产品异质性低，公司面临客户转换风险，即公司经营稳定性较差。较高的客户集中度能够降低公司对外发布会计信息的质量，导致银行有较高的风险溢价。

基于以上分析，本书提出如下假设：

假设 1：上市公司客户集中度越高，上市公司银行借款成本越高。

（二）产权性质对客户集中度与银行借款成本关系的影响

我国产权性质不同的公司其面临的融资约束和融资环境不同，取得的政府补助和隐性担保也存在巨大差异，而产权性质的差异对公司造成的信贷差异普遍存在，在公司存在相同客户集中度的情况下，本书将对产权性质这一调节变量对客户集中度与银行借款成本关系的影响进行研究。基于信贷契约理论，国有企业在信贷资源和公司发展过程中享有更多的资源配置和政府补助，因此在面临相同客户集中度的情况下，国有企业的经营状况、财务状况及会计信息质量相比非国有企业均有优势，所以国有企业享有更好的信贷条件。

基于我国目前的经济结构，国有企业涵盖大多数垄断性行业，其目标不在于追求利润最大化，更多的是担任维持经济稳定，提高就业率等社会责任（夏立军等，2005），因此国有企业相对非国有企业享受更加优先的资源配置。具体而言，在银行借款方面，由于我国银行改制处于持续进展中，我国国有控股银行由国有银行发展而来，而国有银行的一个重要功能是为国有企业的发展提供配套的资金供给。因此出于政治目的，国有企业可以更有利的信贷条件取得银行贷款。即使国有企业有较高的客户集中度，且客户集中给国有企业带来一定的经营风险，为了维持国有企业的经济稳定、促进就业等社会职能，促进其可持续发展，银行也会为其提供成本较低的借款。而非国有企业在政府补助和信贷资源缺位的情况下，较高的客户集中度带来的经营风险和财务风险会直接影响其银行借款成本。

政府对国有企业的影响和干预更多，使得国有企业的经营政策和银行借款容易受到政府的影响。由于政府提供给国有企业更多的补助和预算软约束，所以国有企业相对民营企业享有更多的业务资源和更强的债务担保能力（邵传林，2015）。即国有企业的债务危机相对较小，当国有企业有债务偿还压力时，政府往往为国有企业保驾护航，采取隐性担保等方式促使国有企业稳健发展。李广子等（2009）研究商业银行对民营企业是否存在信贷歧视，研究表明，信贷歧视的确存在于我国国有上市公司和民营企业中。综上，国有企业因政府干预带来的隐性担保及预算软约束，以及国有企业享有更好的资源配置而具备较高的偿债能力，使国有企业相比非国有企业拥有更低的银行借款成本。而非国有企业没有政府这一强大股东背景支持，不仅处于信贷资源分配的劣势端，而且无法享有债务担保。在客户集中度较高的情况下，非国有企业没有途径化解较高的客户集中带来的潜在经营风险，因此取得的银行借款成本更高。国有企业因其与政府的天然关系，客户集中度带来的风险能够通过政府补助、政府担保等措施化解，企业的违约概率降低，能够获得更有利的银行借款成本。

此外，由于国有企业承担较多的政治功能，因此获得的政府支持往往高于非国有企业。即使公司发展的外部环境发生重大变化导致国有企业的购销关系发生重大改变，政府也会采取补助措施避免其陷入财务困境和破产危机。政府给予国有企业的补助既包括便利的融资条件，也包括税务减免和政府补助。Chen 等（2011）研究表明，当国有企业面临资金链断裂、债务偿还压力大等财务困境时，为了维持良好的企业形象，避免社会波动，政府往往成为国有企业的隐性担保，通过税务减免、代为偿还债务等方式减轻公司的债务负担。我国学者针对国有上市公司是否能够获得更多的政府补助进行了研究。他们的研究表明，我国国有上市公司的政府补助水平普遍更高，且面临财务困境时会获得更多的政府补助（陈冬华，2003；李财喜，2009）。因此，基于国有企业享有更多的政府补助和隐性担保，其陷入财务困境和破产危机的概率更低，债务违约的概率也较低，因此能够享有更低的银行借款利率。

基于上述分析，本书提出如下假设：

假设2：相比于国有企业，客户集中对非国有企业银行借款成本的影响更明显。

（三）市场竞争程度对客户集中与银行借款成本关系的影响

根据前文所述，影响银行借款成本的因素不仅包括公司内部状况，而且与宏观经济环境有关，公司所处市场的竞争状况也能显著影响银行借款成本。在不同竞争状况的市场中，相同的客户集中给公司带来的风险和压力有所区别，对公司银行借款成本的影响也不尽相同。因此，本书将进一步分析市场竞争程度对客户集中度与银行借款成本关系的影响。

本书的研究样本为制造业企业，制造业企业下属细分行业不同，公司的市场竞争状况也有所差异。市场竞争的调节作用主要表现在行业内的公司为争夺市场，面临其他公司的恶意竞争和被收购的风险，以及市场竞争导致的公司清算价值低，导致较高客户集中度的公司风险进一步增加，银行借款成本更高。Merton（1974）研究表明，债务资本成本的直接影响因素是银行面临的债务违约风险及违约后的损失率。在公司存在客户集中的情况下，市场竞争通过影响公司的违约风险和违约后损失率进而影响债务资本成本。

一方面，市场竞争的掠夺风险给公司造成经营财务困境。首先，Tirole（2010）研究认为，市场竞争压力削弱了行业中公司的影响力和利润，这种压力降低了公司的可承兑收入，提高了现金流风险，使得借方筹集资金的难度加大，债务资本成本提高。在市场竞争较高的行业，公司客户集中度越高，掠夺风险越高，公司为防止其他竞争对手争抢客户，会给予客户更多的让利，包括延长信用期限等，不仅降低公司盈利性，而且使公司面临一定的财务风险。同时高竞争行业公司面临客户流失的风险更大，大客户的流失对存在客户依赖的公司而言，是一种致命打击，导致公司营销渠道闭塞、产品滞销甚至导致破产。即在竞争程度高的市场中，有较高客户集中度的公司面临更大的经营风险和财务风险，银行借款成本会较高。而在竞争程度较低的市场环境中，客户的转换成本较高，议价能力相对较弱，对公司造成的经营风险和财务风险相对较低。其次，行业中其他竞争对手会采取侵略性的定价策略，争抢公司的市场份额。Fresard（2010）证明，在公司面临较高的市场竞争中时，现金流充裕的公司会将财力用于制定竞争性的策略，以提高他们在产品市场上的表现。由前文分析可知，客户因其较高的议价能力对公司造成价值攫取效应，压缩公司的利润空间，导致公司盈利状况下降，同时为客户提供的商业信用增加，给公司带来财务压力。因此，在激烈的产品竞争市场中，客户集中给公司导致更高的银行借款成本。再者，市场竞争越激烈，行业中实力较弱的企业资金有限，往往不能把握良好的投资机会，面临比其他竞争对手收购的风险（Haushalter et al.，2007）。王俊秋等（2016）研究市场竞争对客户集中度与银行借款成本的调节作用，他发现，市场竞争越激烈，客户集中度高的公司更容易丧失投资机会。不恰当的投资会削弱公司的竞争力，影响公司长远发展。因此，公司面临较高的市场竞争风险时，不同客户集中度的公司面临的经营风险和财务困境有所不同，对银行借款成本的影响也不同。客户集中度越高，为维持相对竞争地位，获取稳定的客户资源，公司对客户依赖越强，市场竞争给公司带来的掠夺风险越高。为维护客户关系，迎合客户需求，可能导致公司利益受损，对公司造成较大的经营风险和财务风险，使公司面临较高的债务违约风险，因此面临更高的银行借款成本。

另一方面，市场竞争能够影响公司债务违约后的损失率。当公司面临破产风险时，资产的清算价值对债权人尤为重要，债权人只有在公司的资产能够保障、债务和抵押物能够收回的情况下才会同意借款。资产清算价值越低，银行等债权人面临的债务违约后的损失率越高，在预期公司资产清算价值较低的情况下，银行会提高贷款成本。而产品市场竞争降低抵押品价值（Molina et al.，2011），这是因为一方面抵押品流动性受限，价格相应也会降低（Pulvino，1998）；另一方面，在激烈的产品竞争市场中，公司发展所需的流动性资产特别是现金越多，公司对抵押品需求会较少，进一步降低抵押品价格（张合金等，2014）。公司资产清算价值的降低意味着贷款抵押品价值较低，银行面临较高的债务偿还风险。市场竞争越激烈，客户集中导致的银行借款成本更高，而市场竞争平缓的情况下，公司资产清算价值高，客户集中导致的银行借款成本相对较低。

综上分析，市场竞争越激烈、客户集中度高的公司越容易面临利润和市场份额被掠夺的风险，提高债务违约概率，导致银行借款成本提高。市场竞争越激烈，抵押物价值越低，公司资产清算价值较低，使银行面临较高的违约后损失率，也会导致银行借款成本的提高。基于上述分析，本书提出如下假设：

假设3：上市公司所处市场竞争越激烈，客户集中度对银行借款成本的影响越明显。

（四）资产专用性对客户集中度与银行借款成本关系的影响

公司与客户合作的过程会伴随专有化资产的投资，该投资越高，即公司的资产专用性越强，公司与客户的捆绑关系越深入。专有化资产自身具有流动性弱、专用性强、转换性弱等特点，在公司存在一定客户集中度的情况下，专有化资产能够加剧公司的经营风险和投资风险，降低资产清算价值，对客户集中度与银行借款成本的关系能够产生一定的影响。因此本章进一步研究公司资产专用性对客户集中度与银行借款成本关系的影响。

资产专用性是指只能生产特定一种或几种产品的投资或固定资产，这种资产适用性较差，无法生产其他产品。由资产专用性的定义可知，专用性的资产通常产生于较深入的供应商客户关系，且由供应商为客户生产所需的专用产品而投资。在存在专用性资产投资的供应商客户关系中，若客户转移，因资产专用性不能作为他用，流动性弱，则事前投资将部分或全部成为沉没成本，所以资产专用性因其天然属性将给公司带来投资风险。资产专用性影响客户集中度与银行借款成本主要基于专用性资产的流动性差给公司带来的经营风险和财务压力，以及基于信息不对称理论，专用性资产加强了公司与客户的捆绑关系，客户对公司的监督动机下降，公司财务报告质量降低。

Williamson（1985）指出，专用性资产一旦投入，由于没有严格的契约关系对客户做出约束，所以客户存在机会主义行为，即客户可以随时退出合作关系。客户一旦退出，公司做出的专有化资产投资将面临较大的损失。基于博弈论和契约理论，在公司较高客户集中度的情况下，在资产专用性较高时，公司对客户的依赖程度更高，客户机会主义行为不仅造成公司销售渠道闭塞，而且公司的资产投资无法转为他用，给公司造成严重的损失和现金流困境。

由于专用性资产的流动性极弱，若公司面临破产，因资产专用性的特征，抵押价值较低。Morellec（2001）研究认为，公司资产专用性会降低公司短期内的清算价值。国外学者Cushing（1996）将公司资产清算价值作为资产专用性的衡量指标，直接表示公司资产专用性越强，清算价值越低。客户集中度较高的公司，若存在较高程度的资产专用性，其给银行带来的债务违约风险和违约后的收回风险均提高，导致公司较高的银行借款成本。Banerjee（2008）研究发现，企业对客户的专有化投资越多，企业的债权人就要承担更多的专有化投资终止导致的清算风险；进一步研究表明，客户集中会降低公司进行专有化投资的信贷条件，即借款成本更高，借款期限更短。所以，在公司存在客户集中时，专有化投资越高，公司资产流动性和变现能力越低，公司资产状况不佳，面临较高的风险，银行借款成本也相应提高。

资产专用性影响客户集中度与银行借款成本的另外一个因素是客户对供应商的监督动机下降。基于信息不对称理论，公司财务信息可靠性与银行借款成本负相关（Watts，2003；Zhang，2008）。公司内部管理人员掌握公司足够信息，而公司外部利益相关者获取公司信息的方式仅为公开的财务报告及其他临时性公告，不能完全掌握公司未公开的信息，处于信息劣势。理论研究表明，处于信息劣势的利益相关者由于不能全面了解公司的状况，往往会受到处于信息优势的利益相关者的剥削，导致处于信息劣势的投资者要求更高的资本成本。由于信息不对称的存在，银行在向企业提供贷款时，无法全面了解公司的经营状况和财务状况，无法准确判断公司是否有能力按期偿还贷款，因此为了保障自身利益，银行将制定更为苛刻的信贷条件。银行和企业信息不对称的另外一个原因是客户集中导致的财务报告信息质量下降。由于专用性资产的投资对供应商和客户形成捆绑，一定程度上提高了客户的转换成本（王雄元等，2017），随着供应商客户合作关系的深入，双方信任程度中增加，客户对供应商的监督动机下降。公司与客户合作关系的加强会使客户获取公司的未公开信息更多，公司对外公布的信息相对较少，加剧了银行和企业之间的信息不对称，进而可能导致银行借款成本的提高。Raman et al.（2008）实证研究美国上市公司的专用性投资与公司盈余管理的关系，研究发现公司与客户之间的专用性投资越高，公司的盈余管理越强，即公司财务信息越不可靠。综上分析，资产专用性进一步加剧了存在较高客户集中度公司的经营风险，降低资产清算价值，提高了银行面临的违约风险和违约后资本收回风险。另外，资产专用性降低了财务信息质量，基于信息不对称理论，银行会相应提高贷款成本。基于以上分析，本章提出如下假设：

假设4：上市公司资产专用性越高，客户集中度对银行借款成本的影响更明显。

二、模型设计

为了检验以上四组假设，本章借鉴王迪等（2016）和Murillo（2015）的相关研究的基础上，构建了以下四组模型分别用于假设 1、假设 2、假设 3 和假设 4 的检验，模型（5－1）至模型（5－4）如下：

$$Rate = \beta_0 + \beta_1 Cust + \beta_2 SOE + \beta_3 Size + \beta_4 Lev + \beta_5 Growth + \beta_6 ROA + \beta_7 TobinQ + \beta_8 TOP1 + \beta_9 Org + \beta_{10} Year + \beta_{11} Industry + \varepsilon \quad \text{模型（5－1）}$$

$$Rate = \beta_0 + \beta_1 Cust + \beta_2 SOE + \beta_3 Cust \times SOE + \beta_4 Size + \beta_5 Lev + \beta_6 Growth + \beta_7 ROA + \beta_8 TobinQ + \beta_9 TOP1 + \beta_{10} Org + \beta_{11} Year + \beta_{12} Industry + \varepsilon \quad \text{模型（5－2）}$$

$$Rate = \beta_0 + \beta_1 Cust + \beta_2 Competition + \beta_3 Cust \times Competition + \beta_4 Size + \beta_5 Lev + \beta_6 Growth + \beta_7 ROA + \beta_8 TobinQ + TOP1 + \beta_{10} Org + \beta_{11} Year + \beta_{12} Industry + \varepsilon \quad \text{模型（5－3）}$$

$$Rate = B_0 + \beta_1 Cust + \beta_2 Specificity + \beta_3 Cust \times Specificity + \beta_4 Size + \beta_5 Lev + \beta_6 Growth + \beta_7 ROA + \beta_8 TobinQ + \beta_9 TOP1 + \beta_{10} Org + \beta_{11} Year + \beta_{12} Industry + \varepsilon \quad \text{模型（5－4）}$$

第五节　变量设计与数据来源

一、样本选取与数据来源

本书选择我国 A 股制造业上市公司2010 年至2015 年的数据作为样本。选取制造业作为研究对象是因为制造业企业相对其他企业具有更明显的客户集中倾向，客户集中对银行借款成本的影响在制造业行业中更具代表性，其市场竞争状况和专有化投资较为明显。因此本章以制造业企业为研究对象，研究客户集中度与银行借款成本的关系。

为了使实证结果更准确，避免 ST 公司因财务状况不佳对银行借款成本产生较大影响，进而影响本章回归结果的可靠性，本章剔除了 ST 公司；最后剔除了数据不完整的企业。为了防止极端值影响结果的准确性，本章按 1% 对变量进行 Winsorize 处理。

本章所采用的数据主要来自国泰安数据库，数据的处理和统计分析主要使用是 Excel2013 和 Stata13. 0。

二、变量设计

（一）被解释变量的选择

本章的被解释变量为银行借款成本 Rate。银行借款成本的衡量方法有多种，国内外学者主要采用的方法包括，魏志华等（2012）采用利息支出与公司总负债的比值以及净财务费用比公司总负债两种方法。姚立杰（2012）采用利息费用占年平均负债的比例衡量公司银行借款成本。吴凤玲（2013）将公司银行借款成本定义为财务费用与短期借款和长期借款之和的比率，这一比率相对更为准确，剔除总负债中其他影响因素。此外，陈裕（2016）采用手工整理的方法确定银行借款的加权平均成本水平。本章借鉴姚立杰（2012）的做法，采用利息费用占年平均负债的比例衡量公司银行借款成本，该比值越大即表明银行借款成本越高。同时，在稳健性检验中，采用财务费用占短期借款与长期借款之和的比例作为银行借款成本的衡量指标进行分析。

（二）解释变量的选择

1. 客户集中度 Customer。由于国内外信息披露标准不同，不同学者对客户集中度的衡量方法各异。Irvine 等（2015）将销售额超过公司营业收入总额 10% 的客户定义为“关系型客户”，以此衡量客户集中度。我国证监会 2007 年后要求上市公司披露前五大客户的销售占比，国内学者对客户集中度的衡量方法主要有三种：前五大客户销售占比（张胜，2013；陈正林，2016）、第一大客户销售占比、前五大客户销售占比平方和即赫芬达尔指数 HHI（张志宏，2015）。本章借鉴以上学者所用方法，采用前五大客户销售占比 TOP5 和前五大客户销售赫芬达尔指数 HHI 衡量客户集中度。根据假设 1，本章预期客户集中度（Customer）的回归结果显著为正。

2. 企业产权性质 SOE。若公司第一大股东为国有背景，该变量取值为 1，非国有背景取值为 0。国有企业因政府干预，享有更多政策支持和政府补助，其银行借款成本相对非国有企业更低，本章预期客户集中度与产权性质（Cust × SOE）的交乘项回归系数为负。

3. 市场竞争 Competition。我国学者对市场竞争的衡量方法包括市场垄断程度和利润指标：市场垄断程度衡量指标包括行业集中度（Cn）、产业内企业数（Sn）和赫芬达尔指数（HHI）。利润指标主要包括主营业务毛利率与行业平均毛利率差额、息税前利润以及总资产报酬率等指标。本章借鉴张合金等（2014）的做法，市场竞争程度的衡量指标采用赫芬达尔指数（HHI）。HHI 越小，市场竞争越激烈。基于假设分析，本章预期客户集中度与市场竞争的交乘项（Cust × Competition）回归系数为负。

4. 资产专用性 Specificity。资产专用性的度量有多种方式，学者的切入点不同，度量方式也有所区别，通常有以下两种方法：第一种方法为资产清算价值与清算前价值的比例分布（Cushing，1996；李青原等，2006）；第二种方法为研发费用和广告支出占营业收入的比值（Bradley，1984；钱春海）。本章采用第二种方法，即（研发费用 + 广告支出）/营业收入衡量资产专用性。该指标越大，表明公司资产专用程度越高。根据假设 4 的分析，本章预期资产专用性与客户集中度的交乘项（Cust × Specificity）显著为正。

（三）控制变量的选择

影响银行借款成本的因素主要包括公司特征、企业成长性、公司盈利能力、股权特征等方面，本章借鉴国内外学者的做法，选取企业规模（Size）、财务杠杆（Lev）、公司成长性（Growth）、企业市场价值（TobinQ）、公司盈利能力（ROA）、第一大股东持股比例（TOP1）和机构投资者持股比例（Org）作为控制变量，同时控制年度（Year）和行业（Industry）。

企业规模（Size）。企业规模是银行向企业提供贷款时考虑的重要因素，规模大的企业向银行传递出经营状况良好、资产优良的信号，因此规模较大的企业融资相对容易（Su，2001），具备规模效应（张捷，2002）。因此，相对规模较小的企业，银行对规模较大企业的信任程度更高。本章采用公司资产总额的自然对数衡量企业规模。

杠杆水平（Lev）。财务杠杆水平衡量公司长期财务风险，财务杠杆越高，公司的偿债压力越大，财务风险越高。银行向公司提供贷款考虑的重要因素是公司的财务风险和偿债压力，公司的财务风险状况不同，银行会制定不同的借款契约。本章采用上市公司期末资产负债率衡量杠杆水平。

公司成长性（Growth）。公司成长性即公司发展速度和能力。处于高速成长期的公司，市场空间更大，盈利能力更强，同时资金需求也更高。银行向企业提供贷款时，鉴于高速成长的企业有更强的盈利能力，可能会降低对企业的银行贷款成本。本章采用公司营业收入增长率衡量公司成长性。

企业市场价值（TobinQ）。TobinQ 可以反映市场对公司未来利润的预期，它表示公司市场价值与资本重置成本之比。公司市场价值越高，即投资者对公司的未来发展持乐观态度，给予公司更高的定价，公司发展能力较强。企业在向银行贷款时，可以展现更好的发展前景，因此，企业市场价值越高，越能够获得更有利的银行借款条件。本章采用 TobinQ，即公司市场价值与资本重置成本的比值衡量公司市场价值。

公司盈利能力（ROA）。公司盈利能力越强，用于偿还到期债务的资金越充足，且盈利能力较强显示公司强劲的发展势头，公司债务违约风险较低。本章采用总资产收益率作为公司的盈利能力的衡量指标。

第一大股东持股比例（TOP1）。大股东占有更多的表决权，其较高的持股比例容易导致大股东掏空和侵占中小股东利益的行为，对公司发展造成不利影响。因此，第一大股东持股越多，公司面临的不确定性风险越高，公司财务报告的可信度越低，银行对公司提供贷款的成本也将发生变化。

机构投资者持股比例（Org）。机构投资者具有更全面的专业知识，对公司的监管程度更高，Sengupta（2003）研究发现，机构持股比例越高，公司的债务融资成本可能会降低。因此，预期机构持股比例能够影响公司银行借款成本。

Year：年度虚拟变量。

Industry：行业虚拟变量。

表 5－1　　变量定义表

<table>
<tr><th>变量类型</th><th>变量名称</th><th>变量含义</th><th>度量方法</th></tr>
<tr><td>被解释变量</td><td>Rate</td><td>银行借款成本</td><td>利息支出/平均负债</td></tr>
<tr><td rowspan="3">解释变量</td><td>TOP5</td><td>客户集中度</td><td>前五大客户销售占比</td></tr>
<tr><td>HHI</td><td rowspan="2">产权性质</td><td>前五大客户销售占比平方和</td></tr>
<tr><td>SOE</td><td>第一大股东具有国有背景时取值为 1，反之为 0</td></tr>
<tr><td>解释变量</td><td>Competition</td><td>市场竞争</td><td>HHI = $\sum (x_i/X)^2$，其中，x_i 表示公司 i 的营业收入，X 表示公司 i 所处行业的营业收入。该数值越低，表明市场竞争越激烈。最好给它取负值（或倒数），后面回归的估计系数的符号为正，更好理解</td></tr>
</table>

续表

变量类型	变量名称	变量含义	度量方法
控制变量	Specificity	资产专用性	(研发费用+广告支出)/营业收入
	Size	公司规模	期末总资产的自然对数
	Lev	杠杆水平	总负债/总资产
	Growth	公司成长性	年度营业收入增长率
	TobinQ	企业市场价值	TobinQ 指数，公司市场价值/资本重置成本
	ROA	公司盈利能力	净利润/总资产
	TOP1	第一大股东持股比例	年度报告中第一大股东持股比例
	Org	机构持股比例	年度报告中机构持股比例
	Year	年度虚拟变量	按不同年度设置控制变量变量
	Industry	行业虚拟变量	按细分行业设置控制变量

第六节 实证检验结果与分析

一、描述性统计分析

为了对各变量的数理特征进行分析，首先对所有变量进行描述性分析。

由表5-2可知，银行借款成本的最大值为和最小值分别为3.063和0，说明不同公司银行借款成本的差距较大，均值为0.035，说明企业银行借款成本相对较低；标准差为0.115，离散程度不高，表明样本公司的银行借款成本保持相对比较稳定。客户集中度的最大值和最小值分别为0.997和0，均值为0.279，说明制造业各公司对大客户的依赖程度有很大的区别，有的公司主要销售对象集中在前五大客户，而有的企业前五大客户占总销售量的比重很低，客户较为分散。客户集中度标准差为0.192，标准差比较小，即客户集中度的离散程度较低。公司规模最大值为26.961，最小值为18.291，平均数为22.233，最大值和最小值的差值高达8.67，表明从总体来看，A股制造业上市公司规模较大，但不同企业之间规模悬殊较大。样本公司的财务杠杆整体均值为0.433，说明总体而言制造业企业资产负债比率较高，财务风险较高。财务杠杆的最大值和最小值分别为2.992和0.007，表明在制造业企业中，不同企业面临的财务风险相差较大。公司成长性的最大值为665.54，最小值为-0.785，说明制造业企业的成长能力两级分化严重，有的企业有较好的成长性和发展能力，而有的企业出现负增长，发展前景受限。企业市场价值均值为2.113，最大值为17.499，最小值0.127，表明在制造业，不同企业的市场价值相差较大。企业盈利能力ROA指标最大值为0.381，最小值为-0.586，说明不同制造业企业盈利能力相差较大，有的企业盈利状况良好，有的企业出现亏损的情况。股权结构方面，第一大股东持股比例的组间差值为0.829，机构持股比例的组间差值为0.682，说明制造业企业中，不同公司的股权结构不相同，股权分散程度相差较大，机构投资者入股情况不尽相同。

表5-2　样本变量的描述性分析

变量	N	均值	标准差	最小值	最大值	P25	P50	P75
Rate	2088	0.035	0.115	0	3.063	0.01	0.024	0.036
TOP5	2088	0.279	0.192	0	0.997	0.135	0.229	0.383
HHI	1794	0.0409	0.0771	0	0.708	0.0043	0.013	0.592
SOE	2088	0.475	0.499	0	1	0	0	1
Size	2088	22.233	1.19	18.291	26.961	21.369	22.035	22.885
Leverage	2088	0.433	0.209	0.007	2.992	0.272	0.421	0.592
Growth	2088	0.48	14.569	-0.785	665.54	-0.021	0.109	0.247
TobinQ	2088	2.113	1.784	0.127	17.499	0.927	1.621	2.727
ROA	2088	0.048	0.058	-0.586	0.381	0.019	0.044	0.072
Top1	2088	0.358	0.143	0.036	0.865	0.24	0.352	0.464
Org	2088	0.086	0.11	0.001	0.683	0.025	0.054	0.098

表5-3为客户集中度与银行借款成本及各控制变量之间的相关性分析结果。由表5-3可以看出，客户集中度与银行借款成本在5%的水平上显著正相关，即较高的客户集中度能提高公司的银行借款成本。初步验证了假设1。除公司财务杠杆与企业规模的相关性系数为0.551，高于0.5以外，其他控制变量之间的回归系数均低于0.5，且大多在5%及以下的水平下显著，说明本章选取的各控制变量之间不存在严重的多重共线性问题。

表 5 - 3　　客户集中度与银行借款成本的相关性分析

	Rate	TOP5	SOE	Size	Leverage	Growth	TobinQ	ROA	Top1
TOP5	0.0514 ** 0.0188	1							
SOE	-0.1010 *** 0.0000	-0.0506 ** 0.0208	1						
Size	-0.0975 *** 0.0000	-0.1850 *** 0.0000	0.3720 *** 0.0000	1					
Leverage	-0.1000 *** 0.0000	-0.0720 *** 0.0010	0.3680 *** 0.0000	0.5510 *** 0.0000	1				
Growth	0.0151 0.4920	0.1060 *** 0.0000	-0.1410 *** 0.0000	-0.1460 *** 0.0000	-0.0991 *** 0.0000	1			
TobinQ	0.0396 * 0.0707	0.1180 *** 0.0000	-0.2240 *** 0.0000	-0.4720 *** 0.0000	-0.5360 *** 0.0000	0.2440 *** 0.0000	1		
ROA	0.0224 0.3060	-0.0601 *** 0.0060	-0.1610 *** 0.0000	-0.0783 *** 0.0003	-0.4450 *** 0.0000	0.0452 ** 0.0389	0.4220 *** 0.0000	1	
Top1	-0.0026 0.9050	0.0267 0.2220	0.0489 ** 0.0255	0.1300 *** 0.0000	0.0487 ** 0.0261	0.0159 0.4690	-0.0888 *** 0.0000	0.0116 0.5950	1
Org	-0.0384 * 0.0790	0.0260 0.2340	0.1780 *** 0.0000	0.0749 *** 0.0006	0.1040 *** 0.0000	0.0254 0.2460	-0.0277 0.2060	0.0709 *** 0.0012	0.0138 0.5270

注：相关性系数下面数字为 p 值，***、**、* 分别表示两个变量在 1%、5%、10% 的水平上显著相关。

二、回归分析结果

（一）客户集中度与银行借款成本的回归结果

表 5 - 4 为假设 1 客户集中度与银行借款成本的回归分析结果。模型（5 - 1）中客户集中度为 TOP5 时的总体拟合度为 18.03%。同样的，客户集中度为 HHI 时的总体拟合度为 47.55%，在 1% 水平上通过 F 检验，说明模型拟合程度较好。从模型（5 - 1）的回归结果来看，客户集中度与银行借款成本显著正相关，TOP5 的显著性水平为 5%，HHI 的显著性水平为 10%，表明较高的客户集中度使公司的经营发展主要依赖大客户，其经营风险和财务风险也越高。依赖大客

户的企业存在经营不稳定、盈利能力削弱、资产负债率较高等潜在风险，银行为防范大客户依赖的公司存在的经营风险和财务风险，会提高银行借款成本。即公司销售客户越集中，其取得银行借款的成本也越高，假设 1 得到了验证。

表 5 -4　　　　客户集中度与银行借款成本的回归结果

变量名称	银行借款成本 Rate	
	TOP5	HHI
Customer	0. 0191 ** (2. 42)	0. 0179 * (1. 68)
SOE	-0. 0055 * (-1. 69)	-0. 0063 *** (-5. 73)
Size	-0. 0016 (-0. 94)	-0. 0007 (-1. 17)
Leverage	0. 0207 ** (2. 20)	0. 0199 *** (7. 31)
Growth	0. 0009 (0. 24)	-0. 0013 (-0. 93)
TobinQ	-0. 0004 (-0. 39)	-0. 0011 *** (-2. 70)
ROA	-0. 0014 (-0. 04)	-0. 0556 *** (-4. 83)
Top1	0. 0031 (0. 31)	-0. 0099 *** (-2. 71)
Org	-0. 0178 (-1. 35)	-0. 0053 (-0. 85)
Cons	0. 0592 *** (7. 4)	0. 0324 ** (2. 13)
年度、行业	控制	控制
N	2088	1794
R^2	0. 1803	0. 4755
F	105. 88	422. 56
P	0	0

注：括号内为 T 值，*** 、** 、* 分别表示两个变量在 1% 、5% 、10% 的水平上显著相关。

从表5－4中还可以看出，企业性质与银行借款成本显著负相关，说明相比国有企业而言，非国有企业的银行借款成本相对更高。一方面，国有企业能够获得更多的政府补助，债务违约风险相对较低；另一方面，国有企业的发展相对稳定，与银行的关系更为密切，所以其取得银行借款成本相对较低。公司规模与银行借款成本负相关，即规模越大的企业，因财务实力雄厚，经营较为稳定，发生债务违约的几率较低，银行借款成本也越低，与预期一致。财务杠杆与银行借款成本显著正相关，即财务杠杆程度越高，企业取得银行借款的成本越高。这表明企业较多地利用负债来满足生产经营对资金的需要，同时面临的偿债压力大，银行为防范其违约风险，会提高银行借款成本。公司销售增长率与银行借款成本负相关，但相关性不显著。说明成长能力越高，银行更信任企业的发展能力，贷款成本越低。企业价值与银行借款成本显著负相关，客户集中度为HHI的显著性1%，即公司市场价值越高，其发展前景越好，公司的债务违约风险越低，取得的银行借款成本也较低。公司盈利能力指标ROA与银行借款成本显著负相关。说明公司盈利状况越好，公司用来偿还债务的利润越多，所以银行借款成本越低。公共机构持股比例与银行借款成本负相关。可能的原因是机构投资者的加入改善了企业的治理结构，降低了其经营风险和财务风险，因而银行要求的风险溢价下降。

（二）产权性质对客户集中度与银行借款成本关系影响的回归结果

表5－5为产权性质对客户集中度与银行借款成本关系的影响的回归结果。模型（5－2）中客户集中度为TOP5的总体拟合度为18.03%，在1%的水平上通过了F检验；客户集中度为HHI的拟合度为47.67%，在1%的水平上通过了F检验，两个模型的拟合程度均较好。从表5－5回归结果来看，客户集中度与银行借款成本显著正相关，客户集中度为TOP5和HHI的显著性水平分别为1%和10%。产权性质与客户集中度交乘项与银行借款成本显著负相关，表明客户集中度相同时，国有背景的企业比非国有企业能够获得更低的银行借款成本。一方面，国有企业能够获得政府股东的支持和保护，政府补助更多，其经营稳定性更好，即使存在客户依赖的情况，其债务违约风险依然较低。另一方面，国有企业因政府干预带来的隐性担保和预算软约束，而享有更好的资源配置，具备较好的债务偿还能力。此外，相对非国有企业，国有背景企业因政府关系而能够取得更多的信贷资源，与银行的关系更好，在客户集中度较高的情况下，能够取得相对更低的银行借款成本，假设2得到了验证。

表 5－5　产权性质对客户集中度与银行借款成本关系的影响的回归结果

变量名称	银行借款成本 Rate	
	TOP5	HHI
Top5	0. 0332*** (3. 27)	0. 0179* (1. 68)
SOE	－0. 00367 (－0. 69)	－0. 0063*** (－5. 73)
SOE × customer	－0. 0315** (－2. 18)	－0. 0189*** (－4. 52)
Size	－0. 0020 (－1. 19)	－0. 0007 (－1. 17)
Leverage	0. 0205** (2. 19)	0. 0199*** (7. 31)
Growth	－0. 000894 (－0. 23)	－0. 0013 (－0. 92)
TobinQ	－0. 000441 (－0. 41)	－0. 0011*** (－2. 72)
ROA	－0. 00302 (－0. 10)	－0. 5547*** (－4. 82)
Top1	0. 00301 (0. 30)	－0. 0100*** (－2. 71)
Org	－0. 0155 (－1. 18)	－0. 0053 (－0. 85)
Cons	0. 0630** (4. 58)	0. 0328** (2. 15)
年度、行业	控制	控制
N	2088	1794
R^2	0. 1803	0. 4767
F	105. 88	423. 20
P	0	0

注：括号内为 T 值，***、**、*分别表示两个变量在 1%、5%、10% 的水平上显著相关。

从表5－5还能够看出，其他控制变量如公司规模、公司成长性、财务杠杆水平、盈利能力、机构投资者持股比例、企业价值等控制变量与假设1的回归结果类似。

（三）市场竞争对客户集中度与银行借款成本关系影响的回归结果

表5－6为市场竞争对客户集中度与银行借款成本关系的调节作用的回归结果。客户集中度为TOP5的拟合度均为18.03%，客户集中度为HHI的模型拟合优度为49.76%，两个模型均显著通过F检验。客户集中度与银行借款成本在显著正相关，显著性水平为1%，市场竞争程度指标与客户集中度的交乘项系数显著为负，TOP5和HHI的显著性水平分别为5%和1%。即客户集中度能够显著降低银行借款成本，且企业面临的市场竞争越激烈，银行借款成本越高。在客户集中度较高的情况下，市场竞争加剧了客户对公司的利润侵占，市场竞争的掠夺风险可能给公司造成经营风险和财务困境，提高公司的债务违约风险，进而提高银行借款成本。另一方面，客户集中度较高的制造业企业可能有更高的经营困境和破产风险，在市场竞争加剧的情况下，企业的清算价值较低，而清算价值是银行等债权人能够获得补偿的最大价值。所以，市场竞争越激烈，客户集中度与银行借款成本的正相关关系越强。假设3得到验证。公司规模、财务杠杆水平等控制变量与假设一的回归结果类似。

表5－6　　市场竞争对客户集中度与银行借款成本关系影响的回归结果

变量名称	银行借款成本 Rate	
	TOP5	HHI
Customer	0.0464*** (3.45)	0.0460*** (2.60)
Competition	0.0317 (0.95)	0.0131 (1.42)
Customer × Competition	－0.1350** (－2.50)	－0.2060*** (－2.68)
SOE	－0.0056* (－1.72)	－0.0067*** (－4.59)
Size	－0.0016 (－0.96)	－0.0006 (－0.82)

续表

变量名称	银行借款成本 Rate	
	TOP5	HHI
Leverage	0. 0213 ** (2. 28)	0. 0220 *** (6. 80)
Growth	-0. 0008 (-0. 21)	-0. 0014 (-0. 88)
TobinQ	-0. 0005 (-0. 45)	-0. 0001 (-0. 32)
ROA	-0. 0003 (-0. 01)	-0. 0403 *** (-3. 31)
Top1	0. 0016 (0. 16)	-0. 0147 *** (-3. 55)
Org	-0. 0185 (-1. 41)	-0. 0022 (-0. 39)
Cons	0. 0453 *** (5. 08)	0. 0231 ** (1. 20)
年度、行业	控制	控制
N	2088	1794
R^2	0. 1803	0. 4976
F	105. 88	285. 76
P	0	0

注：括号内为 T 值，***、**、* 分别表示两个变量在 1%、5%、10% 的水平上显著相关。

(四) 资产专用性对客户集中度与银行借款成本关系影响的回归

表 5 -7 为资产专用性对客户集中度与银行借款成本关系的影响的回归结果。客户集中度为 TOP5 和 HHI 的拟合度分别为 18. 03% 和 51. 13%，均在显著通过了 F 检验。客户集中度与银行借款成本显著正相关，资产专用性与客户集中度交系数显著正相关，若客户集中度衡量指标为 HHI，资产专用性与客户集中度交乘项系数为负，但不显著，客户集中度衡量指标为 TOP5 时，资产专用性与客户集中度的交乘项显著性水平为 5%。说明资产专用性能够加强客户集中度与银行存款的正相关关系，资产专用性越强，客户集中度对银行借款成本的影

响越大。原因是存在大客户依赖的公司往往应客户需求而进行专有化投资，而专有化投资形成的专用性资产流动性弱，专用性强，若公司面临破产或客户流失，专用性资产无法转为他用，导致公司清算价值低，侵害债权人利益。另外，专有化投资导致客户对公司的监督动机下降，因为专用性资产的投资形成供应商和客户的捆绑，供应商有动机与客户维持良好的合作关系。监督动机的下降直接导致公司财务报告较低的信息质量基于前文所述信息不对称理论，公司的银行借款成本会提高。因此，专有化投资能够加强客户集中度对银行借款成本的影响，H4 得到了验证。企业规模、公司成长性、财务杠杆、股权结构等控制变量的回归结果与假设一回归结果相近。

表 5－7　　资产专用性对客户集中度与银行借款成本关系影响的回归结果

变量名称	银行借款成本 Rate	
	TOP5	HHI
Customer	0. 0136 * (1. 68)	0. 0153 (1. 22)
Investment	－0. 2490 (－1. 29)	0. 0903 (0. 34)
Customer × Investment	1. 0960 ** (2. 48)	－1. 1870 (－0. 06)
SOE	－0. 0049 (－1. 51)	－0. 0067 *** (－4. 59)
Size	－0. 0100 (－1. 17)	－0. 0064 *** (－4. 84)
Leverage	0. 0185 ** (1. 97)	0. 0226 *** (7. 22)
Growth	－0. 0007 (－0. 19)	－0. 0011 (－0. 70)
TobinQ	－0. 0006 (－0. 56)	－0. 0004 (－0. 96)
ROA	－0. 0095 (－0. 30)	－0. 0465 *** (－3. 60)

续表

变量名称	银行借款成本 Rate	
	TOP5	HHI
Top1	0.0033 (0.33)	-0.0157*** (-3.81)
Org	-0.0202 (-1.54)	-0.0023 (-0.34)
Cons	0.0673*** (13.28)	0.0284** (1.60)
年度、行业	控制	控制
N	2088	1794
R^2	0.1803	0.5113
F	105.88	312.20
P	0	0

注：括号内为T值，***、**、*分别表示两个变量在1%、5%、10%的水平上显著相关。

三、稳健性检验

（一）改变银行借款成本衡量指标

前文所述，银行借款成本的衡量指标有多种方式，为了保证文章结果的可靠性，消除采用利息支出占平均负债比值这一方法可能带来的误差，本章在稳健性检验中采用财务费用/(短期借款+长期借款)（吴凤玲，2013）的方法对假设1至假设4进行回归。表5-8和表5-9分别列示客户集中度为TOP5和HHI，银行借款成本采用财务费用/(短期借款+长期借款)的情况下，假设1至假设4的回归结果。由回归结果可以看出，当银行借款成本采用新的衡量指标后，除假设4交乘项不显著外，其他假设均回归结果均具有显著性。客户集中度与银行借款成本依然显著正相关，即客户集中度会给公司带来经营风险和财务风险，降低公司会计信息质量，导致银行借款成本提高。同时，客户集中度与产权性质的交乘项为负，且客户集中度为TOP5和HHI的显著性水平均为1%，说明非国有企业客户集中度对银行借款成本的影响更明显，假设2得以验证。市场竞争与客户集中度交乘项显著为负，说明公司所在市场环境竞争越激烈，客户集中对银行借款成本的影响更显著，假设3得到验证。但假设4资产专用性与客户集中度的交乘项不显著，假设4没有得到验证。总体而言，改变银行借款成本的衡量方式后，回归结果依然显著，客户集中度能够显著影响公司的银行借款成本。

表5-8 改变银行借款成本衡量方式、客户集中度为TOP5的回归结果

变量名称	银行借款成本			
	假设1	假设2	假设3	假设4
Customer	0.0292* (1.90)	0.0335*** (3.20)	0.0477*** (3.41)	0.0052* (1.87)
Competition			0.0283 (0.85)	
Customer × Competition			-0.133** (-2.40)	
Investment				0.1800 (0.71)
Customer × Investment				0.00278 (0.79)
SOE	-0.0085 (-1.22)	0.0041 (0.75)	-0.0044 (-1.30)	-0.0085 (-1.23)
Customer × SOE		-0.0670*** (-2.71)		
Size	-0.0069** (-2.13)	-0.0024 (-1.36)	-0.0017 (-1.01)	-0.0058* (-1.89)
Leverage	0.0750*** (4.36)	-0.018* (-1.91)	-0.0193** (-1.98)	0.0779*** (4.58)
Growth	0.0011 (0.20)	0.0016 (0.41)	0.0012 (0.32)	0.0008 (0.20)
TobinQ	-0.0021 (-1.06)	-0.0005 (-0.46)	-0.0005 (-0.40)	-0.0006 (-0.52)
ROA	-0.0365 (-0.67)	0.0100 (0.21)	0.0004 (0.01)	-0.0468 (-0.89)

续表

变量名称	银行借款成本			
	假设 1	假设 2	假设 3	假设 4
Top1	-0.0294 (-1.42)	0.0057 (0.55)	0.0044 (0.42)	-0.0275 (-1.33)
Org	-0.0365 (-1.60)	-0.0182 (-1.34)	-0.0197 (-1.44)	-0.0401* (-1.67)
Director	-0.0108 (-1.14)	-0.0110 (-1.17)	-0.0106 (-1.18)	-0.00871 (-0.97)
Indirector	-0.0274 (-0.95)	-0.0298 (-1.03)	-0.0212 (-0.75)	-0.0202 (-0.72)
Cons	0.0690*** (3.53)	0.0860*** (5.85)	0.0460*** (4.96)	0.139* (1.78)
年度、行业	控制	控制	控制	控制
N	1980	1980	1980	1980
R^2	0.2434	0.2050	0.1920	0.2449
F	173.70	107.87	102.71	117.61
P	0	0	0	0

注：括号内为 T 值，***、**、*分别表示两个变量在 1%、5%、10%的水平上显著相关。

表 5-9　改变银行借款成本衡量指标、客户集中度为 HHI 的回归结果

变量名称	银行借款成本			
	假设 1	假设 2	假设 3	假设 4
Customer	0.1810*** (3.98)	0.0384** (2.20)	0.0460** (2.32)	0.1995* (1.80)
Competition			0.0246* (2.06)	
Customer × Competition			-0.2388** (-2.44)	
Investment				0.1326 (0.58)
Customer × Investment				-1.6664 (-0.95)

续表

变量名称	银行借款成本			
	假设 1	假设 2	假设 3	假设 4
SOE	-0.0139 (-1.55)	-0.0067*** (-5.90)	-0.0062*** (-3.21)	-0192* (-1.86)
Customer × SOE		-0.0669*** (-2.71)		
Size	-0.00351 (-0.68)	-0.0018*** (-3.00)	-0.0008 (-0.90)	0.0023 (0.04)
Leverage	0.115*** (4.94)	0.0238*** (7.03)	00172*** (3.92)	1.5470*** (5.71)
Growth	-0.0094 (-0.78)	0.0025 (1.09)	0.0040*** (3.06)	-0.2560* (-1.72)
TobinQ	0.0051 (1.44)	-0.0004 (-0.71)	-0.0004 (-0.40)	0.0371 (0.95)
ROA	-0.3060*** (-3.05)	-0.0725*** (-4.63)	-0.0165 (-1.22)	-0.4631*** (-3.95)
Top1	-0.0844*** (-2.79)	-0.0102*** (-3.05)	-0.0094* (-1.72)	-0.1323*** (-3.94)
Org	-0.0614 (-1.21)	0.0100 (1.33)	-0.0181*** (-2.83)	-0.3000 (-0.51)
Cons	0.0962*** (3.53)	0.048*** (7.68)	0.0030*** (5.48)	0.0248 (1.52)
年度、行业	控制	控制	控制	控制
N	894	894	894	894
R^2	0.3624	0.392	0.2799	0.4088
F	166.01	130.57	175.05	201.80
P	0	0	0	0

注：括号内为 T 值，***、**、*分别表示两个变量在 1%、5%、10% 的水平上显著相关。

（二）两阶段最小二乘法

为解决内生性问题对回归结果的影响，本章以滞后两期的客户集中度，即前五大客户销售占比滞后两期和前五大客户销售占比平方和滞后两期作为工具变量，采用两阶段最小二乘法。表5－10列示两阶段最小二乘法第二阶段的回归结果，由表5－10可知，采用工具变量进行两阶段最小二成回归后，客户集中度与银行借款成本依然呈显著正相关关系，TOP5的显著性水平为5%，HHI结果不显著。即在控制可能出现的内生性问题后，客户集中度越高，公司的银行借款成本越高。进一步表明控制内生性问题可能产生的影响后，研究结果保持不变，即客户集中度与银行借款成本显著正相关，客户集中度会导致更高的银行借款成本。客户集中给公司造成的经营风险和财务风险共同导致了公司银行借款成本的提高。

表5－10　　两阶段最小二乘法第二阶段的回归结果

变量名称	客户集中度	
	TOP5	HHI
Customer	0.0012** (0.023)	0.0154 (0.76)
SOE	－0.0063** (－2.54)	－0.0081*** (－11.39)
Size	－0.0023 (－1.76)	－0.0014** (－3.12)
Leverage	0.0174** (2.16)	0.0215*** (8.15)
Growth	0.0001 (0.02)	－0.0033 (－1.81)
TobinQ	－0.0010 (－1.11)	－0.0018*** (－4.78)
ROA	－0.0069 (－0.25)	－0.0802*** (－6.92)
Top1	0.0029 (0.36)	－0.0081*** (－3.05)
Org	－0.0080 (－0.76)	－0.0150* (－2.31)
Cons	0.0938*** (3.29)	0.0604*** (6.15)

续表

变量名称	客户集中度	
	TOP5	HHI
年度、行业	控制	控制
N	2086	1792
R^2	0.0174	0.2093
F	4.07	52.49
P	0	0

注：括号内为T值，***、**、*分别表示两个变量在1%、5%、10%的水平上显著相关。

第七节　研究结论和政策建议

一、研究结论

融资是维持企业长期发展的重要资金活动，企业总是寻求较低成本的融资，以降低公司的债务偿还压力。而银行借款是上市公司持续发展获取所需资金的重要来源，因为银行借款的融资成本相对较低，手续简单，是上市公司融资的重要选择。企业取得银行借款的成本影响企业面临的财务压力和当期损益，过高的银行借款成本给企业造成较大的债务偿还压力，公司需具有较好的现金流以保证债务的偿还。债务资本较高迫使企业预留足够的资金来偿还债务，使企业丧失较好的投资机会，不利于公司的发展。影响银行借款成本的因素有公司的财务状况、发展能力、所处地区的宏观经济状况等，随着企业新型竞争合作关系的建立，企业对大客户的依赖成为影响银行借款成本的因素之一。随着供应链合作的加强，客户集中成为一种趋势，特别对于制造业企业，与大客户合作的同时也给企业带来一些隐性问题。客户集中度较高时，客户相对公司有较高的议价能力，压缩企业的利润空间。此外，客户流失给企业造成的潜在危机不容忽视，甚至直接导致企业破产。所以，银行在向企业提供借款时，会考虑客户集中给企业造成的经营风险和财务困境，以及企业可能面临的潜在破产危机，从而提高银行借款成本。因此，研究客户集中度对银行借款成本的影响，能为企业制定营销策略、合理配置客户结构提供建议，在理论和实践中均有较大的意义。

本章选择我国A股制造业上市公司2010—2015年的数据样本，客户集中度的衡量指标采用前五大客户销售占比TOP5和前五大客户销售占比平方和HHI，银行借款成本的衡量指标采用利息支出与平均负债的比值。进一步地分析产权性质、市场竞争状况和企业资产专用化对客户集中度与银行借款成本关系的影响。通过客户集中度与银行借款成本的多元回归，并将客户集中度与企业产权性质、市场竞争状况和资产专用性交乘进行多元回归，进而分析以上三个因素对客户集中度与银行借款成本关系的影响，本书得出如下结论：

1. 客户集中度能显著提高企业银行借款成本。模型（1）的回归结果显示，客户集中度的衡量指标为前五大客户销售占比及前五大客户销售占比平方和的回归结果均支持该结论，说明企业存在较高的客户集中度时，其因客户较强的议价能力而受到利润侵蚀，此外客户流失给公司造成的潜在经营风险甚至破产风险，使公司债务违约风险和违约后的债务偿还风险提高。银行为防范自身利益的损失，会提高对企业的银行借款成本。

2. 非国有企业中，客户集中度对银行借款成本的影响更大。模型（2）的回归结果表明，客户集中度与银行借款成本显著正相关，但国有企业与客户集中度交乘项显著为负。即国有企业相对于非国有企业，客户集中造成银行借款成本的提高更小。因国有企业享有更优质的资源配置，经营环境稳定，客户集中给企业造成的潜在经营风险和财务困境较小。另外，国有企业能够获得政府的天然庇佑，得到更多的政府补助，其财务压力小，债务违约风险低。国有企业往往与银行保持良好的关系，相比非国有企业借款渠道更广，客户集中度相同时，国有企业能够获得更低的银行借款成本。

3. 市场竞争能够加剧客户集中度对银行借款成本的影响。模型（3）的回归结果表明，客户集中度与银行借款成本负相关，且客户集中度为TOP5和HHI时均具有显著性，同时市场竞争与客户集中度交乘项系数显著为负，即激烈的市场竞争加剧了客户集中度对银行借款成本的影响。市场竞争越激烈，大客户较强的议价能力给公司造成的利润侵占越严重。此外，市场竞争激烈的环境中，企业的清算价值低，债务违约后的赔偿风险高。因此，市场竞争能够加剧客户集中度对银行借款成本的影响。

4. 资产专用性加剧客户集中度对银行借款成本的影响。模型（4）的回归结果表明，资产专用性能够加强客户集中对银行借款成本的影响，即客户集中度相同的情况下，企业专用性投资越多，取得银行借款的成本越高。企业存在较高的客户集中度时，与客户合作的成熟和加深使其扩大专有化投资，形成专用性资产。但专用性资产的流动性弱，退出时无法作为他用，清算价值低，所以专用性资产的投资具有较高的风险。一旦与客户合作关系破裂，专有化投资将变为沉没成本，给公司造成较大损失。所以为防范企业的经营风险和损失，银行会制定严苛的信贷政策，提高银行借款成本。

二、政策建议

随着供应链合作的加强，客户集中的趋势越来越明显，但客户集中也会给企业带来负面影响。根据本章的研究结论，客户集中能够提高企业银行借款成本，而企业产权性质、市场竞争和资产专用性也会影响二者之间的关系。根据本章的实证结果及分析，对公司及经济发展提出以下建议：

（一）合理安排企业客户结构，避免客户过于集中

为了降低公司的信贷融资成本，减小企业的财务压力，企业应当合理安排客户结构，积极拓展销售渠道，避免销售集中于主要客户而造成利润受损、议价能力削弱以及潜在的经营困境，进而导致银行借款成本较高，财务压力较大。企业需要在加强与现有客户合作的同时，提高产品品质，获取用户口碑，争取更多客户资源。合理安排客户结构，避免客户过于集中，从而减轻自身经营压力和财务压力，获取更低的银行借款成本，促使公司顺利融资和发展。

一方面，企业应当积极拓展销售渠道，不可因大客户带来的短期收益而忽视由此可能导致的经营风险和较高的银行借款成本。资本市场和行业的发展瞬息万变，客户公司的发展状况也无法准确预测，公司应当积累客户资源，寻求更多的营销渠道，扩大客户范围。在保持现有良好客户关系的基础上，不断积累优质客户资源，分散经营风险和财务风险。

另一方面，企业能否扩大客户范围取决于公司是否提供符合用户的需求的高质量产品。随着居民生活水平的提高，人们的物质生活需求和文化生活需求不断增长，公司需要在发展的过程中调整发展战略，生产和销售符合用户需求的高质量产品，提高客户粘度。

（二）关注非国有企业的发展，实现资源优化配置

在我国目前的经济结构中，国有企业仍然是国家经济的中坚力量，但非国有企业的发展蒸蒸日上，在国家经济发展中起到越来越重要的作用。在经济发展过程中，国家应该合理分配资源，扶持非国有企业的发展。国有企业相对非国有企业享有更好的资源配置、充裕的信贷资源，造成不同产权性质的企业之间发展不平衡。客户集中度相同时，非国有企业的银行借款成本更高。所以在经济发展过程中，国家应该优化资源配置，尽量实现所有企业的公平发展，促进市场对经济的调节作用，为不同产权性质的企业提供良好优序的发展环境。

在优化信贷资源配置的同时，需要国家变革现有的金融体制，建立适合中小企业发展的银行业的格局。由于我国的国有商业银行实施“大企业，大城市，大项目”的发展战略，信贷资源往往流向大型国有企业，占非国有企业90%以上的中小型企业面临较大的资金缺口，同时也缺乏充分的信贷资源。所以改革现有金融体系，激发商业金融机构的活力，促使不同的金融机构协同发展，在发展的过程中惠及企业，为非国有企业融资提供更多的选择和便利。

（三）市场竞争激烈的企业避免客户集中

实证研究结果表明，市场竞争越激烈，客户集中给公司造成银行借款成本的提高越明显。市场竞争激烈，客户的转换成本低，若公司依然存在较高的客户集中度，则客户的议价能力进一步提高，企业微薄的利润空间被进一步压缩。另外，客户转换成本低，同行业的其他竞争对手可能会争夺企业的现有客户，大客户转移将给公司带来严重的损失。所以若企业面临激烈的市场竞争，应避免客户集中，否则企业不仅面临更高的银行借款成本，而且可能面临更高的经营风险。

（四）减少专有化资产投资

模型（4）的实证研究结果表明，公司专有化资产的投资能够加剧客户集中度对银行借款成本的影响。专有化资产越多，公司与客户的捆绑关系越明显，而专有化资产的投资使企业依附于客户。若客户流失，公司现有的生产线和生产技术无法转为他用，给企业造成严重损失。专有化资产给公司带来的经营风险导致银行借款成本提高。所以企业应该减少专有化资产的投资，进而降低对客户的依赖，形成独立自主的发展模式，促进企业良性发展，降低经营风险，进而降低银行股借款成本。

三、研究局限

（一）本章的研究对象为 A 股制造业企业，研究结论无法适用于其他行业企业。各个行业都可能存在客户集中的情况，但本章的研究结论适用于我国 A 股制造业上市公司，实证研究结果是否能够推而广之有待进一步研究。

（二）本章借鉴其他学者的做法，用利息支出占平均负债的比例衡量银行借款成本。但此比例包括其他因素的影响，如债券融资的利息支出；此外，公司平均负债不能准确反映银行借款数额，所以此衡量指标的准确性有待优化。由此得出的研究结果和结论也应进一步优化。

（三）本章研究客户集中度对银行借款成本的影响，但信贷条件不仅包括银行借款成本，还包括借款期限、借款数额等，本章仅针对银行借款成本进行研究，不能完全代表公司获取银行借款的难易程度和信贷条件。在后续研究中，还需要进一步考虑和完善客户集中度与银行借款条件的关系，包括借款成本、借款期限和借款数额。

第六章　供应链风险影响企业创新的实证研究

第一节　导　论

一、研究背景

众所周知，在竞争日益激烈的现代社会，无论是从国家层面还是公司层面来看，创新都是提升竞争力的最重要因素之一。只有通过知识积累、技术研发、产品服务创新，企业才能推陈出新，更好地满足顾客的需求，从而提高竞争能力，在行业中维持其市场地位。一个国家要想经济持续增长，也需要通过创新来为其提供源源不断的动力，一些国家由于研发投入不足、创新动力匮乏，才造成经济增长缓慢甚至滞退的状况（Rommer，1990）。改革开放四十多年以来，我国经济发展取得了令人瞩目的成绩，但是整体创新能力仍显不足，经济增长更多的是依靠消费、出口和投资来支撑的一种粗放方式。国家的经济发展方式实质上是由所有企业共同决定的，因此为了从根本上提高国家自主创新能力，急需推动大批研发投入低、创新能力不足的中国企业进行持续的研发投入和公司创新。

已有文献从企业微观特征以及宏观环境等角度对创新驱动因素做了深入的分析和研究，但却忽视与企业密切相关的供应链关系对公司创新的影响。实际上供应商、客户作为企业重要的利益相关者，对企业的生产经营产生重大影响，尤其是20世纪90年代以来，供应链集成的兴起使得企业与上下游之间的关系越来越紧密（唐纳德，2011），大客户或者大供应商的经济活动可能会对企业产生重大影响。如劲胜精密在2011—2014年间向前五大客户销售的比例均高于 60%，表明企业对大客户的依赖程度较高，劲胜精密的前五大客户中有两家属于三星旗下的公司，2014 年因三星订货量下降对劲胜精密的销售收入产生了很大影响。2012 年 4 月上海来伊份公司因采购自第五大供应商的蜜饯存在食品安全问题，被迫将大量产品下架停售，不仅让企业形象严重受损，也使得来伊份的上市之路变得困难重重。由此可见，企业依赖大客户或大供应商可能会给企业带来较大风险，我们有必要从供应链风险出发，分析企业较高的客户集中度或供应商集中度对企业实施创新战略的影响，全面揭示影响企业创新的因素和作用机理，从而通过战略调整或政策调控来激发公司创新的动力。

二、研究意义

（一）理论意义

首先，国内外关于公司创新影响因素的研究十分丰富，但以往的文献主要集中在产权性质、股权结构、高管激励、组织结构等企业微观特征方面，以及法律制度、政治环境、金融发展等宏观环境层面，较少从供应商、客户这些与企业进行直接交易的重要利益相关者角度，来考虑其对公司创新的影响。因此，本章研究客户集中度、供应商集中度对公司研发创新的影响，可以丰富公司创新影响因素的相关文献。

此外，目前关于供应链对公司创新的影响研究，大多从客户这一单一视角出发，分析企业与客户之间的关系给企业创新带来的影响。本章以研发活动本身的不确定性大、风险水平高等特征为出发点，结合企业依赖大客户、大供应商可能带来的经济后果，分别从合作视角、竞争视角分析大客户、大供应商给企业创新带来的双面影响，并进一步将供应商和客户结合起来考虑，分析企业与大供应商、大客户组成的三元关系对企业创新的影响，从而为相关研究提供了一种新的研究思路。

（二）现实意义

除了上述理论意义之外，本章的研究对实践工作也有一定的指导意义。首先，创新能力的提升对于企业和国家的发展来说极为重要，而本章的研究可以为供应商、客户集中度对企业创新的影响提供实证数据，从而为企业管理者维护与上下游的关系、制定创新战略、驱动企业创新、提升竞争力提供一定的经验依据。其次，本章研究发现供应商—客户关系对公司创新的影响还会受到产业环境和地区发展的影响，因此有助于为政府、企业制定并完善发展战略及资源配置提供有针对性的理论指导和经验证据。最后，本章强调了供应商与客户作为企业重要的利益相关者，对企业的创新、发展具有重要意义。基于此，监管机构有必要鼓励上市公司在年报中披露更详细的上下游信息，使得投资者、债权人等外部信息使用者能够更全面掌握有关上市公司的经营信息，以预测其未来的创新发展能力，从而做出更为理性的经济决策。

第二节　文献综述

本章是从供应链角度出发，研究企业依赖大客户、大供应商如何影响公司的创新。因此，本章先对公司创新的影响因素相关文献进行了回顾，然后归纳了供应链关系对企业创新影响的文献，从而为本章的研究提供更坚实的理论基础。下文将对这两类文献进行具体的归纳和总结。

为了培育公司市场竞争优势，公司往往需要通过增加创新投资来培养其创新能力。然而，与企业日常经营活动有所不同，企业创新活动具有投资周期长、风险高、投资回报的不确定性等特点（Holmstrom，1989），它有着与一般投资行为完全不同的发生机制。概括而言，国内外学者主要从宏观环境层面和微观企业层面来研究公司创新的影响因素。

一、公司创新的影响因素

（一）宏观环境层面

从宏观方面看，已有文献从法律制度、产业环境、金融市场、政治环境等方面研究了创新活动的影响因素。由于创新活动具有知识溢出效应的特点，王红领等（2006）以改革开放以来我国大量引入外资为背景，研究 FDI（外商直接投资）的进入是刺激内资企业自主创新的能力，还是使得本国企业过分依赖外国技术，从而丧失自主研发能力。结果证明 FDI 可以带来技术外溢效应，有助于我国内资企业生产效率的提高，支持了姚洋（1998）、沈坤荣（1999）

等人的 FDI“促进论”观点，即 FDI 的引入可以刺激内资企业自主创新能力。而 FDI“抑制论”观点则从我国企业与发达国家的差距出发，认为内资企业在外资的强大压力下会被淘汰出局（陈漫，2001），FDI 进入并不会带来技术创新。除了 FDI，在全球市场上寻求技术资源来进行创新活动以维持竞争优势也是中国企业重要的战略选择，李梅、余天骄（2016）以我国信息技术行业上市公司为研究对象，发现研发国际化对我国跨国企业的创新有显著的提升作用，进一步印证了研发活动具有知识溢出效应的特点。然而，创新活动还可能出现严重的研发溢出损失，史宇鹏等（2014）发现知识产权侵权程度会加重研发活动带来的知识溢出损失，从而抑制企业研发创新活动，而加强知识产权保护执法力度可以通过减少研发溢出损失来促进企业创新（吴超鹏、唐菂，2016）。

在企业的创新战略中，产业环境也是需要考虑的一个重要因素。首先，企业面临的产业竞争程度会对企业创新产生双面影响。一方面，当企业所处的产业环境竞争激烈时，企业通过技术创新可以获得相对于竞争对手更大的产品优势，从而避免被淘汰。Arrow（1962）研究发现，通过技术创新，处在竞争市场中的公司能够比处在垄断市场中的公司获得更多的收益，因此完全竞争的产业环境更有利于企业创新。另一方面，当企业面对的市场竞争过于激烈时，企业的超额利润会减少，从而抑制企业企业创新（Schumpter，1942）。Grossman 和 Helpman（1991）指出，市场竞争加剧会引发企业间的相互模仿，从而抑制公司创新。其次，企业的研发创新还会受到政府产业政策的影响。李善民等（2015）指出，政府的产业政策引导释放出了一种产业干预的经济信号，可以降低信息不对称和交易成本，激励管理者进行研发投资以形成长远的竞争优势。同时，政府通过产业扶持政策给予企业补贴、税收优惠等，可以为企业创新降低财务风险，有利于激发企业进行研发创新的动力（谭劲松等，2017）。但是，一些学者对产业政策持有怀疑态度，认为产业政策会导致企业寻租、套利行为，导致研发创新效率下降，资源浪费（Weiss，2011；黎文靖等，2016）。

企业所处的金融环境会影响其融资约束程度，从而也会对企业创新活动产生重要影响。由于企业从研发投入到最终创新产出是一个极其漫长且不确定性很高的过程，在这个周期中，企业需要持续、稳定地投入大量的资金来支持其研发过程，而商业周期导致的利润波动使得内部资金无法为创新项目提供稳定的资金供给，所以外部融资的获取对于缓解企业创新投入的资金风险相当重要

（解维敏和方红星，2011）。但由于创新活动的风险性和信息不对称等因素，企业容易面临严重的外部融资约束问题（Hall，2002；卢鑫等，2013），从而抑制 R&D 投资支出。卢鑫等（2013）研究发现，中国高新技术上市公司存在一定程度的融资约束，其在缺少债务融资支持的情况下，研发资金主要来源于内部现金流和股票融资。刘胜强和林志军（2015）利用双边随机边界法实证检验发现融资约束与 R&D 投资显著负相关。马光荣等（2014）研究证明，当企业获得银行授信时，融资约束可以得到一定缓解，其研发概率和研发强度分别会提高 8.6%、0.24%；而受到信贷紧缩冲击时，企业的研发支出会下降甚至中断研发活动，结果表明银行掌握的金融资源错配、缺乏稳定持续的融资渠道是阻碍中国企业创新的一个重要原因（周煜皓，2017）。而区域金融发展（Love，2003）、银行业市场化改革的推进（解维敏和方红星，2011）、银行业竞争（Cornaggia，2015）等宏观环境的改善有助于降低企业外部融资成本、促进企业创新。

除了法律制度、产业环境、金融发展等宏观环境会影响中国企业投资决策外，政治制度也会深刻影响微观企业的决策行为。已有文献基于中国特色的政治背景，从资源获取和信号传递等角度研究了企业创新活动受到的影响。如政府补贴作为一种政治资源，可以补充企业自身缺乏的创新资源，分散创新活动风险，从而促进企业研发创新（Oliviero and Carboni，2011）。在转型经济背景下的中国，司法体系、知识产权保护体系都尚不完善，获取政府补贴可以看作是企业积极响应政策导向，进而跟政府保持良好关系的信号，这有利于企业从其他渠道获取创新资源。相较于国有企业天然的政治逻辑，对民营企业而言，其主导逻辑为市场逻辑，通过把政府补贴当作一种信号，进而提升创新绩效这一过程机制可能比资源获取机制更为重要。杨洋等（2015）指出，相比国有企业，政府补贴对民营企业创新绩效的促进作用更大。虽然政治资源能帮助企业降低融资成本，获得更快发展（Liu，2013），但也可能给企业带来一些负面效应，例如企业寻求政治资源需付出寻租成本并可能挤占公司研发资源。袁建国等（2015）研究发现我国企业的政治关联阻碍了企业创新活动，且这一负面效应大约会持续到企业获得政治关联的第三年，从而证实了我国企业存在政治资源诅咒效应（Hou，2017）。王砾等（2018）选取地方官员晋升这一独特视角，考察地方官员晋升压力对企业创新活动的影响，研究证实企业在官员晋升前会通过慈善捐赠而非寻租的方式与政府建立联系，从而进一步挤出创新所需资源，抑制公司创新。

（二）微观企业层面

企业微观层面特征也会对创新活动产生重要影响，已有文献从企业性质、股权结构、高管激励、组织结构等角度出发，研究企业创新活动受到的影响。

公司的创新活动会受到代理问题的约束，这种代理问题来源于公司管理层和股东对风险持有的不同态度（Jun Lu，2018）。公司创新过程周期长，最后能否成功产出成果、获得创新收益也是未知数，因此研发创新是一个极具风险的过程。并且，根据会计准则规定，企业研发支出只有在满足一定条件下，才能资本化，否则只能计入费用，从而减少当期利润。而管理层当期报酬往往与当期公司绩效挂钩，因而经理人的短视主义使得他们不顾公司长远的发展，避免在任期内进行大规模的研发投入活动（Aghion，2013）。而股东则偏好风险性项目，因为他们的持股价值随着投资公司的现金流风险而增加，两者之间的利益冲突会影响公司创新活动。此外，Bertrand（2003）的研究指出除了保守主义和短视问题，经理人偏好享受宁静生活的懒惰态度也会抑制公司的创新，以避免进行过程复杂、周期长的研发活动。

基于创新投资活动中存在的严重代理问题，已有学者研究发现对公司高管进行薪酬激励可以缓解代理问题对公司创新活动的抑制作用（Cheng，2004；Lerner 和 Wulf，2007；卢锐，2014；梁彤缨，2015）。卢锐（2014）研究指出，公司创新活动易受到高管事前投资意愿不足与事后投资效率低下的双重挑战，而公司采取事前提高高管薪酬激励和事后加强高管薪酬业绩敏感性的组合激励方案有利于同时减少创新活动中的这两种代理问题，促进创新投资。王姝勋（2017）研究发现，我国上市公司实施期权激励也有助于提高企业的专利产出。除了对管理层实施激励措施，管理团队的教育程度、年龄、任期等异质性特征也会显著影响公司的创新投资决策（Hoffman，1993；姜付秀等，2009；朱炎和张孟昌，2013；刘凤朝，2017）。如 Rongli（2018）提出，高管具有国外的学习或工作经验可以减少管理层的短视主义，从而削弱代理问题对公司创新活动的抑制作用。赵子夜等（2018）研究发现，相对于专用型领导，通才型领导人显著提升了公司的研发费用、专利申请和专利引用。除此之外，强大的股东保护（Lerner，2007）、拥有更多外部监管人的董事会（Jun Lu，2018）以及机构投资者调研（杨鸣京等，2018）等也有助于缓解代理问题，促进公司创新。

已有文献还研究了公司的组织结构对创新投资活动的影响，如黄俊和陈信元（2011）从企业集团化经营角度出发，研究发现企业集团内部研发投资存在知识溢出效应，且集团化经营形成的内部资本市场，为公司融资提供了便利，从而促进了公司创新投资。基于公司采取的多元化经营战略，已有文献研究发现相对于专业化公司，多元化经营公司的研发投入较少，而且即使在进行研发投入的多元化经营公司中，也并未带来与理论预测相一致的更好的经营绩效（Baysinger，1989；魏锋和石淦，2008；Banker，2011）。苏昕和刘昊龙（2018）则进一步探究了多元化的不同类型及程度对研发投入强度的影响，结果表明相关多元化企业更容易通过跨部门知识共享，获得知识溢出效应，长期积累的知识资产强化了研发创新的客观条件，而非相关多元化占用和分散了组织冗余资源，面临的经营风险较大，从而降低了企业研发投入强度。

二、上下游关系对公司创新的影响

国内外关于客户、供应商如何影响公司创新活动的文献主要聚焦于以下三个角度：来自客户的购买能力影响、企业与上下游相互合作的影响、企业与上下游企业专用资产投资的影响。

已有文献分析了不同来源的购买力对企业创新的影响。Inderst 和 Wey（2007）提出，如果规模是购买力的唯一来源，企业在向规模较大的客户销售时，产品的单位成本会降低，面临的不确定性也会减少，从而会增加对产品创新和流程创新的投资。Koehler（2012）则进一步提出，在买方市场中价格竞争、技术竞争越激烈，购买方为了获取产品竞争优势，会利用强大的议价能力对制造商进行施压，促使制造商增强创新动力，此时购买力将对制造商创新激励产生积极的影响。刘智慧（2013）基于客户谈判能力的差异，证明客户强大的谈判能力会通过影响产品批发价格激励制造商的产品差异化策略，从而促进制造商企业产品创新。Chen（2014）则通过识别购买力的来源和购买力的表现渠道来模拟买方力量对供应商的产品创新和流程创新的影响，他用经济推导的方式证明了零售商购买力的增强对供应商流程创新有负面影响，但对产品创新有正面影响。

部分文献还基于企业与客户、供应商相互协作的视角，从客户反馈、知识共享、共同学习等角度探究企业客户、供应商给企业创新带来的影响。如 Hippel

（1986）、Biemans（1989）认为企业与大客户之间的关系紧密时，企业可以得到客户对产品及时的反馈，有助于企业不断进行产品创新以满足客户需求。Handfield 和 Nichols（2002）提出当客户创新能力较强时，制造商可以从大客户处获取互补资源——知识和技术，以建立自己的核心能力，促进产品创新。Chu（2015）则用客户与供应商之间的地理距离来衡量知识溢出的程度，研究证明当双方距离较近时，制造商更容易从客户处获取资源，创新的动力也更强。Jean（2016）将企业从客户处获取知识的方式进一步细分为吸收式学习模式和交互式学习模式。他认为吸收式学习是不对称、不平衡的，缺乏共同探索和分享（Fang 和 Zou，2010），对知识的整合和理解能力就会下降，而交互式学习是双方在交流关系中共同探索的双边学习形式，更能产生新颖观点，促进创新。因此，交互式学习比吸收式学习更能促进公司激进式创新。与此相似，Chang（2017）关注制造商与上游供应商企业在不同的合作模式下，如何从供应商处获取知识，结果证明供应商共同参与任务的实施过程比只参与制订计划更有助于制造商获取产品和客户知识，促进创新。

国内外学者还从不同角度分析了供应商与客户之间的关系专用型资产对企业创新的影响，如 Krolikowski 和 Yuan（2017）指出企业依赖某几个大客户时，双方倾向于建立合作关系、共享产品信息，因此他们会通过增加研发支出和创新来维持这种有价值的关系，即关系专用型投资。此外，关系专用型资产作为一种“可置信承诺”信号，有利于增强企业与客户之间的信任程度，因此企业为了维持与大客户的良好关系，会增加对专用性资产的投资强度（Johnson，2016）。但是，这种专用型资产具有严重依赖契约关系和低可逆特征（徐虹和林志高，2016），一旦研发失败，企业面临的风险更大（吴祖光，2016），而且企业针对某几个大客户进行专用资产投资会导致企业的交易网络封闭，增大了企业创新成果被机会主义行为侵占的风险。因此，徐虹等（2016）、于茂荐（2018）认为在客户集中程度的不同阶段，关系专用型资产带来的影响不同，客户集中度与企业研发投资强度呈倒“U”形关系。

三、文献述评

本章通过对国内外现有文献进行回顾，梳理了公司创新受到的影响因素以及供应商、客户与公司创新之间的关系。总结来看，国内外文献主要具有以下特征和问题：

1. 从研究现状来看，国外文献对公司创新行为影响因素的研究比较系统和全面，在分析客户—供应商关系对公司创新的影响时，多从供应链整合角度出发，研究较为深入和具体。而国内学者选择的样本、分析的角度有所差异，因而国内外研究得出的结论也有所不同。但国内的研究尚处于探索阶段，样本选择、理论逻辑并不完善，仍需进一步深化分析和研究。

2. 从研究对象来看，在分析外部利益相关者对企业创新的影响时，大部分文献都偏重于研究客户对公司创新的影响，而忽视了供应商对企业创新的影响，更未将供应链视为一个整体，深入研究三元关系中公司创新决策在客户和供应商的共同作用下受到的影响。

3. 从研究角度来看，已有文献在探究大客户对公司创新的影响时，大多从企业与大客户相互合作的视角出发，分析双方的知识共享、需求反馈、关系专用性投资等给企业创新带来的积极影响，却忽视了竞争视角下，大客户、大供应商对企业利润的剥夺、风险的转移等对企业创新带来的负面影响。

4. 从研究变量来看，已有文献在研究不同因素对企业创新的影响时，大多用 R&D 投入来衡量公司创新，忽视了创新是包括研发投入和产出的过程系统，企业的创新产出情况也应作为衡量公司创新的重要变量。

第三节　理论分析与研究假设

一、理论基础

（一）利益相关者理论

传统的股东至上理论认为，公司治理的首要目标是追求股东利益最大化，因此公司唯一的社会责任就是尽可能多地为股东创造财富。而 Freeman（1984）在《战略管理：利益相关者管理的分析方法》一书中，明确提出了利益相关者管理理论，并指出任何一个公司的发展都离不开各利益相关者的投入或参与，企业追求的是利益相关者的整体利益，而不仅仅是某些主体的利益；同时，由于供应商、客户、债权人等企业的利益相关者向企业投入了专用性资本，从而成为企业的“投资者”，应共同参与公司治理从而达到相关者利益最大化的治理目标。其中，供应商和客户是公司重要的利益相关者，更是对公司的战略、经营等诸多方面都具有决定性的影响（Freeman，1984）。供应商的产品质量、供货及时性、付款条件，以及客户对产品的质量要求、货款的结算等因素将直接影响企业的产品生产与销售、资产的周转效率，最终影响企业的绩效。因此，企业经营者有必要关注供应商—客户关系对企业的影响。

Titman（1984）研究发现供应商、客户与企业之间存在着委托代理关系，当企业破产清算时，供应商和客户将会承担一定的成本。因此，供应商、客户亦有动机与企业进行供应链整合，从而建立长期的合作关系，以降低来自交易对象的风险。

（二）不完全契约理论

现实经济中充满了不确定性。人们不可能预测到所有未来将要发生的事情，并在合约中对交易各方在各种可能情况下的责权利做出明确界定，而且这样做的交易费用将相当高。因此，不完全契约理论认为，由于人们的有限理性、信息的不完全性及交易事项的不确定性，使得明晰所有特殊权力的成本过高，拟定完全契约是不可能的，不完全契约是必然和经常存在的（Gross man&Hart，1986）。因此，企业与上下游之间建立的经济关系除了双方签订的合同之外，供应商—客户关往往以隐形契约为基础，隐形契约更多是依靠企业双方的信任与承诺，双方为了稳固彼此之间的关系，可能会增加关系专用性投资，增加对方的转换成本，从而减少失去其客户或供应商的可能性。

二、研究假设

本章主要研究如下三个问题：（1）客户集中程度对公司创新的影响；（2）供应商集中程度对公司创新的影响；（3）供应商、客户共同作用下对公司创新的影响。

（一）客户集中与公司创新

从上述文献回顾中可以发现，公司创新活动会受到代理问题、融资约束、法律制度等多方面因素的影响，本章关注供应商、客户作为企业重要的利益相关者，研究企业对大供应商、大客户的依赖与其研发创新决策是否有关联。我们首先研究企业依赖大客户，即客户集中对研发创新活动的影响。下文主要从合作视角和竞争视角两个方面分别分析客户集中程度给企业创新带来的不同影响。

1. 公司与客户合作关系对其创新的影响

（1）关系专用型投资。良好的供应链合作关系对于企业提高经营效率和盈利来说至关重要，已有文献如 Patatoukas（2012）、田志龙和刘昌华（2015）等研究发现，拥有集中客户基础、与大客户进行合作，可以促进供应链资源的整合，并由此提高公司的经营效率、盈利能力和企业绩效。根据交易成本观，上下游紧密的合作关系有助于提供双方的信任度，降低双方的交易成本。因此，为了建立紧密的供应链联系，强化双方的合作关系，客户集中度高的公司倾向于进行更多的 R&D 投入及研发创新以维持这种极具价值性的关系，即关系专用型投资。此外，根据契约不完全理论，由于人的有限理性、交易双方信息的不完全性以及未来交易事项的不确定性，现实中交易双方签订的契约通常是不完全的。在契约不完全的情况下，交易双方无法把未来所有可能发生的或然事件写入合同。此时，上下游关系往往以隐形契约为基础，隐形契约更多依靠企业双方的信任与承诺。客户不会明确提供保证，将来一定会继续从原用供应商处采购货物，一旦交易因对方机会主义行为引发关系终止，企业关系专有资产便会遭受重大价值贬损，甚至引发企业的经营危机。因此，企业为了“拉拢”大客户，防止大客户的流失，可能会投入更多资源来进行关系专用型投资，从而促进研发创新活动的投入。在合作视角下，企业和大客户出于整合供应链、稳固双方关系的目的，会增加关系专用型资产的研发投资，从而促进共同创新。

（2）知识溢出效应。Chu 和 Tian（2014）提出供应商—客户关系中存在知识溢出效应，供应链中的知识溢出效应来自于双方对产品信息的共享和传播。首先，公司与它的大客户之间建立的密切联系使得公司可以更好地了解客户的个性化要求，从而刺激公司进行更多研发活动以满足大客户需求，最终促进公司的技术创新（Ham 和 Kim，1998）。同时，当公司的客户集中度较高时，公司与某些大客户更易建立紧密的联系，客户可以向企业及时反馈产品使用情况、是否存在某些缺陷、对产品有何种具体的要求，通过这种及时有效的反馈机制，企业可以更加快速高效地确立研发创新的目标，更有针对性地开展创新活动，节约创新过程中的时间成本和探索成本，从而促进公司创新。相反，若企业客户集中度较低，拥有大量零散客户，企业收集产品信息的成本和难度都会提升，增加研发创新的不确定性，从而抑制公司创新。其次，Titman（1984）和 Wessels（1988）提出，当公司依赖某几个大客户时，它和客户之间的关系更具双向性。当一个强大的双边关系存在时，客户更愿意进行合作，共享当前以及潜在的产品信息，培养双方相互依赖的关系。企业与大客户的这种紧密的关系方便了内部人员的交流，有助于双方的员工尤其是研发人员分享技术和知识，并交换彼此对于如何改进现有产品、开发新产品及技术的意见，这种基于供应链的知识溢出效应，可以促进企业的创新需求、提高创新效率。

2. 公司与客户竞争关系对其创新的影响

（1）融资约束。融资约束问题是影响公司研发投入的一个关键要素。卢鑫和郑阳飞（2013）、刘胜强和林志军（2015）研究表明，融资约束会制约我国上市公司 R&D 投资。客户集中会加深公司受到外部和内部融资约束的程度，进而抑制创新投资活动。首先，从外部融资角度来看，公司的创新活动周期长、风险高，能否收回投资具有较高的不确定性，因此从银行等金融中介融资来进行研发创新活动时，将面临严重的信息不对称问题。当公司的客户集中度较高时，银行会对企业可能面临的套牢风险产生顾虑，因而缩减对公司的授信规模，或对公司设置更加严格的贷款条件，例如限制企业将资金投向风险性较高的创新投资活动，此时公司面临的外部融资约束问题会更加严重。此外，失去大客户还可能引起其他债权人对公司偿债能力的担忧，造成公司外部融资环境的进一步恶化（陈正林，2016）。其次，从内部融资角度来看，由于内源融资具有信息成本上的优势，获取更加方便，可以降低企业研发活动的投入成本，内部融资是企业研发活动融资方式的首选（Myers，1984），而且我国资本市场的不完善使得上市公司的研发创新活动更加依赖内部资金。因此，如果企业内部资金匮乏，内部融资约束严重，也会制约企业进行研发创新活动的能力。客户作为企业极为重要的利益相关者，是企业利润的来源和生存发展的基础。企业与其客户在交易过程中存在市场博弈关系，大客户会通过压低价格、要求放宽信用条件等手段，削弱企业的盈利能力。大客户相对于零散的小客户来说谈判能力更强，更有可能要求企业降低产品价格、延长商业信用期限以及分次运送产品以降低自身存货成本等。企业的利润空间会被强势大客户蚕食（吴祖光，2017），经营活动就无法产生足够的现金流，从而削弱企业内部筹集资金的能力，不利于企业进行创新投资活动。而且，企业为了预防因依赖大客户而导致的额外经营风险，保证自身的财务健康，倾向于持有更多现金来作为一种风险管理的工具（Jennifer Itzkowitz，2013）。客户集中增加了企业预防性现金需求，降低了企业可用于研发投入的现金，从而削弱企业研发投入能力。

（2）风险因素。客户集中会增加公司面临的经营风险和财务风险，从而抑制公司开展创新活动。一方面，如果单个客户的采购量占公司销售额的比例较大，即客户的集中度较高时，客户在谈判过程中就具有较高的地位，其议价能力也越强，企业的经营活动受其影响越大。而且，客户越集中的企业，其营业收入往往受到有限几个客户业务发展的影响，其收入的稳定性和成长性较差，带来较高的利润波动性和不确定性，这种不确定性程度越高，企业面临的经营风险就越大。另一方面，公司的大部分经营收入依赖某几个大客户，一旦大客户陷入财务困境甚至破产，企业可能无法收回应收账款，增加坏账风险（吴祖光，2017），甚至这种危机影响可能会通过供应链转嫁给制造商企业，使得企业也面临财务困境。企业过分依赖关键客户的销售，一旦关键客户流失，企业不仅会失去现有的销售份额，其负面影响还会传染给其他顾客，促使他们更换供应商，导致企业失去更多客户。此外，企业对客户的依赖程度越高，负债水平也越高（Kale，2007）。因此企业依赖某几个关键客户可能会面临严重的财务风险。在企业管理层风险偏好既定的情况下，经营风险和财务风险的加大会促使企业调整其他风险活动，降低其他活动带来的风险。而研发投入活动就具有高风险特征，公司创新是一个漫长、异质性和不可预测的过程（Holmstrom，1989）。企业在进行技术研发项目时，从前期的研发设计、资源配置，到研发过程中对新工艺与产品进行跟踪、试验，还要对下一代技术进行研发与论证，以便适应新技术的快速发展。这一系列的过程都需要公司大量、持续的投入，而最终是否能成功研发出新产品或新工艺也充满了不确定性，一旦公司研发失败，前期的投入将功亏一篑。因此客户集中度较高带来的经营风险和财务风险会使得公司研发创新类的风险投资行为受到抑制。

从上述理论阐述过程中我们可以发现，客户集中度高时，一方面，制造商企业更有意愿对双方的关系专用性资产进行更多研发投入，以稳固和大客户的合作关系，而且企业与大客户的关系越紧密，合作意识越强，通过供应链的整合带来的知识溢出效应就可以为企业研发提供更多资源，从而促进公司的创新。但另一方面，客户集中度越高，公司面临的内部和外部融资约束越严重、经营风险和财务风险程度越高，这些又会制约企业进行研发创新的动机与能力。因此，本章提出下列竞争性假设：

假设 1a：客户集中将促进企业创新。

假设 1b：客户集中会削减企业创新。

（二）供应商集中与公司创新

在供应链关系中，除了客户，处于公司上游的供应商也是会对公司经营活动产生重要影响的重要利益相关者。供应商能否按时保质地向企业提供原材料会影响到公司日常生产经营活动，其向企业提供的产品质量水平、销售价格及配送方式等都会影响公司的盈利能力。与客户集中度对公司创新的影响相似，供应商集中度对公司创新的影响也具有双面性。

1. 供应商与公司合作关系对公司创新的影响

（1）关系专用型投资。首先，作为供应链的上游，供应商为企业提供生产所需原材料，如果企业依赖某几个大供应商，那么这些大供应商是否能够按时保质地向企业提供原材料将对企业生产经营活动产生重大影响。由于契约的不完全性，双方的合作关系很多基于隐形契约，供应商同样不会明确保证未来一定会向原有公司销售产品。若某一个大供应商因机会主义中断与企业的合作关系，企业面临的转换成本较大，短时间内可能难以寻找到合适的合作伙伴，企业的生产经营活动甚至可能因此发生中断。因此，公司为了从大供应商处获得稳定的供货来源，同样需要加大对关系专用型资产的研发投资力度，以增强彼此的信任程度，稳固双方的合作关系。相反，若企业的供应商集中度较低，企业拥有大量零散的供应商时，其对供应商的依赖程度就会降低，即使某一供应商中断双方的合作关系，企业也可以从其他渠道获得生产所需原材料，生产经营活动不会受到重大影响。此时，企业对关系专用型资产的研发投资意愿就会降低，创新活动也会减少。

（2）知识溢出效应。与大客户之间的关系相似，企业与大供应商之间的供应链关系也存在知识溢出效应，可以促进公司创新活动的开展。当企业的供应商比较分散时，企业与供应商之间仅仅是采购方和销售方的关系，双方进行深入合作的意愿和可能性较低，企业也难以从供应商处获得研发创新所需的有价值的信息。但当企业的供应商集中度较高时，企业与大供应商之间的关系更加紧密，双方对关系专用型资产投入也较多，此时企业与供应商的合作意识较强，更有可能建立创新联盟，进行共同开发和创新。而且在研发创新过程中，企业与大供应商之间紧密的联系，有利于双方研发人员对产品、技术的信息共享、共同交流，减少研发的不确定性和研发成本，促进公司创新。

2. 供应商与公司竞争关系对公司创新的影响

（1）融资约束。从融资约束角度来看，供应商过于集中增加了企业面临的风险，所以企业同样倾向于持有更多资金来作为风险管理工具，企业预防性现金需求的增加，导致企业用来应对研发活动不确定性的内部现金储备减少，公司研发投资受到的内部融资约束更加严重，创新活动受到抑制。此外，企业创新活动支出，除了依赖内源融资，外部融资约束也会抑制 R&D 投资，其中商业信用作为短期外源融资的一种重要来源，在当代企业中应用广泛，对于公司研发活动也具有一定影响。商业信用是供应商与客户之间以预付货款或赊销、分期付款等形式提供的信用，最早关于商业信用的研究主要是围绕其经营性动机展开的。但是，随着研究的不断深化，商业信用供给的融资性动机备受关注。Peterse 和 Rajan（1997）提出供应商与银行相比更具信息优势、清算优势及管理优势，使供应商有动机去代替银行提供商业信用，这一行为弥补了银行体系的不足。商业信用的供给和使用会影响供应商和企业的流动性，因此双方会对流动性的取得进行相互竞争（李任斯和刘红霞，2016）。当供应商集中度越高时，少数供应商对原材料供应的控制力就越强，其相对谈判地位就越高，供应商会减少企业的应付账款，要求企业提前付款，企业能够占用他们的净商业信用就会下降（陈正林 2017）。此时，公司外部融资渠道就会受到影响，进而会抑制公司的研发创新活动。

（2）风险因素。首先，与依赖大客户相似，当公司依赖少数供应商时，它同样会面临较大的风险。如果企业依赖某几个大供应商时，采购渠道比较单一，一旦失去某一大供应商，企业因为无法及时获得原材料供应而导致生产经营中断的风险就会急剧增加，同时企业重新寻找供应商时面临的转换成本较高，短时间内若无法找到替代的供应商，企业经营活动也会面临较大波动性。并且在竞争视角下，企业供应商集中度越高，供应商的地位越高，此时，供应商可能利用自己强大的谈判地位，通过要求企业提前付款、集中大量送货、降低产品质量、提高价格等手段侵占企业利润，造成企业利润的波动性，增加企业经营风险。此外，若企业的大供应商发生财务危机甚至破产，大供应商通过供应链对企业进行风险转移，损害企业的财务健康，企业的财务风险会因此增加。对于风险偏好既定的管理层来说，这将会削弱企业进行同样具有风险性和不确定性的研发活动的动机和能力。

从上述理论阐述过程中我们可以发现，供应商集中度越高时，从合作视角来看，制造商企业越有意愿对双方的专用性资产进行投资，以稳固和大供应商的合作关系。而且企业与大客户的关系越紧密，双方合作意识越强，通过供应链的整合带来的知识溢出效应就越有利于公司的创新。但从竞争视角来看，供应商集中度越高，公司面临的内部和外部融资约束越严重、经营风险和财务风险越高，这些将会抑制企业进行研发创新的动机与能力。因此，本章提出下列竞争性假设：

假设 2a：供应商集中将促进企业创新。

假设 2b：供应商集中会抑制企业创新。

（三）供应商、客户共同作用对公司创新的影响

制造企业处于供应链的中间环节，其生产经营活动会同时受到供应商和客户的共同影响，企业与供应商、客户组成了三元关系。而在上述对公司创新的影响分析中，都是分别考虑企业与供应商或企业与客户之间的二元关系对公司创新的影响，未从供应链的整体进行考虑。因此，下面将从供应链的三元关系出发，考虑公司研发创新行为在大供应商和大客户的共同作用下受到的影响。

1. 供应商、公司、客户三方合作对公司创新的影响。当个体处在由三个个体组成的群体中，这种三元关系与两个个体组成的二元关系有很大区别（Simmel 和 Hughes，1949）。企业处在供应链的三元关系中时，公司与供应商、客户之间的交易是同时进行的，因此供应商和客户在影响公司创新时可能会相互产生作用。首先，当企业的供应商、客户集中度均较高时，这往往是供应链集成的高级阶段，三者经营业绩的联动性更强，更容易形成一个利益共同体，三方一荣俱荣，一损俱损。因为在三元关系中，如果某一个体以不恰当或投机的行为对待它的合作伙伴，不仅会直接损害与其直接关联的合作伙伴关系，还会影响它与其他合作伙伴之间的关系（Greve 等，2010）。因此企业与大供应商、大客户倾向于选择共同合作而非互相竞争来与对方进行交易。此时，企业与大供应商、大客户会增加关系专用型投资，以进一步稳固三方关系。其次，知识溢出效应在三元关系中更能发挥其重要的作用。当企业与上下游均建立了紧密的联系后，三方形成的合作体更加有利于知识的共享和传播。通过完整的产业链条，上下游之间能够及时反馈信息，三方的研发人员更容易进行知识互补、信息共享和技术交流，共同对产品、工作流程、技术工艺进行更有针对性的研发改进，减少创新的不确定性，降低研发成本，从而提升供应链的纵向一体化程度，提高运营效率，达成三方共赢的目的。

此外，企业与供应商、客户组成的三元关系可以缓解融资约束和风险因素对公司创新的抑制作用。从风险角度来看，三元关系相对二元关系更加稳固，大供应商、大客户因机会主义行为而突然中断与公司的合作关系的可能性降低，

这有利于企业生产经营活动的有序进行，减少企业利润的波动性，降低企业面临的经营风险。三元关系中，企业与大客户、大供应商的经营业绩具有很强的联动性，当企业的某一供应商、客户发生财务危机，威胁到企业的财务健康时，企业的其他大客户、大供应商为防止这种风险通过密切的供应链关系波及自己，会给予企业更多的帮助，减少企业受损程度。因此，三元关系更能有效抵御外界风险的冲击，降低企业面临的经营和财务风险。从融资约束角度来看，一方面，由于风险降低，企业为抵御额外经营风险而产生的预防性现金需求就会降低，从而可以增加用来应对研发不确定性的内部现金储备。而且，合作共赢的三元关系有助于企业通过经营活动产生持续稳定的现金流，增加企业内部资金的筹集能力，降低企业内部融资约束程度。另一方面，当企业单独与供应商或客户交易时，供应商或客户集中度越高，他们的谈判能力越强，越可能侵占企业的商业信用融资。而在三元关系下，供应商、客户在与企业进行商业信用融资谈判时要考虑供应链另一方对企业可能的商业信用侵占是否会影响企业的长远发展，进而影响供应商、客户自身的经营活动，因此供应商、客户会处于长期合作的目的而“体恤”企业，同时向企业提供商业信用支持，三方之间会以合作为重（吴娜和于博，2017）。因此当企业供应商、客户集中度同时较高时，企业商业信用不但不会受供应商、客户的双向侵占，而且还会得到供应商、客户的体恤，进而外部融资约束情况可以得到缓解。

2. 供应商、公司、客户上竞争对公司创新的影响。由上述分析可知，在三元关系中，企业与供应商、客户之间可能更容易建立稳固的长期合作关系，增加关系专用性投资，进行共同研发创新，降低企业面临风险，缓解融资约束问题，从而促进公司创新。但是，企业同时依赖大客户、大供应商，也可能面临更大的经营和财务风险，削弱企业进行研发创新的动机和能力。

一方面，当企业同时依赖大客户和大供应商时，客户和供应商相对于企业的议价能力都比较强，此时上下游企业出于竞争目的，可能不会考虑供应链整体的整合效应，会同时压榨和剥夺处于中间环节企业的利润，如双方同时要求侵占企业更多的商业信用。此时企业的财务风险会大大提高，内部筹集现金流的能力也会受到进一步削弱。此外，当企业的客户集中度和供应商集中度均较高时，若客户和供应商因机会主义同时中断与企业的合作，企业因失去大客户和大供应商带来的经营风险将会极大提升，利润波动性也会更大，这将进一步抑制企业进行创新的能力。

另一方面，当企业同时依赖某几个客户和供应商时，企业与上下游之间的商品交易品种和关系会比较简单，如在较长的时间内，上游的供应商较少，提供的原材料种类会比较固定，下游客户较少，其需求会相对稳定，此时企业进行产品创新的程度和频率都会进一步降低。相反，当企业的客户集中度和供应商集中度均较低时，客户的需求会更加多样化，从而增加企业进行产品创新的动机，同时，上游不同供应商之间为了竞争也会提高自身的创新水平，从而进一步带动处于中间环节企业进行研发创新。

因此，当企业同时依赖大客户、大供应商时，可能会同时受到上下游企业对其利润的剥夺，从而进一步加剧其受到的经营风险和财务风险，从而抑制企业进行研发创新的能力。此外，企业与少数大客户、大供应商进行交易时，供应链的交易关系比较稳定和单一，会削弱企业进行研发创新的动机。由此提出下列竞争性假设：

假设 3a：当企业的供应商和客户集中度均较高时，供应链三元关系合作增强，竞争减弱，有利于公司创新。

假设 3b：当企业的供应商和客户集中度均较高时，供应链三元关系竞争增强，合作减弱，不利于公司创新。

本书主要假设之间的主要逻辑关系如下：先以二元关系为基础，分别从企业上下游的角度出发，分析合作视角和竞争视角下，企业客户集中度、供应商集中度对公司创新产生的双面影响，从而分别提出竞争性假设 1a、1b 以及竞争性假设 2a、2b。进一步地，从供应链整体出发，分析企业与大供应商、大客户组成的三元关系对公司创新可能产生的影响，进而提出假设 3a 和假设 3b。

第四节 研究设计

一、样本选择及数据来源

因为制造业处于由供应商、制造商、客户组成的供应链系统的中间环节，具有较为完整、固定的上下游关系，而且制造业企业与其供应商、客户之间的联系更为紧密，因此本章选择中国制造业上市公司作为研究样本。由于2010年以前公司在年报中主动披露供应商、客户信息的较少，样本缺失较多，且本章所选公司创新的衡量变量需要用到超前一期，因此为了保证结果的可靠性和可获取性，本章选取2010—2015年中国制造业上市公司作为样本。在此基础上，本章对样本进行了进一步处理：（1）删除数据缺失的样本；（2）删除研究期间被冠以ST、ST*的样本；（3）对样本中所有连续性变量进行Winsor［1%，99%］的缩尾处理以排除异常值的影响。在经过上述处理后，本章共获得5190个客户样本和3608个供应商样本。

本章有关供应商、客户集中度的数据摘取自上市公司年报并经手工收集整理得到，其他数据主要来源于国泰安CSMAR数据库。本章的数据处理采用Microsoft Office 2012和Stata12.0软件。

二、变量定义及度量

（一）被解释变量

公司的创新活动包括创新投入和创新产出两个方面，因此本章分别从这两个角度来衡量公司创新的程度。从创新投入来看，本章借鉴已有文献的做法，采用公司研发投入量（rd）来衡量，同时为了消除公司间特征差异的影响，利用营业收入对研发支出进行平均化处理。从创新产出来看，公司申请的专利情况能在一定程度上反映其创新活动的成效。其中上市公司申请的专利类型又分为发明专利、实用新型专利和外观设计专利三种，外观设计专利只是对产品的形状、图案等做出的设计，创新程度较低，仅通过外观设计专利数量不能反映出公司整体的创新水平。实用新型专利则是对产品的形状、构造或者其结合所提出的适于实用的新的技术方案，相对于实用新型专利，发明专利的技术水平和创造性较高，授权成功率较低，更能反映出公司的创新水平，因此本章在主回归中采用发明专利的授权数来衡量公司创新产出情况，在稳健性检验中将实用新型专利授权数作为被解释变量进行回归检验，并对专利授权数进行自然对数处理，将其设为Lnpt1。变量的具体定义见表6-1。

表 6－1 变量定义表

变量类型	变量名称	变量符号	定 义
被解释变量	公司创新	rd	研发投入/营业收入
		Lnpt1	Log(1＋发明专利授权数)
解释变量	客户集中度	Cuhhi	公司向前五大客户销售占比的平方和
		Cusm5	公司向前五大客户销售的比例之和
	供应商集中度	Suphhi	公司向前五大供应商采购占比的平方和
		Supm5	公司向前五大供应商采购的比例之和
控制变量	公司规模	Size	总资产的自然对数
	财务杠杆	Lev	期末负债总额/期末资产总额
	总资产净利率	Roa	净利润/总资产余额
	公司成立时间	Lnage	公司成立年限的自然对数
	股权制衡	First	公司第一大股东持股的比例
	成长性	TobinQ	市值/资产总计
	资本密度	Capint	固定资产净额/资产总计
	员工总数	Lnemp	公司员工总数的自然对数

（二）解释变量

客户（供应商）集中度是指企业对其客户（供应商）的依赖程度，若企业向某一个或几个客户（供应商）销售（采购）的比例较大，则表明企业对其客户（供应商）的依赖程度较高，客户（供应商）集中度也较高。因此根据已有文献，本章采用两种方法来衡量客户（供应商）集中度。

1. 赫芬达尔指数：公司向前五大客户（供应商）销售（采购）额占公司总销售（采购）额的平方和。

2. 公司前五大客户（供应商）销售（采购）占比之和。

（三）控制变量

借鉴以往文献，本章选取以下变量作为控制变量：公司规模、财务杠杆、总资产净利润率、成立时间、第一大股东持股比例、成长性、资本密度、员工总数作为控制变量，变量的具体定义如表 6－1 所示。

三、回归模型构建

为了检验假设1，即客户集中度与公司创新之间的关系，本章构造模型（6-1）：

$$innovation_{i,t+1} = \partial_0 + \partial_1 Customer_{i,t} + \sum controls + \sum Year + \sum Industry + \varepsilon \tag{6-1}$$

假设2的检验：供应商集中度与公司创新之间的关系时，将模型（6-1）中解释变量客户集中度替换为供应商集中度的衡量变量，构造模型（6-2）：

$$innovation_{i,t+1} = \partial_0 + \partial_1 Supplier_{i,t} + \sum controls + \sum Year + \sum Industry + \varepsilon \tag{6-2}$$

在模型（6-1）、（6-2）中，客户集中度指标（Customer）、供应商集中度指标（Supplier）以及公司创新指标（innovation）均采用了多种方法来衡量，变量的具体定义如表6-1所示。此外，因客户、供应商对公司创新的影响存在一定滞后性，因此创新变量的数据选取的是t+1期，其他变量均为第t期数据。

假设3的检验：设置虚拟变量Comp，将样本分为两组。当公司的供应商集中度和客户集中度均高于样本中位数时，该变量取1，当公司的供应商集中度和客户集中度均低于样本中位数时，该变量取0。然后分别对模型（6-1）和模型（6-2）进行分组检验。

第五节　实证检验及结果分析

一、描述性统计

本章对主要变量进行了描述性统计分析，因为客户集中度和供应商集中度的样本数存在差异，因此本章分别对客户集中度和供应商集中度的样本进行了描述性统计分析，分析结果分别如表6-2和表6-3所示。从表6-2中可以看出，客户集中度的样本数共有5190个，公司研发投入占营业收入的比例（rd）

最小值为0，最大值为17.16%，平均值为3.882%，标准差为2.925，公司间研发投入水平差异较大，全样本的平均研发投入水平较低。从创新产出来看，公司发明专利授权数的自然对数（Lnpt1）最小值和中位数均为0，最大值为4.605，平均值仅为0.82，表明公司创新产出水平较低。从解释变量来看，客户集中度的赫芬达尔指数（Cushhi）最小值为0.0002，最大值为0.483，公司向前五大客户销售比例（Cusm5）的最小值为3.1%，最大值为86.8%，说明公司间客户集中度存在较大差异，某些企业对客户的依赖程度也较大。

表6-2　　客户集中度及主要变量描述性统计分析

变量	平均值	最小值	中位数	最大值	标准差	样本数
rd	3.882	0	3.430	17.16	2.925	5190
Lnpt1	0.820	0	0	4.605	1.095	5190
Cushhi	0.060	0.0002	0.0190	0.483	0.0940	5190
Cusm5	0.290	0.0310	0.239	0.868	0.187	5190
Size	21.80	19.87	21.65	25.20	1.074	5190
Lev	0.380	0.0420	0.370	0.841	0.199	5190
Roa	0.0440	-0.137	0.0410	0.195	0.0500	5190
Lnage	2.922	2.303	2.944	3.434	0.272	5190
First	35.49	8.770	34.04	74.30	14.57	5190
Tobinq	2.283	0.235	1.768	9.705	1.794	5190
Capint	0.242	0.0310	0.217	0.620	0.134	5190
Lnemp	7.696	5.497	7.630	10.66	1.077	5190

表6-3　　供应商集中度及主要变量描述性统计分析

变量	平均值	最小值	中位数	最大值	标准差	样本数
rd	3.946	0	3.450	18.21	2.956	3608
Lnpt1	0.696	0	0	4.644	1.036	3608
Suphhi	0.0670	0.001	0.0290	0.527	0.097	3608
Supm5	0.337	0.0640	0.297	0.882	0.183	3608
Size	21.83	19.96	21.69	25.11	1.044	3608
Lev	0.383	0.0370	0.374	0.843	0.196	3608
Roa	0.0420	-0.134	0.0380	0.193	0.0500	3608

续表

变量	平均值	最小值	中位数	最大值	标准差	样本数
Lnage	2.859	2.197	2.890	3.401	0.288	3608
First	34.98	8.980	33.59	75	14.51	3608
Tobinq	2.410	0.239	1.833	10.13	1.909	3608
Capint	0.245	0.0280	0.222	0.616	0.131	3608
Lnemp	7.719	5.517	7.644	10.93	1.067	3608

从控制变量来看，公司规模（Size）的最小值为19.87，最大值为25.2，平均值为21.8，说明中国制造业上市公司间的规模分布较为平均，规模相当。第一大股东持股比例（First）最小值为8.77%，最大值为74.3%，标准差为14.57，表明样本公司股权集中程度存在较大差异。此外，资产负债率（Lev）、托宾Q（Tobinq）值、资本密度（Capint）的描述性统计分析结果也表明不同样本公司之间的财务杠杆水平、成长性、资本密度存在较大差异。

从表6－3来看，供应商集中度样本数共3608个，远小于客户集中度样本数。供应商客户集中度的赫芬达尔指数（Suphhi）最小值为0.001，最大值为0.527，前五大供应商采购比例（Supm5）最小值为6.4%，最大值为88.2%，同样表明公司对供应商的依赖程度也存在较大差异。除此之外，被解释变量和控制变量的分布情况与表6－2显示的结果基本相符。

二、相关性分析

本章对主要变量进行了皮尔逊相关性检验，分析在不控制其他变量的情况下，各变量之间的关系，检验结果如表6－4和表6－5所示。

表6－4　　客户集中度与其他变量的相关性检验

变量	rd	Lnpt1	Cuhhi	Cusm5	Size	Lev
rd	1					
Lnpt1	0.112***	1				
Cushhi	0.066***	−0.0210	1			
Cusm5	0.102***	−0.101***	0.705***	1		
Size	−0.232***	0.195***	−0.151***	−0.187***	1	

续表

变量	rd	Lnpt1	Cuhhi	Cusm5	Size	Lev
Lev	-0.330 ***	0.075 ***	-0.109 ***	-0.092 ***	0.537 ***	1
Roa	0.095 ***	0.116 ***	0.038 ***	-0.051 ***	-0.047 ***	-0.437 ***
Lnage	-0.213 ***	-0.007	-0.082 ***	-0.074 ***	0.207 ***	0.261 ***
First	-0.087 ***	0.056 ***	0.009	-0.037 ***	0.161 ***	0.0160
Tobinq	0.289 ***	-0.179 ***	0.165 ***	0.116 ***	-0.435 ***	-0.460 ***
Capint	-0.243 ***	-0.057 ***	-0.134 ***	-0.110 ***	0.157 ***	0.289 ***
Lnemp	-0.271 ***	0.214 ***	-0.175 ***	-0.234 ***	0.806 ***	0.499 ***
	Roa	Lnage	First	Tobinq	Capint	Lnemp
Roa	1					
Lnage	-0.076 ***	1				
First	0.095 ***	-0.114 ***	1			
Tobinq	0.355 ***	-0.138 ***	-0.0210	1		
Capint	-0.288 ***	0.112 ***	0.00100	-0.223 ***	1	
Lnemp	-0.024 *	0.224 ***	0.154 ***	-0.394 ***	0.252 ***	1

注：*** 表示 1% 水平上显著，** 表示 5% 水平上显著，* 表示 10% 水平上显著。

表 6-5　　供应商集中度与其他变量的相关性检验

	rd	Lnpt1	Suphhi	Supm5	Size	Lev
rd	1					
Lnpt1	0.083 ***	1				
Suphhi	-0.0220	-0.076 ***	1			
Supm5	-0.053 ***	-0.149 ***	0.754 ***	1		
Size	-0.220 ***	0.215 ***	-0.151 ***	-0.223 ***	1	
Lev	-0.316 ***	0.099 ***	-0.118 ***	-0.120 ***	0.517 ***	1
Roa	0.101 ***	0.103 ***	-0.0160	-0.069 ***	-0.034 **	-0.438 ***
Lnage	-0.198 ***	0.034 **	0.0140	-0.0230	0.181 ***	0.216 ***
First	-0.073 ***	0.033 *	0.001	-0.020	0.143 ***	0.008
Tobinq	0.289 ***	-0.226 ***	0.095 ***	0.095 ***	-0.445 ***	-0.446 ***
Capint	-0.236 ***	-0.044 ***	-0.00500	0.055 ***	0.130 ***	0.260 ***
Lnemp	-0.246 ***	0.250 ***	-0.244 ***	-0.345 ***	0.799 ***	0.466 ***

续表

	Roa	Lnage	First	Tobinq	Capint	Lnemp
Roa	1					
Lnage	-0.062***	1				
First	0.093***	-0.118***	1			
Tobinq	0.311***	-0.106***	-0.0220	1		
Capint	-0.291***	0.084***	0.0160	-0.210***	1	
Lnemp	0.00700	0.199***	0.143***	-0.398***	0.227***	1

注：*** 表示 1% 水平上显著，** 表示 5% 水平上显著，* 表示 10% 水平上显著。

从表 6-4 来看，公司研发投入变量 rd 与客户集中度变量 Cushhi、Cusm5 之间的皮尔逊相关系数分别为 0.066、0.102，且均在 1% 水平上显著，而创新产出变量 Lnpt1 与客户集中度变量 Cushhi、Cusm5 之间的皮尔逊相关系数分别为 -0.021 和 -0.101，显著性水平也存在差异。因此，在不控制其他变量的情况下，客户集中度与公司创新水平之间的关系尚不明确，需要在多元回归中进行进一步分析。

从表 6-5 来看，研发投入变量 rd 与供应商集中度变量 Suphhi、Supm5 之间的皮尔逊相关系数分别为 -0.022、-0.053，创新产出变量 Lnpt1 与其相关系数分别为 -0.076 和 -0.149，且均在 1% 水平上显著。因此，在不控制其他变量的情况下，供应商集中度与公司创新水平之间呈负相关关系，在一定程度上证明了假设 2b。

从控制变量来看，除公司规模与员工总数的相关系数高于 0.5 之外，其他控制变量之间的相关系数均小于 0.5，为排除共线性问题对回归结果的影响，我们计算了各变量的 VIF 值，发现均小于 5，说明不存在严重的共线性问题。

三、多元回归分析

（一）客户集中度与公司创新之间的回归分析

表 6-6 列示了客户集中度与公司创新的回归结果，回归的样本数共有 5190 个，回归方程的 R^2 和调整后 R^2 均介于 0.28 与 0.34 之间，表明方程的拟合度较好。从表 6-6 的前两列可以看出，客户集中度的两种衡量指标赫芬达尔指数、前五大客户销售占比，与公司创新投入变量 rd 的回归系数分别为 -1.592 和

-0.784，t 值分别为 -3.696、-3.997，均在 1% 水平上显著，表明客户集中度与公司创新投入呈显著负相关关系。此外，从表 6-5 的后两列可以看出，客户集中度与公司创新产出变量之间也存在显著的负相关关系，Cushhi、Cusm5 与专利产出的回归系数分别为 -1.072 和 -0.516，且均在 1% 水平上显著。因此从表 6-6 的回归结果可以得出，客户集中度与公司创新程度呈显著的负相关关系，假设 1b 得到了验证。

表 6-6　　客户集中度与公司创新的回归结果

变量	(1)	(2)	(3)	(4)
	rd	rd	Lnpt1	Lnpt1
Cuhhi	-1.592*** (-3.696)		-1.072*** (-6.413)	
Cusm5		-0.784*** (-3.997)		-0.516*** (-6.781)
Size	0.311*** (5.012)	0.304*** (4.899)	0.197*** (8.167)	0.192*** (7.973)
Lev	-3.261*** (-13.690)	-3.260*** (-13.690)	-0.016 (-0.174)	-0.016 (-0.171)
Roa	-3.280*** (-3.769)	-3.359*** (-3.859)	1.327*** (3.932)	1.276*** (3.779)
Lnage	-0.999*** (-7.499)	-1.017*** (-7.640)	-0.187*** (-3.623)	-0.199*** (-3.861)
First	-0.012*** (-4.746)	-0.012*** (-4.805)	-0.002** (-2.513)	-0.002*** (-2.613)
Tobinq	0.227*** (8.033)	0.226*** (8.008)	0.049*** (4.430)	0.048*** (4.374)
Capint	-0.879*** (-2.855)	-0.869*** (-2.824)	-0.393*** (-3.290)	-0.386*** (-3.234)
Lnemp	-0.378*** (-6.471)	-0.391*** (-6.656)	0.148*** (6.532)	0.140*** (6.133)

续表

变量	(1)	(2)	(3)	(4)
	rd	rd	Lnpt1	Lnpt1
Constant	2.001* (1.715)	2.085* (1.785)	-3.515*** (-7.765)	-3.465*** (-7.650)
Industry、Year	控制	控制	控制	控制
Observations	5190	5190	5190	5190
R - squared	0.337	0.337	0.288	0.288
r^2_a	0.332	0.332	0.282	0.283
F	63.86	63.94	50.68	50.85

注：*** 表示 $p<0.01$，** 表示 $p<0.05$，* 表示 $p<0.1$，分别在 1%、5%、10% 水平上显著，括号内为 t 值。

从客户集中度与公司创新的回归结果来看，中国制造业上市公司与其客户之间的关系更偏向于竞争关系。当公司依赖大客户的程度越高时，客户的议价能力越高，大客户可能会从产品价格、质量、配送方式等方面对企业提出更严苛的要求，从而为自己争取更多利益。这种竞争关系对企业利润的蚕食将会削弱企业进行研发创新的能力，企业也会投入更多资源以维持与大客户之间的关系，从而企业能够进行研发创新的资源也会相对减少。此外，依赖大客户将会增加企业的经营风险和财务风险，这将进一步抑制企业进行风险性研发创新的意愿和能力。

从控制变量来看，公司规模与创新投入变量（rd）、创新产出变量（Lnpt1）的相关系数分别为 0.311（0.304）和 0.197（0.192），且均在 1% 水平上显著，表明公司规模与公司创新之间呈显著正相关关系，公司规模越大，公司进行研发创新的程度越大。这可能是由于规模越大的公司，其资金实力相对雄厚，拥有的资源更加丰富，其抵抗风险的能力也越强，因此，其更有能力进行研发创新活动，以进一步提高自己的发展水平。资产负债率与公司创新投入、产出变量之间的回归系数均为负数，且与 rd 的回归系数在 1% 水平上显著，这表明公司的债务水平越高，财务风险越大，进行研发创新的意愿和能力越小。公司成立年限与其进行研发创新的程度之间呈显著负相关关系，这可能是由于公司成立年限越久，其生产流程、技术工艺、产品种类等趋于标准化和成熟化，相对年轻公司需要进行不断的研发、探索，成熟公司进行研发创新的可能性相对较低。其他的控制变量与公司创新之间的回归结果与期望也较为符合。如公司第一大股东持股比例越高，公司的代理问题越严重，大股东为了自己的短期利益可能会抑制公司进行长期研发创新活动，因而第一大股东持股比例（First）与公司创新呈显著的负相关关系。Tobinq 与公司创新之间呈显著的正相关关系，Tobinq 代表了公司的发展能力，公司的成长性越高，进行研发创新的动机越大。控制变量与公司创新变量之间的显著关系也表明。这些公司特征因素会对研发创新产生重要影响，在回归方程中加入这些控制变量是极为重要的。

（二）供应商集中度与公司创新之间的回归分析

表 6－7 列示了供应商集中度与公司创新的回归结果，因为上市公司对供应商的情况披露较少，因此相对于客户集中度，供应商集中度与公司创新进行回归的样本数有所减少，共有 3608 个，回归方程的 R^2 和调整后 R^2 介于 0.31 和 0.33 之间，说明方程的拟合效果较好。从表 6－7 的回归结果可以看出，供应商集中度的两个衡量指标——赫芬达尔指数（Suphhi）和前五大供应商采购比例之和与研发投入比例（rd）之间的相关系数分别为－1.946 和－1.647，与专利产出变量（Lnpt1）之间的相关系数分别为－0.687 和－0.529，且均在 1% 水平上显著，表明供应商集中度与公司创新之间呈显著的负相关关系，验证了假设 2b。

表 6－7　　供应商集中度与公司创新的回归结果

变量	(1)	(2)	(3)	(4)
	rd	rd	Lnpt1	Lnpt1
Suphhi	－1.946 *** (－4.027)		－0.687 *** (－4.046)	
Supm5		－1.647 *** (－6.336)		－0.529 *** (－5.788)
Size	0.233 *** (3.006)	0.245 *** (3.182)	0.174 *** (6.399)	0.177 *** (6.534)
Lev	－3.561 *** (－12.241)	－3.558 *** (－12.278)	－0.011 (－0.111)	－0.009 (－0.086)
Roa	－1.857 * (－1.743)	－1.924 * (－1.812)	1.245 *** (3.326)	1.228 *** (3.288)

续表

变量	(1)	(2)	(3)	(4)
	rd	rd	Lnpt1	Lnpt1
Lnage	−0.921*** (−6.053)	−0.938*** (−6.199)	−0.101* (−1.881)	−0.107** (−2.015)
First	−0.011*** (−3.563)	−0.011*** (−3.574)	−0.005*** (−4.282)	−0.005*** (−4.293)
Tobinq	0.168*** (5.208)	0.170*** (5.286)	0.046*** (4.071)	0.047*** (4.122)
Capint	−0.899** (−2.339)	−0.801** (−2.089)	−0.290** (−2.148)	−0.261* (−1.932)
Lnemp	−0.348*** (−4.808)	−0.429*** (−5.797)	0.162*** (6.366)	0.138*** (5.295)
Constant	3.678** (2.575)	4.340*** (3.047)	−3.566*** (−7.103)	−3.346*** (−6.678)
Industry、Year	控制	控制	控制	控制
Observations	3608	3608	3608	3608
R−squared	0.331	0.336	0.327	0.330
r^2_a	0.324	0.328	0.319	0.322
F	43.07	43.94	42.21	42.82

注：*** 表示 $p<0.01$，** 表示 $p<0.05$，* 表示 $p<0.1$，分别在 1%、5%、10% 水平上显著，括号内为 t 值。

回归结果表明企业与其大供应商之间的关系也更倾向于竞争关系而非合作关系。当企业依赖某几个大供应商时，大供应商会利用其强大的议价能力对企业进行利润剥夺、风险转嫁，企业进行研发创新的资源会相应减少，而且一旦企业的某个大供应商因为机会主义中断与企业的合作关系，企业将面临巨大的经营、财务风险，从而抑制企业进行风险性研发创新的动机。

控制变量与公司创新的回归结果与假设 1 的检验结果也相符合，即公司规模越大、成长性越好，进行研发创新的程度越高，公司的资产负债率越高、成立年限越久、第一大股东持股比例越大，公司的研发创新水平越低。

（三）供应商、客户共同作用对公司创新的影响

表 6−8 和表 6−9 展示了在供应商、企业和客户组成的三元关系中，客户集

中度、供应商集中度对公司创新的共同影响，Comp = 1 表示企业的客户集中度和供应商集中度均高于中位数，Comp = 0 表示企业客户、供应商集中度均低于中位数。表 6 – 8 是客户集中度与公司创新的分组回归结果，从表 6 – 8 的前两列来看，m1 表示的是在企业客户集中度和供应商集中度均较高的情况下，客户集中度与公司研发投入比例的回归结果，m2 表示的是在企业客户集中度和供应商集中度均较低的情况下，供应商集中度与公司研发投入的回归结果。从回归系数来看，m1 中客户集中度的赫芬达尔指标与研发投入比例的回归系数为 – 1.590，且在 5% 水平上显著，而在 m2 中，这一系数为 – 5.769，但结果并不显著，表 6 – 8 第三、四列是替换了客户集中度的衡量指标，回归结果与第一、二列相似，表明在不同三元关系中，客户集中度对公司研发投入的影响存在显著差异。从表 6 – 8 第五、六列结果来看，m5 表示的是在企业客户集中度和供应商集中度均较高的情况下，客户集中度与公司专利产出变量的回归结果，m6 表示的是在企业客户集中度和供应商集中度均较低的情况下，客户集中度与公司专利产出的回归结果，其中，m5 中赫芬达尔指标（Cushhi）与公司专利产出的回归系数为 – 0.908. 且在 1% 水平上显著，而在 m6 中，回归系数为 – 1.283，但结果并不显著。m7 和 m8 同样是替换了客户集中度的衡量指标，回归结果与 m5、m6 相似，m5 – m8 的回归结果表明，相对于企业客户集中度、供应商集中度均较低的情况下，企业同时依赖大客户、大供应商时，即客户集中度和供应商集中度均较高的情况下，客户集中度对公司创新的负面影响更加明显。

表 6 – 8　　客户集中度与公司创新的分组回归结果

	rd		rd		Lnpt1		Lnpt1	
	m1	m2	m3	m4	m5	m6	m7	m8
	Comp = 1	Comp = 0	Comp = 1	Comp = 0	Comp = 1	Comp = 0	Comp = 1	Comp = 0
Cushhi	– 1.590** (– 2.059)	– 5.769 (– 0.433)			– 0.908*** (– 3.880)	– 1.283 (– 0.239)		
Cusma5			– 1.331** (– 2.470)	– 0.760 (– 0.543)			– 0.319** (– 2.157)	– 0.530 (– 0.939)
Size	0.598*** (3.792)	0.304** (2.287)	0.493*** (3.073)	0.279* (1.905)	0.150*** (3.128)	0.108** (2.026)	0.103** (2.332)	0.114* (1.925)
Lev	– 3.703*** (– 6.776)	– 2.718*** (– 5.055)	– 3.768*** (– 6.622)	– 2.299*** (– 4.016)	0.105 (0.634)	0.159 (0.734)	0.084 (0.536)	0.431* (1.869)

续表

	rd		rd		Lnpt1		Lnpt1	
	m1	m2	m3	m4	m5	m6	m7	m8
	Comp = 1	Comp = 0	Comp = 1	Comp = 0	Comp = 1	Comp = 0	Comp = 1	Comp = 0
Roa	-0.495 (-0.244)	-4.063** (-2.218)	-0.402 (-0.187)	-3.264* (-1.715)	1.177* (1.914)	0.530 (0.719)	1.721*** (2.911)	1.444* (1.883)
Lnage	-1.185*** (-3.919)	-0.748*** (-2.695)	-0.664** (-2.095)	-0.940*** (-3.090)	-0.025 (-0.271)	-0.275** (-2.459)	-0.102 (-1.169)	-0.235* (-1.916)
First	-0.022*** (-3.538)	-0.000 (-0.019)	-0.014** (-2.234)	-0.004 (-0.686)	-0.003* (-1.737)	-0.002 (-1.113)	-0.003* (-1.805)	-0.003* (-1.647)
Tobinq	0.117* (1.853)	0.162*** (2.777)	0.064 (0.973)	0.201*** (3.226)	0.045** (2.332)	0.059** (2.520)	0.031* (1.725)	0.041* (1.647)
Capint	-2.661*** (-3.531)	-0.337 (-0.542)	-2.135*** (-2.743)	-0.328 (-0.476)	-0.380* (-1.663)	-0.516** (-2.057)	-0.208 (-0.974)	-0.658** (-2.373)
Lnemp	-0.731*** (-5.042)	-0.581*** (-4.357)	-0.760*** (-5.120)	-0.672*** (-4.539)	0.097** (2.206)	0.217*** (4.048)	0.107*** (2.633)	0.186*** (3.116)
Constant	0.357 (0.111)	2.574 (1.129)	1.296 (0.389)	3.222 (1.249)	-1.952** (-1.997)	-2.362** (-2.573)	-0.880 (-0.962)	-2.648** (-2.547)
Observations	1136	1135	1063	1062	1136	1135	1063	1062
R - squared	0.352	0.419	0.339	0.424	0.276	0.413	0.263	0.418
r^2_a	0.329	0.399	0.314	0.401	0.250	0.392	0.235	0.395
F	14.89	20.27	13.47	18.78	10.45	19.74	9.363	18.33

注：*** 表示 $p<0.01$，** 表示 $p<0.05$，* 表示 $p<0.1$，分别在 1%、5%、10% 水平上显著，括号内为 t 值。

表 6-9 是供应商集中度与公司创新的分组回归结果。m1 是在企业同时依赖大客户和大供应商的情况下，供应商集中度与公司研发投入的回归结果，回归系数为 -1.493，且在 5% 水平上显著，m2 是在企业既不依赖大客户也不依赖大供应商的情况下，供应商集中度与公司研发投入的回归结果，回归系数为 -13.835，但结果并不显著。m3 和 m4 替换了供应商集中度的衡量指标，回归结果与前两列相似，从回归系数对比来看，当企业同时依赖大客户、大供应商时，供应商集中度对公司研发投入的负面影响更加显著。表的后四列则进一步对供应商集中度与公司专利产出进行了分组回归。m5 中供应商集中度的指标

(Suphhi) 与专利产出之间的回归系数为 -0.391，且在10%水平上显著，而 m6 中两者的回归系数为4.282. 呈现出正相关关系，m7 和 m8 替换了供应商集中度的衡量指标，m7 和 m8 的回归系数虽然均不显著，但 m7 中回归系数为 -0.805，m8 中回归系数为0.115，因此，供应商集中度与公司专利之间的负相关关系在企业同时依赖大客户和大供应商时更加显著。综合 m1 - m8 的回归结果来看，相对于企业客户集中度、供应商集中度均较低的情况下，企业同时依赖大客户、大供应商时，即客户集中度和供应商集中度均较高的情况下，供应商集中度对公司创新的负面影响更加显著。

表6-9　　供应商集中度与公司创新的分组回归结果

	rd		rd		Lnpt1		Lnpt1	
	m1	m2	m3	m4	m5	m6	m7	m8
	Comp = 1	Comp = 0	Comp = 1	Comp = 0	Comp = 1	Comp = 0	Comp = 1	Comp = 0
Suphhi	-1.493 ** (-2.139)	-13.835 (-1.559)			-0.391 * (-1.839)	4.282 (1.198)		
Supm5			-2.354 *** (-3.839)	-0.686 (-0.556)			-0.609 *** (-3.611)	-0.075 (-0.150)
Size	0.586 *** (3.720)	0.304 ** (2.290)	0.498 *** (3.115)	0.278 * (1.897)	0.140 *** (2.912)	0.108 ** (2.022)	0.104 ** (2.369)	0.117 ** (1.978)
Lev	-3.834 *** (-6.997)	-2.767 *** (-5.153)	-3.973 *** (-6.992)	-2.324 *** (-4.054)	0.059 (0.355)	0.167 (0.774)	0.031 (0.201)	0.424 * (1.837)
Roa	0.607 (-0.299)	-3.904 ** (-2.134)	-0.758 (-0.353)	-3.154 * (-1.656)	1.157 * (1.871)	0.502 (0.681)	1.628 *** (2.762)	1.485 * (1.934)
Lnage	-1.160 *** (-3.825)	-0.773 *** (-2.786)	-0.641 ** (-2.029)	-0.958 *** (-3.141)	-0.029 (-0.318)	-0.269 ** (-2.409)	-0.095 (-1.096)	-0.240 * (-1.950)
First	-0.022 *** (-3.596)	0.000 (0.014)	-0.015 ** (-2.433)	-0.003 (-0.673)	-0.004 * (-1.908)	-0.002 (-1.115)	-0.003 ** (-1.982)	-0.003 (-1.599)
Tobinq	0.103 * (1.649)	0.159 *** (2.723)	0.044 (0.671)	0.202 *** (3.241)	0.035 * (1.852)	0.061 *** (2.589)	0.026 (1.468)	0.042 * (1.695)
Capint	-2.547 *** (-3.383)	-0.308 (-0.495)	-1.869 ** (-2.413)	-0.313 (-0.454)	-0.326 (-1.419)	-0.523 ** (-2.088)	-0.142 (-0.665)	-0.652 ** (-2.350)

续表

	rd		rd		Lnpt1		Lnpt1	
	m1	m2	m3	m4	m5	m6	m7	m8
	Comp = 1	Comp = 0	Comp = 1	Comp = 0	Comp = 1	Comp = 0	Comp = 1	Comp = 0
Lnemp	-0.746 *** (-5.129)	-0.600 *** (-4.508)	-0.848 *** (-5.650)	-0.669 *** (-4.533)	0.098 ** (2.214)	0.227 *** (4.237)	0.084 ** (2.046)	0.191 *** (3.211)
Constant	0.662 (0.205)	2.849 (1.248)	2.364 (0.709)	3.250 (1.256)	-1.836 * (-1.868)	-2.478 *** (-2.695)	-0.594 (-0.649)	-2.799 *** (-2.684)
Obsevations	1136	1135	1063	1062	1136	1135	1063	1062
R - squared	0.352	0.420	0.345	0.424	0.269	0.414	0.269	0.417
r^2_a	0.329	0.400	0.320	0.401	0.242	0.393	0.241	0.395
F	14.90	20.37	13.81	18.78	10.06	19.80	9.653	18.29

注：*** 表示 $p<0.01$，** 表示 $p<0.05$，* 表示 $p<0.1$，分别在 1%、5%、10% 水平上显著，括号内为 t 值。

从上述分析结果可以得出，当企业的客户集中度、供应商集中度均较高时，企业与客户、供应商之间的竞争关系增强，客户、供应商对企业的利润剥夺、风险转移更加严重，从而导致企业进行研发创新的程度降低，分析结果支持了假设 3b。

四、进一步分析

从上述分析以及回归结果可以得出客户集中/供应商集中会对公司创新活动产生影响，但这种影响在不同情境下存在差异化，对于企业来说，其生存环境主要有三个层面，微观企业层面、中观行业层面、宏观环境层面，在不同层面上，企业之间存在显著的差异。因此，有必要从不同层面进一步研究供应链集中对公司创新活动的影响，深入挖掘公司创新活动的驱动因素，从而为激励企业创新活动提供不同层面的政策建议。因此，下文将分别研究企业微观性质、中观行业特征和宏观制度环境对供应链集中度和公司创新活动之间关系的带来的不同影响。

（一）产权性质对供应商、客户集中度与公司创新关系的影响

处于转轨中的中国新兴市场，以终极控股股东类型所区分的产权性质是极

为重要的公司特征，对公司的创新活动等方面存在不可忽视的影响，一些文献表明，国有企业比民营企业更具创新性，因为政府在知识产权保护、资源分配等方面会给予国有企业更多支持（李春涛，2010；李政，2014），但一些学者认为国有企业的创新效率较为低下，因为委托代理问题在国有企中也更为严重，国企高管的激励机制不健全，往往从自身利益出发，轻视企业的创新效率（吴延兵，2012；李政，2014）。本章进一步探讨在不同产权性质的企业中，供应链关系对公司创新活动的影响存在哪些差异。

本章设置变量 State 来表示企业产权性质，在国有企业的 State 设为 1，非国有企业的 State 设为 0。在模型（6－1）和模型（6－2）中同时加入产权性质变量 State 和产权性质与客户（供应商）集中度的交乘项 Customer × State（Supplier × State），并控制年度和行业，回归结果如表 6－10 和表 6－11 所示。

表 6－10　　产权性质对客户集中度与公司创新关系影响的回归结果

变量名称	创新投入 rd		创新产出 Lnpt1	
	Cuhhi	Cusm5	Cuhhi	Cusm5
Customer	－1.445*** （－2.883）	－0.856*** （－3.778）	－1.135*** （－5.831）	－0.565*** （－6.421）
State	0.386*** （3.947）	0.294** （2.040）	0.090** （2.368）	0.053 （0.949）
Customer × State	－0.698 （－0.864）	0.167 （0.412）	0.132 （0.420）	0.149 （0.947）
Size	0.290*** （4.664）	0.287*** （4.618）	0.192*** （7.950）	0.188*** （7.793）
Lev	－3.352*** （－14.031）	－3.349*** （－14.021）	－0.041 （－0.447）	－0.040 （－0.436）
Roa	－2.827*** （－3.228）	－2.947*** （－3.365）	1.443*** （4.243）	1.387*** （4.079）
Lnage	－1.137*** （－8.289）	－1.152*** （－8.400）	－0.225*** （－4.226）	－0.237*** （－4.454）

续表

变量名称	创新投入 rd		创新产出 Lnpt1	
	Cuhhi	Cusm5	Cuhhi	Cusm5
First	-0.013*** (-5.140)	-0.013*** (-5.183)	-0.003*** (-2.782)	-0.003*** (-2.889)
Tobinq	0.223*** (7.909)	0.222*** (7.891)	0.048*** (4.343)	0.047*** (4.292)
Capint	-0.931*** (-3.026)	-0.907*** (-2.948)	-0.405*** (-3.390)	-0.393*** (-3.287)
Lnemp	-0.393*** (-6.709)	-0.409*** (-6.943)	0.143*** (6.289)	0.134*** (5.876)
Cons	2.948** (2.482)	2.970** (2.497)	-3.260*** (-7.071)	-3.231*** (-7.000)
Year、Industry	控制	控制	控制	控制
Obsevations	5190	5190	5190	5190
R-squared	0.339	0.340	0.289	0.290
r^2_a	0.334	0.334	0.283	0.284
F	61.46	61.51	48.60	48.77

注：*** 表示 $p<0.01$，** 表示 $p<0.05$，* 表示 $p<0.1$，分别在 1%、5%、10% 水平上显著，括号内为 t 值。

表6-10为产权性质对客户集中度与公司创新关系影响的回归结果，从回归结果来看，客户集中度与公司创新程度变量—研发投入、研发产出之间均呈负相关关系，且在1%水平上显著，产权性质变量与公司创新之间呈显著的正相关关系，而产权性质与客户集中度的交乘项与公司研发创新变量之间的关系除在第一列为负相关外，其他三列均呈正相关关系。从上述回归结果来看，相比于非国有企业，国有企业的客户集中度对公司创新的负面影响相对较弱。这证明国有企业拥有的政府资源较多，其大客户因机会主义中断与其合作的可能性降低，而且国有企业因为有政府的支持，其抵抗风险能力也比较强。因此，国有企业面临的经营风险和财务风险较小，大客户也更倾向与其建立良好的合作关系，进行更多的关系专用型投资来稳固双方关系，此时客户集中度对公司创新的负面影响便得到了减弱。

表 6-11 产权性质对供应商集中度与公司创新关系影响的回归结果

变量名称	创新投入 rd		创新产出 Lnpt1	
	Suphhi	Supm5	Suphhi	Supm5
Supplier	-1.353** (-2.464)	-1.598*** (-5.509)	-0.536*** (-2.770)	-0.399*** (-3.908)
State	0.480*** (3.955)	0.336* (1.694)	0.066 (1.546)	0.191*** (2.736)
Supplier × State	-2.205** (-2.237)	-0.060 (-0.112)	-0.573* (-1.649)	-0.537*** (-2.852)
Size	0.204*** (2.636)	0.224*** (2.899)	0.171*** (6.278)	0.171*** (6.277)
Lev	-3.669*** (-12.579)	-3.635*** (-12.504)	-0.025 (-0.241)	-0.022 (-0.219)
Roa	-1.424 (-1.328)	-1.504 (-1.406)	1.283*** (3.397)	1.241*** (3.296)
Lnage	-1.055*** (-6.723)	-1.059*** (-6.772)	-0.113** (-2.044)	-0.116** (-2.100)
First	-0.011*** (-3.829)	-0.011*** (-3.811)	-0.005*** (-4.342)	-0.005*** (-4.381)
Tobinq	0.167*** (5.163)	0.166*** (5.141)	0.047*** (4.107)	0.048*** (4.251)
Capint	-0.930** (-2.419)	-0.866** (-2.253)	-0.285** (-2.105)	-0.246* (-1.821)
Lnemp	-0.350*** (-4.826)	-0.438*** (-5.893)	0.163*** (6.359)	0.142*** (5.441)
Constant	4.253*** (2.870)	4.495*** (3.038)	-3.383*** (-6.484)	-3.274*** (-6.288)
Year、Industry	控制	控制	控制	控制
Obsevations	3608	3608	3608	3608
R - squared	0.334	0.337	0.327	0.331
r^2_a	0.326	0.329	0.319	0.323
F	41.59	42.19	40.32	41.09

注：*** 表示 p<0.01，** 表示 p<0.05，* 表示 p<0.1，分别在 1%、5%、10% 水平上显著，括号内为 t 值。

本章还研究了产权性质对供应商集中度与公司创新关系的影响，回归结果如表6－11所示，供应商集中度与公司创新程度变量呈显著负相关关系，供应商集中度与产权性质变量的交乘项前的相关系数仍为负数，且除第二列数据外，其他均显著负相关。可见，供应商集中对公司创新的影响在国有企业与非国有企业中并未有明显差异。

（二）行业特征对供应商、客户集中度与公司创新关系的影响

按制造业企业生产产品的特征不同，可以分为耐用品行业和非耐用品行业。耐用品是可以重复使用的，或在正常情况下可以持续使用多个时期的商品，它同时具有资产和一般非耐用消费品的特征，如企业制造生产的汽车、专有设备等。已有文献对耐用品的研究大多集中在耐用度的选择、时间不一致性、二手市场等理论方面。本章将进一步研究在耐用品行业和非耐用品行业，公司依赖大客户或大供应商对其研发创新活动的影响是否存在差异。

本章根据行业代码后两位将样本共分为29个细分行业，借鉴已有文献，将汽车制造业、铁路等运输设备制造业、仪器仪表制造业等，行业代码在C36－C40之间的5个细分行业归为耐用品行业，Durable变量设为0，其他行业归为非耐用品行业，Durable变量设为1。在模型（6－1）和模型（6－2）中同时加入行业特征变量Durable以及行业特征和客户/供应商集中度的交乘项Customer × Durable/Supplier × Durable，此时仅控制年度，不控制行业后回归结果如表6－12和表6－13所示。

表6－12　　行业特征对客户集中度与公司创新关系影响的回归结果

变量名称	创新投入 rd		创新产出 Lnpt1	
	Cuhhi	Cusm5	Cuhhi	Cusm5
Customer	−1.515** (−2.418)	−1.054*** (−3.220)	−1.584*** (−6.791)	−1.025*** (−8.430)
Durable	−1.588*** (−16.350)	−1.850*** (−11.899)	−0.293*** (−8.108)	−0.531*** (−9.203)
Customer × Durable	0.613 (0.782)	0.914** (2.234)	1.150*** (3.941)	0.949*** (6.243)
Size	0.348*** (5.597)	0.340*** (5.468)	0.217*** (9.376)	0.210*** (9.101)

续表

变量名称	创新投入 rd		创新产出 Lnpt1	
	Cuhhi	Cusm5	Cuhhi	Cusm5
Lev	-3.240*** (-12.938)	-3.244*** (-12.966)	0.025 (0.271)	0.028 (0.301)
Roa	-5.253*** (-5.837)	-5.277*** (-5.857)	0.974*** (2.908)	0.953*** (2.848)
Lnage	-1.285*** (-9.281)	-1.295*** (-9.361)	-0.240*** (-4.657)	-0.249*** (-4.838)
First	-0.016*** (-6.291)	-0.016*** (-6.343)	-0.002** (-2.474)	-0.002** (-2.570)
Tobinq	0.299*** (10.316)	0.296*** (10.228)	0.048*** (4.480)	0.046*** (4.288)
Capint	-2.232*** (-7.564)	-2.179*** (-7.371)	-0.446*** (-4.065)	-0.403*** (-3.666)
Lnemp	-0.390*** (-6.628)	-0.388*** (-6.552)	0.117*** (5.361)	0.116*** (5.291)
Constant	5.704*** (5.024)	5.945*** (5.211)	-3.144*** (-7.440)	-2.877*** (-6.788)
Year、Industry	控制	控制	控制	控制
Obsevations	5190	5190	5190	5190
R-squared	0.247	0.247	0.255	0.258
r^2_a	0.245	0.245	0.253	0.256
F	106.0	106.3	110.6	112.6

注：***表示 p<0.01，**表示 p<0.05，*表示 p<0.1，分别在1%、5%、10%水平上显著，括号内为t值。

表6-13 行业特征对供应商集中度与公司创新关系影响的回归结果

变量名称	创新投入 rd		创新产出 Lnpt1	
	Suphhi	Supm5	Suphhi	Supm5
Supplier	-2.613*** (-3.161)	-2.923*** (-6.518)	-1.213*** (-4.336)	-1.040*** (-6.848)
Durable	-1.489*** (-12.687)	-1.888*** (-9.533)	-0.192*** (-4.831)	-0.393*** (-5.854)

续表

变量名称	创新投入 rd		创新产出 Lnpt1	
	Suphhi	Supm5	Suphhi	Supm5
Supplier × Durable	-0.195 (-0.202)	1.141** (2.208)	0.783** (2.392)	0.758*** (4.330)
Size	0.341*** (4.367)	0.362*** (4.663)	0.208*** (7.876)	0.214*** (8.140)
Lev	-3.532*** (-11.589)	-3.513*** (-11.597)	0.024 (0.230)	0.038 (0.367)
Roa	-5.153*** (-4.697)	-5.267*** (-4.836)	0.645* (1.737)	0.660* (1.790)
Lnage	-1.195*** (-7.610)	-1.210*** (-7.759)	-0.111** (-2.088)	-0.116** (-2.204)
First	-0.013*** (-4.168)	-0.012*** (-4.086)	-0.003*** (-3.193)	-0.003*** (-3.063)
Tobinq	0.271*** (8.193)	0.271*** (8.251)	0.054*** (4.804)	0.054*** (4.843)
Capint	-2.243*** (-6.076)	-1.966*** (-5.316)	-0.368*** (-2.945)	-0.292** (-2.333)
Lnemp	-0.392*** (-5.340)	-0.493*** (-6.594)	0.127*** (5.124)	0.100*** (3.960)
Constant	5.963*** (4.164)	6.575*** (4.598)	-3.499*** (-7.223)	-3.290*** (-6.794)
Year、Industry	控制	控制	控制	控制
Obsevations	3608	3608	3608	3608
R - squared	0.238	0.247	0.290	0.296
r^2_a	0.235	0.243	0.287	0.293
F	70.13	73.48	91.64	94.24

注：*** 表示 p<0.01，** 表示 p<0.05，* 表示 p<0.1，分别在 1%、5%、10% 水平上显著，括号内为 t 值。

表 6-12 和表 6-13 分别为行业特征对客户集中度与公司创新关系影响、行业特征对供应商集中度与公司创新关系影响的回归结果，两个模型的调整后 R

平方都高于20%，拟合程度较好。从回归结果来看，客户集中度以及供应商集中度与公司创新程度变量—研发投入、研发产出之间均呈显著负相关关系，而行业特征与客户集中度的交乘项 Customer × Durable 以及行业特征与供应商集中度的交乘项 Supplier × Durable 前的相关系数均为正数，且除第一列不显著之外，后三列系数均在5%和1%水平上显著。上述回归结果表明，客户集中度、供应商集中度对公司创新的影响在不同行业之间也存在差异，相比于耐用品行业，客户集中度、供应商集中度对公司创新的负面影响在非耐用品行业得到了减弱。这可能是因为在非耐用品行业，企业生产的产品使用周期短、更新换代快，客户购买和向供应商采购的次数较多，企业的转换成本较低，此时大客户、大供应商相对企业的议价能力减弱，由此对企业的利润剥夺和风险转移机会减小，企业因此受到的融资约束、风险加剧的影响较小，对企业研发创新的抑制作用也得到了减弱。

（三）金融市场对供应商、客户集中度与公司创新关系的影响

金融发展，即指金融的功能不断得以完善、扩充、复杂化并进而促进金融效率提高的一个动态过程（阳佳余、张少东，2018）。随着市场化的推进，金融发展水平的高低在很大程度上导致了区域经济的增长差异，进而影响区域内组织和个体的行动决策。目前渐进改革导致我国地区间金融发展水平存在显著差异，地方保护主义和地区市场分割仍没有完全根除，其中金融市场依然处于高度分割状态、金融资本的地区间流动仍然存在众多阻碍（世界银行，2005）。地处不同省级单位的公司，因为地区金融发展水平的参差不齐，在融资约束、风险程度等方面存在较大差异，由此给企业创新活动带来的影响也各不相同。本章将进一步研究在不同金融市场环境下，供应商、客户集中度对公司创新的影响存在何种差异。

对企业所在区域金融发展程度 Develop 的衡量，本章参考目前比较权威的樊纲和王小鲁编制的《市场化进程指数》，选取目前已公布的截止到2015年的市场化进程指数度量区域金融发展程度，得到代表各省份金融发展水平的指标后，将注册地所在省份高于中位数的企业，Develop 变量取1，低于中位数的取0。然后对模型（6-1）、（6-2）进行分组回归，分析两组之间的回归是否存在差异。

表6-14展示了在不同金融发展水平下，客户集中度与公司创新的回归结果。根据表6-14中第（1）-（4）列的回归结果来看，在 Develop = 1 的组，客

户集中度与研发投入的相关系数分别为 -0.904 和 -0.184，但都不显著，而在 Develop = 0 的组，客户集中度与研发投入之间的相关系数分别为 -2.019，-1.203，且均在1%水平上显著。表明在金融发展水平较高的地区，较高的客户集中度对公司研发投入的负面影响较小，相反，在金融发展水平较低的地区，较高的客户集中度对研发投入的负面影响更为明显。根据表第（5）-（8）列的结果来看，在金融发展水平不同的地区，客户集中度对公司专利产出的影响并无明显差异。这可能是因为在金融发展水平较高的地区，资本流动性较强，企业的融资渠道较多，因此其受到的融资约束相应较小，当大客户利用自身强大的议价能力压榨企业利润，削弱企业内部资金筹集能力时，企业可以通过多种渠道来获得融资，进而削弱大客户集中对公司创新带来的融资约束影响。

表 6-14　金融市场对客户集中度与公司创新关系影响的回归结果

	创新投入 rd				创新产出 Lnpt1			
	Dev = 1	Dev = 0	Dev = 1	Dev = 0	Dev = 1	Dev = 0	Dev = 1	Dev = 0
Cuhhi	-0.904 (-1.413)	-2.019*** (-3.466)			-1.348*** (-5.786)	-0.951*** (-3.927)		
Cusm5			-0.184 (-0.668)	-1.203*** (-4.307)			-0.530*** (-5.278)	-0.522*** (-4.495)
Size	0.152* (1.683)	0.478*** (5.610)	0.146 (1.616)	0.469*** (5.508)	0.202*** (6.108)	0.191*** (5.399)	0.194*** (5.892)	0.187*** (5.286)
Lev	-3.488*** (-10.173)	-3.036*** (-9.191)	-3.486*** (-10.159)	-3.002*** (-9.094)	-0.296** (-2.371)	0.277** (2.018)	-0.305** (-2.437)	0.290** (2.109)
Roa	-5.172*** (-4.134)	-1.527 (-1.266)	-5.224*** (-4.173)	-1.625 (-1.349)	1.467*** (3.219)	1.419*** (2.831)	1.358*** (2.976)	1.384*** (2.763)
Lnage	-1.102*** (-6.215)	-0.930*** (-4.628)	-1.109*** (-6.253)	-0.963*** (-4.802)	-0.049 (-0.758)	-0.339*** (-4.062)	-0.058 (-0.896)	-0.355*** (-4.252)
First	-0.014*** (-4.243)	-0.008** (-2.263)	-0.015*** (-4.324)	-0.008** (-2.249)	-0.002 (-1.248)	-0.003** (-2.207)	-0.002 (-1.517)	-0.003** (-2.184)
Tobinq	0.300*** (7.578)	0.125*** (3.113)	0.301*** (7.592)	0.127*** (3.155)	0.037** (2.533)	0.059*** (3.510)	0.037** (2.543)	0.059*** (3.517)
Capint	-1.657*** (-3.690)	0.001 (0.002)	-1.665*** (-3.708)	-0.008 (-0.019)	0.157 (0.958)	-0.812*** (-4.640)	0.155 (0.949)	-0.812*** (-4.646)

续表

	创新投入 rd				创新产出 Lnpt1			
	Dev = 1	Dev = 0	Dev = 1	Dev = 0	Dev = 1	Dev = 0	Dev = 1	Dev = 0
Lnemp	-0.084 (-1.022)	-0.691*** (-8.291)	-0.077 (-0.930)	-0.720*** (-8.586)	0.118*** (3.930)	0.186*** (5.377)	0.116*** (3.865)	0.175*** (5.007)
Cons	2.964* (1.702)	0.839 (0.529)	2.913* (1.672)	1.095 (0.690)	-3.938*** (-6.208)	-3.213*** (-4.872)	-3.937*** (-6.199)	-3.120*** (-4.726)
Obs	2651	2539	2651	2539	2651	2539	2651	2539
R^2	0.337	0.370	0.337	0.371	0.304	0.301	0.303	0.303
r^2_a	0.327	0.359	0.326	0.361	0.293	0.290	0.292	0.291
F	32.36	35.69	32.31	35.95	27.85	26.29	27.66	26.45

注：*** 表示 $p<0.01$，** 表示 $p<0.05$，* 表示 $p<0.1$，分别在 1%、5%、10% 水平上显著，括号内为 t 值。

表 6－15 展示了在不同金融发展水平下，供应商集中度与公司创新水平的回归结果，通过表第（1）－（8）列的回归结果来看，无论是在金融发展水平较高的地区（Develop = 1），还是金融发展水平较低的地区（Develop = 0），供应商集中度与公司创新均呈现显著的负相关关系，表明地区金融发展水平对供应商集中度与公司创新之间的关系并未产生较大影响。

表 6－15　金融市场对供应商集中度与公司创新关系影响的回归结果

	创新投入 rd				创新产出 Lnpt1			
	Dev = 1	Dev = 0	Dev = 1	Dev = 0	Dev = 1	Dev = 0	Dev = 1	Dev = 0
Suphhi	-1.652** (-2.389)	-2.598*** (-3.810)			-0.627*** (-2.728)	-0.723*** (-2.825)		
Supm5			-1.738*** (-4.741)	-1.551*** (-4.158)			-0.309** (-2.525)	-0.718*** (-5.151)
Size	0.021 (0.176)	0.465*** (4.381)	0.052 (0.450)	0.469*** (4.420)	0.159*** (4.092)	0.187*** (4.703)	0.157*** (4.053)	0.194*** (4.895)
Lev	-3.728*** (-8.801)	-3.662*** (-9.032)	-3.724*** (-8.843)	-3.664*** (-9.045)	-0.362** (-2.572)	0.275* (1.807)	-0.350** (-2.485)	0.269* (1.779)
Roa	-1.901 (-1.227)	-0.955 (-0.643)	-1.934 (-1.254)	-1.049 (-0.706)	1.092** (2.120)	1.547*** (2.774)	1.091** (2.118)	1.443*** (2.600)

续表

	创新投入 rd				创新产出 Lnpt1			
	Dev = 1	Dev = 0	Dev = 1	Dev = 0	Dev = 1	Dev = 0	Dev = 1	Dev = 0
Lnage	-1.147*** (-5.524)	-0.945*** (-3.920)	-1.171*** (-5.681)	-0.924*** (-3.832)	0.009 (0.132)	-0.268*** (-2.961)	-0.002 (-0.035)	-0.253*** (-2.803)
First	-0.014*** (-3.367)	-0.009** (-1.995)	-0.014*** (-3.444)	-0.008* (-1.867)	-0.005*** (-3.549)	-0.005*** (-2.930)	-0.005*** (-3.588)	-0.004*** (-2.756)
Tobinq	0.213*** (4.677)	0.087* (1.896)	0.214*** (4.722)	0.089* (1.933)	0.039*** (2.595)	0.056*** (3.264)	0.039** (2.578)	0.059*** (3.423)
State	0.008 (0.043)	0.468*** (3.372)	-0.032 (-0.183)	0.445*** (3.206)	-0.031 (-0.530)	0.118** (2.264)	-0.037 (-0.631)	0.105** (2.015)
Capint	-1.982*** (-3.543)	0.164 (0.309)	-1.776*** (-3.178)	0.170 (0.321)	0.147 (0.790)	-0.675*** (-3.395)	0.164 (0.877)	-0.667*** (-3.370)
Lnemp	-0.028 (-0.270)	-0.761*** (-7.270)	-0.132 (-1.263)	-0.814*** (-7.593)	0.186*** (5.472)	0.161*** (4.095)	0.180*** (5.149)	0.123*** (3.071)
Cons	5.618** (2.415)	1.729 (0.868)	5.769** (2.491)	1.752 (0.880)	-3.381*** (-4.370)	-3.283*** (-4.389)	-3.332*** (-4.305)	-3.187*** (-4.285)
Obs	1847	1761	1847	1761	1847	1761	1847	1761
R^2	0.331	0.373	0.337	0.374	0.337	0.349	0.336	0.356
r^2_a	0.315	0.358	0.322	0.359	0.321	0.334	0.321	0.341
F	21.24	24.97	21.83	25.08	21.82	22.52	21.78	23.21

注：*** 表示 $p<0.01$，** 表示 $p<0.05$，* 表示 $p<0.1$，分别在 1%、5%、10% 水平上显著，括号内为 t 值。

五、稳健性检验

（一）替换变量的衡量指标

根据前文所述，供应商/客户集中度以及公司创新有多种指标可以衡量，因此为了提高结果的可靠性，本章在稳健性检验中分别改变了客户集中度、供应商集中度以及公司创新指标的衡量方式。对客户集中度和供应商集中度采用第一大客户/供应商的销售（Cusm1）/采购（Supma1）占比来衡量，对于公司创新指标的衡量，前文采用了研发支出占比和发明专利数来衡量，但根据我国专利法的规定，企业申请授权的专利共分为三种：发明专利、实用新型专利、外观设计专利。其中外观设计专利是仅对产品外观的形状、色彩、图案等做出的新设计，创新水平较低，不足以代表一个企业的创新水平，因此在稳健性检验中，仅改用实用新型专利数（Lnpt2）来衡量公司创新水平。表6－16、表6－17、表6－18和表6－19分别展示理论改变指标衡量方式后，假设1、假设2和假设3的回归结果。

从表6－16的前两列回归结果来看，改用向第一大客户销售比例来度量客户集中度后，公司的研发支出和创新产出均与客户集中度呈负相关关系，相关系数分为为－0.925和－0.542，且在1%水平上显著。从表6－16的后三列结果来看，公司授权的实用新型专利数与客户集中度也均在1%水平显著负相关。表6－16的回归结果与主回归的结果相一致，假设1b得到了检验。从表6－17的回归结果来看，改变衡量指标后，供应商集中度与公司创新仍呈显著的负相关关系，且均在1%水平上显著，回归结果的调整后 R^2 均高于30%，拟合度较好，假设2b得到了验证。表6－18展示了改变客户集中度和供应商集中度衡量方法后，假设3的回归结果。从表6－18的前两列回归结果来看，在客户集中度和供应商集中度均较高的组，客户集中度与公司创新之间呈负相关关系，且在1%水平上显著，而在客户和供应商集中度均较低的组，客户集中度与公司创新之间的关系不显著。从两列结果来看，供应商集中度与公司创新之间的关系在两组之间的回归结果均不显著。从表6－19的结果来看，客户集中度、供应商集中度与公司创新之间的关系均在Comp＝1的组（客户和供应商集中度均高于中位数）呈现显著的负相关关系，而在Comp＝0组（客户、供应商集中度均低于中位数）的结果并不显著。表6－18和表6－19的结果表明，替换指标的衡量方式后，当企业同时依赖大客户、大供应商时，企业与上下游之间的竞争关系增强，企业面临的利润剥夺与风险程度将进一步削弱企业进行研发创新的动机与能力，假设3b得到了验证。

表6－16　　改变指标衡量方式后假设1的回归结果

假设1	(1)	(2)	(3)	(4)	(5)
	rd	Lnpt1	Lnpt2	Lnpt2	Lnpt2
Cusm1	－0.925*** (－3.512)	－0.542*** (－5.297)	－0.747*** (－5.528)		
Cuhhi				－1.439*** (－6.520)	

续表

假设 1	(1)	(2)	(3)	(4)	(5)
	rd	Lnpt1	Lnpt2	Lnpt2	Lnpt2
Cusm5					-0.579*** (-5.753)
Size	0.308*** (4.971)	0.194*** (8.070)	0.128*** (4.028)	0.131*** (4.119)	0.125*** (3.915)
Lev	-3.255*** (-13.659)	-0.014 (-0.151)	-0.148 (-1.211)	-0.151 (-1.240)	-0.154 (-1.257)
Roa	-3.304*** (-3.795)	1.319*** (3.901)	3.568*** (7.987)	3.581*** (8.028)	3.532*** (7.907)
Lnage	-1.001*** (-7.519)	-0.190*** (-3.676)	-0.533*** (-7.793)	-0.529*** (-7.747)	-0.545*** (-7.977)
First	-0.012*** (-4.760)	-0.002** (-2.543)	-0.003*** (-2.631)	-0.003*** (-2.602)	-0.003*** (-2.698)
Tobinq	0.225*** (7.982)	0.047*** (4.302)	-0.018 (-1.269)	-0.017 (-1.148)	-0.018 (-1.254)
Capint	-0.885*** (-2.875)	-0.394*** (-3.292)	-0.394** (-2.494)	-0.392** (-2.485)	-0.379** (-2.401)
Lnemp	-0.380*** (-6.486)	0.149*** (6.562)	0.327*** (10.895)	0.326*** (10.890)	0.320*** (10.614)
Cons	1.769 (1.520)	-3.680*** (-8.140)	-2.835*** (-4.747)	-2.616*** (-4.374)	-2.609*** (-4.353)
Obs	5190	5190	5190	5190	5190
R^2	0.337	0.286	0.313	0.315	0.314
r^2_a	0.332	0.280	0.308	0.310	0.308
F	63.81	50.24	57.33	57.75	57.42

注：*** 表示 p<0.01，** 表示 p<0.05，* 表示 p<0.1，分别在 1%、5%、10% 水平上显著，括号内为 t 值。

表 6 – 17　　改变指标衡量方式后假设 2 的回归结果

假设 2	(1)	(2)	(3)	(4)	(5)
	rd	Lnpt1	Lnpt2	Lnpt2	Lnpt2
Supma1	–0. 846 *** (–2. 734)	–0. 370 *** (–3. 402)	–0. 836 *** (–5. 564)		
Suphhi				–1. 349 *** (–5. 742)	
Supma5					–0. 879 *** (–6. 952)
Size	0. 224 *** (2. 888)	0. 174 *** (6. 390)	0. 087 ** (2. 304)	0. 086 ** (2. 291)	0. 088 ** (2. 351)
Lev	–3. 537 *** (–12. 149)	–0. 005 (–0. 046)	–0. 111 (–0. 785)	–0. 120 (–0. 845)	–0. 110 (–0. 779)
Roa	–1. 772 * (–1. 662)	1. 273 *** (3. 398)	4. 062 *** (7. 845)	4. 019 *** (7. 762)	4. 006 *** (7. 753)
Lnage	–0. 932 *** (–6. 119)	–0. 102 * (–1. 911)	–0. 382 *** (–5. 171)	–0. 382 *** (–5. 163)	–0. 397 *** (–5. 385)
First	–0. 011 *** (–3. 586)	–0. 005 *** (–4. 311)	–0. 006 *** (–3. 883)	–0. 006 *** (–3. 839)	–0. 006 *** (–3. 854)
Tobinq	0. 166 *** (5. 121)	0. 046 *** (4. 012)	–0. 019 (–1. 230)	–0. 018 (–1. 163)	–0. 018 (–1. 152)
Capint	–0. 915 ** (–2. 376)	–0. 290 ** (–2. 148)	–0. 223 (–1. 194)	–0. 225 (–1. 206)	–0. 183 (–0. 978)
Lnemp	–0. 332 *** (–4. 554)	0. 163 *** (6. 365)	0. 387 *** (10. 940)	0. 389 *** (11. 048)	0. 356 *** (9. 863)
Cons	3. 035 ** (2. 080)	–3. 581 *** (–6. 984)	–2. 651 *** (–3. 740)	–2. 406 *** (–3. 397)	–2. 258 *** (–3. 191)
Obs	3608	3608	3608	3608	3608
R^2	0. 330	0. 326	0. 357	0. 357	0. 360
r^2_a	0. 322	0. 318	0. 350	0. 350	0. 353
F	42. 75	42. 01	48. 27	48. 35	48. 93

注：*** 表示 p<0. 01，** 表示 p<0. 05，* 表示 p<0. 1，分别在 1%、5%、10% 水平上显著，括号内为 t 值。

表 6 – 18　　改变客户、供应商集中度衡量指标后假设 3 的回归结果

假设 3	rd			
	Comp = 1	Comp = 0	Comp = 1	Comp = 0
Cusma1	–1.558*** (–2.617)	–1.937 (–0.629)		
Supma1			–0.820 (–1.378)	–3.741 (–1.485)
Size	0.527*** (3.311)	0.489*** (3.687)	0.531*** (3.327)	0.498*** (3.753)
Lev	–4.412*** (–7.680)	–2.517*** (–4.678)	–4.553*** (–7.883)	–2.554*** (–4.746)
Roa	–0.892 (–0.425)	–4.237** (–2.295)	–1.019 (–0.485)	–4.191** (–2.275)
Lnage	–1.042*** (–3.250)	–0.464 (–1.644)	–1.037*** (–3.221)	–0.508* (–1.791)
First	–0.023*** (–3.671)	–0.002 (–0.466)	–0.025*** (–3.877)	–0.002 (–0.480)
Tobinq	0.096 (1.492)	0.232*** (3.942)	0.084 (1.295)	0.233*** (3.990)
Capint	–2.484*** (–3.151)	0.005 (0.009)	–2.422*** (–3.063)	0.043 (0.068)
Lnemp	–0.683*** (–4.527)	–0.717*** (–5.433)	–0.683*** (–4.481)	–0.738*** (–5.568)
Constant	1.963 (0.616)	–2.354 (–0.998)	1.762 (0.552)	–2.154 (–0.917)
Observations	1104	1106	1104	1106
R – squared	0.349	0.406	0.346	0.407
r^2_a	0.324	0.383	0.321	0.384
F	14.22	18.17	14.03	18.24

注：*** 表示 p < 0.01，** 表示 p < 0.05，* 表示 p < 0.1，分别在 1%、5%、10% 水平上显著，括号内为 t 值。

表 6－19　　　改变公司创新指标衡量方式后假设 3 的回归结果

假设 3	Lnpt2			
	Comp＝1	Comp＝0	Comp＝1	Comp＝0
Cushhi	－1. 395 *** (－4. 299)	7. 495 (1. 026)		
Suphhi			－0. 889 *** (－3. 019)	2. 958 (0. 607)
Size	0. 030 (0. 446)	0. 047 (0. 646)	0. 016 (0. 242)	0. 048 (0. 654)
Lev	－0. 275 (－1. 196)	0. 406 (1. 375)	－0. 363 (－1. 570)	0. 429 (1. 456)
Roa	3. 414 *** (4. 003)	5. 047 *** (5. 023)	3. 356 *** (3. 916)	4. 970 *** (4. 947)
Lnage	－0. 196 (－1. 538)	－0. 418 *** (－2. 743)	－0. 191 (－1. 489)	－0. 408 *** (－2. 677)
First	－0. 004 (－1. 525)	－0. 006 ** (－2. 153)	－0. 004 * (－1. 682)	－0. 006 ** (－2. 206)
Tobinq	－0. 031 (－1. 179)	0. 038 (1. 180)	－0. 045 * (－1. 696)	0. 037 (1. 164)
Capint	－0. 541 * (－1. 708)	－0. 142 (－0. 416)	－0. 451 (－1. 418)	－0. 152 (－0. 444)
Lnemp	0. 370 *** (6. 073)	0. 431 *** (5. 899)	0. 366 *** (5. 955)	0. 427 *** (5. 843)
Constant	－0. 297 (－0. 219)	－2. 192 * (－1. 753)	－0. 083 (－0. 061)	－2. 187 * (－1. 744)
Observations	1136	1135	1136	1135
R－squared	0. 303	0. 421	0. 297	0. 421
r^2_a	0. 278	0. 401	0. 272	0. 401
F	11. 92	20. 46	11. 59	20. 43

注：*** 表示 $p<0.01$，** 表示 $p<0.05$，* 表示 $p<0.1$，分别在 1%、5%、10% 水平上显著，括号内为 t 值。

（二）两阶段最小二乘法检验

为解决内生性问题对回归结果的影响，本章分别以滞后一期的客户集中度和滞后两期的供应商集中度作为工具变量，采用两阶段最小二乘法。表6－20和表6－21列示了两阶段最小二乘法第二阶段的回归结果，控制变量的回归系数未在表中详细列出。由表6－20和表6－21的回归结果可知，采用工具变量进行两阶段最小二乘回归后，客户集中度、供应商集中度与公司研发创新依然呈显著负相关关系，即在控制可能出现的内生性问题后，客户集中度越高或供应商集中度越高，公司研发创新程度越低。进一步表明控制内生性问题可能产生的影响后，研究结果保持不变，即企业依赖大客户或大供应商给公司造成的融资约束和经营风险抑制了公司进行研发创新的动机和能力。

表6－20　　假设1两阶段最小二乘法第二阶段的回归结果

变量	(1)	(2)	(3)	(4)
	rd	rd	Lnpt1	Lnpt1
Cuhhi	－1.43** (－2.43)		－1.03** (－2.16)	
Cusm5		－0.72*** (－3.45)		－0.51*** (－4.265)
Control Varibles	控制	控制	控制	控制
Observations	4783	4783	4783	4783
R^2	0.323	0.321	0.288	0.289
r^2_a	0.314	0.315	0.276	0.275
F	61.82	60.94	48.34	49.76

注：*** 表示 $p<0.01$，** 表示 $p<0.05$，* 表示 $p<0.1$，分别在1%、5%、10%水平上显著，括号内为t值。

表6－21　　假设2两阶段最小二乘法第二阶段的回归结果

变量	(1)	(2)	(3)	(4)
	rd	rd	Lnpt1	Lnpt1
Suphhi	－1.856** (－2.23)		－0.612*** (－3.874)	
Supma5		－1.587*** (－4.653)		－0.516*** (－5.231)

续表

变量	(1)	(2)	(3)	(4)
	rd	rd	Lnpt1	Lnpt1
Control Varibles	控制	控制	控制	控制
Observations	2890	2890	2890	2890
R - squared	0.331	0.336	0.327	0.330
r^2_a	0.324	0.328	0.319	0.322
F	43.07	43.94	42.21	42.82

注：*** 表示 p<0.01，** 表示 p<0.05，* 表示 p<0.1，分别在 1%、5%、10% 水平上显著，括号内为 t 值。

第六节　研究结论和政策建议

一、研究结论

创新活动是国家发展的动力源泉，也是企业提升自身竞争力的重要因素。但企业的研发创新活动具有不确定性高、投入大、投资回报周期长的特点，因此企业在进行研发创新活动时会对融资约束、风险程度、外部环境等因素进行考量。随着企业新型合作竞争关系的建立，企业对大客户、大供应商的依赖也成为影响创新活动的因素之一。随着供应链合作的加强，客户和供应商集中成为一种趋势，特别对于制造业企业，这种趋势更为显著。一方面，企业与上下游之间的联系更为紧密时，由于知识的溢出效应以及出于稳固双方关系的目的，双方会增强信息共享、共同合作。另一方面，与大客户、大供应商建立合作的同时也给企业带来一些隐性问题，客户集中度或供应商集中度较高时，供应链上下游相对公司有较高的议价能力，他们会压榨企业的利润空间；此外，大客户或者大供应商的流失可能给企业造成巨大风险，甚至直接导致企业破产。所以，企业在进行研发创新活动时，会考虑依赖大客户、大供应商所带来的融资约束、风险因素方面的影响，而在以往文献中对两者之间关系的研究相对较少，因此，本章研究客户集中度、供应商集中度与公司创新的影响在理论和实践上均具有一定意义。

本章选择我国制造业上市公司2010—2015年的数据作为研究样本，从企业上下游角度出发，分别研究了客户集中度、供应商集中度与公司创新之间的关系，并将供应商、企业、客户组成的三元关系作为整体，研究企业在上下游共同影响下进行创新活动的程度。在进一步分析中，本章还研究了企业产权性质、行业特征、金融市场环境对企业上下游与公司创新之间关系的影响。根据大样本数据的回归结果，本章得出以下结论：

1. 客户过度集中会抑制公司创新水平。模型（6－1）的结果表明企业与大客户之间竞争关系起主导作用，当企业对客户的依赖程度越高时，大客户的议价能力越强，会侵蚀企业利润，削弱企业内部筹集资金的能力，同时企业失去某一大客户，将会面临巨大的经营风险。由此企业受到的融资约束和风险因素的影响将会抑制企业进行创新活动的动机和能力。

2. 供应商过度集中会抑制公司创新水平。模型（6－2）的结果表明企业与供应商之间也存在较强的竞争关系。当企业的供应商集中度越高时，大供应商的议价能力越强，大供应商会利用其强大的议价能力对企业进行利润剥夺、风险转嫁，企业进行研发创新的资源会相应减少，而且一旦企业的某个大供应商因为机会主义中断与企业的合作关系，企业将面临巨大的经营、财务风险，从而抑制企业进行风险性研发创新的动机。

3. 当企业的供应商和客户集中度均较高时，供应链三元关系竞争增强，合作减弱，不利于公司创新。模型（6－3）的结果表明当企业的客户集中度、供应商集中度均较高时，企业与客户、供应商之间的竞争关系增强，客户、供应商对企业的利润剥夺、风险转移更加严重，从而导致企业进行研发创新的程度降低。

二、政策建议

随着供应链的建立，企业与上下游之间的关系更加紧密，但客户集中度和供应商集中度的提高也会给企业带来一定负面影响，根据本章的实证结果，当客户、供应商集中度提高时，企业进行研发创新的动机和能力都会减弱。并且在进一步分析中发现企业的产权性质、行业特征、金融市场环境等也会影响二者的关系。因此根据本章的实证结果及分析，提出以下建议：

（一）合理安排客户、供应商结构，避免企业过度依赖上下游

为了减少大客户和大供应商利用其强大的议价能力对企业进行利润侵占和风险转嫁，从而抑制企业进行研发创新的动机和能力，企业应该合理的安排客户和供应商的结构，拓宽自身销售和采购的渠道，保持现金流和利润的稳定性，避免过度依赖大客户和大供应商，加剧自身经营风险和财务风险。在进一步分析中发现相对于非耐用品行业，在耐用品行业，企业的客户集中度和供应商集中度对其创新程度的抑制作用更强，因此企业在安排客户和供应商结构时还应该考虑所处行业的特征，根据行业性质合理的调整上下游结构，并及时监控和预防由此带来的风险。

（二）增强与现有客户、供应商的合作关系，弱化竞争关系

如本章实证分析中所述，企业与上下游之间存在竞争与合作两种关系，在合作视角下，企业与上下游之间倾向于增加彼此的关系专用性投资，稳固双方关系，共享知识，增强企业研发动机。因此企业应增强与现有客户、供应商之间的合作关系，尤其是在企业与上下游之间形成的三元关系中，加强整个供应链之间的合作，形成彼此协同、合作共赢的共同体关系。这需要企业利用自身的谈判能力、企业文化等软实力增加与上下游之间的沟通、协作，建立合作共赢的三元关系，而不是互相竞争的博弈关系。

（三）关注金融市场发展，拓宽企业融资渠道

在进一步分析中发现，当企业所处地区的金融市场环境较好时，客户、供应商集中对企业创新的抑制作用得到了削弱。因此政府应关注各地区的金融市场发展，尤其是金融市场发展程度较低的地区，政府应给予一定扶持和政策优惠，加快金融市场发展，为当地的企业提供更多融资渠道，减少企业的融资约束，从而为企业进行研发创新提供资金支持。

三、研究局限性及未来展望

（一）本章的研究对象为制造业上市企业，研究结论是否适用于其他行业还有待进一步验证。在各个行业都存在企业依赖大客户、大供应商的情况，而本章只选取了制造业上市企业作为样本，因此在后续的研究中，可以将研究对象扩展至其他行业，研究企业与上下游之间的依存关系是否会影响其研发创新的

程度。

（二）本章研究客户集中度、供应商集中度对公司创新的影响，但企业研发创新程度不仅包括企业研发投入水平、专利产出数量，还包括创新的效率水平，专利的重要性，如专利被引用次数等。因此在后续的研究中可以对研发创新进行进一步的细分，深入研究在不同条件下，企业与上下游之间的关系对企业研发创新的影响，从而为促进企业创新水平和创新效率提供更多理论依据。

（三）本章通过大数据的实证结果验证了企业过度依赖大客户、大供应商会抑制其进行研发创新的动机和能力，但是本章只在理论分析中提出了可能存在的影响机制，并未对其进行实证检验。因此，在后续的研究中，可以进一步对其潜在的影响路径和机制进行探究，通过实证分析对其进行验证，增加结果的可靠性。

第七章　供应链风险影响企业财务绩效的实证研究

第一节　导　　论

客户是公司的商业伙伴，也是公司重要的利益相关者，它对公司的战略、经营等诸多方面都具有重要影响。公司将较大比例的产品销给为数不多的大客户（从而形成客户集中，Customer Concentration，简称 CC）可以取得较大的经济利益（Lanier et al.，2010；Schloetzer，2012；Patatoukas，2012；陈正林和王彧，2014；Irvine et al.，2016；Ak et al.，2016），与大客户的合作还可以促进供应链资源的整合，降低公司经营风险，进而带来审计费用的降低（王雄元等，2014）和权益资本成本的下降（陈峻等，2015）。

但是客户集中也使公司面临失去大客户所产生的巨大冲击，可能会引起公司权益资本成本和债务成本的增长（Dhaliwal et al.，2016），影响公司对审计师的选择（张敏等，2012），引起公司股价波动（Hertzel et al.，2008）。为了应对这些风险，客户集中的公司往往会降低杠杠水平（Kale and Shahrur，2007；Chu，2012），减少现金股利的发放（Wang，2012），持有更多的现金（Itzkowitz，2013）；还可能实施更多的盈余管理（Raman 和 Shahrur，2008），提高纳税筹划程度（Huang et al.，2014），执行更稳健的会计政策（Hui et al.，2012）。

可见，现有的研究大多认为客户集中会增加公司风险，但没有得出一致的结论，也未给出直接的证据。产生上述分歧的根本原因是：对上下游关系的分析只看到了竞争与合作的一个方面，而不是将它们作为上下游关系的共同组成部分。我们认为，上下游竞争将导致供应链中企业绩效的波动性增加，而合作则能有效降低企业的绩效波动性。本章的后两节会分别对这一判断予以论证。

第二节　供应链集中影响企业财务绩效波动

一、理论分析和研究假设

（一）客户集中对公司风险的影响

从本质上看，公司与上下游之间是一种利益竞争关系，目标都是己方利益最大化。特别是在买方市场情况下，大客户往往在谈判中居于强势地位，公司被迫承担更多的义务和风险。因此，客户集中度增大，公司的风险也会随之上升，其原因在于：第一，客户集中使公司的收入来源集中，加大了公司销售的不确定性。特别是在双方依赖程度不对称的情况下，调整业务规模（甚至中断双方的交易）对客户的影响可能十分有限，但对公司的冲击却是非常严重的。第二，大客户以其强势地位逼迫公司在价格折扣、产品质量、信用期、交货期等多方面作出让步，通过订单规模等手段将经营风险转嫁给公司。第三，大客户也可能会要求公司为其提供更多的商业信用、更长的信用期等，而一旦它遭遇财务危机等意外事件必然会损害公司正常的资金流转。第四，公司通常会为大客户投入较多的专用资产（比如研发新产品、投资固定资产等），这使其产生大量的固定成本、较大的经营杠杆（Patatoukas，2012；Irvine et al.，2016）。如果双方的交易不能持续，公司的财务稳定就会受到很大的冲击。第五，失去大客户可能引起其他债权人对公司偿债能力的担忧，造成公司融资环境的恶化，并导致公司财务风险的增加。为此，本章提出假设 1：

假设 1：客户集中度越高，公司的风险就越大。

（二）政府干预对客户集中与公司风险之间关系的影响

中国经济改革中的行政与财政分权、官员晋升评价机制等制度安排使地方官员具有推动当地经济发展的强烈动机，政府通过各种政治压力迫使企业向政府倡导的政绩项目捐资、出力，且地方政府行为呈现明显的周期性（贾俊雪等，2012）。从微观层面上看，为配合政府的要求，上市公司不得不频繁地调整其经营方向和发展目标。政府干预程度越高，上市公司受到的影响就越大（陈德球等，2011；张敏等，2012；陈艳艳和罗党论，2012；白俊和连立帅，2014），其风险也就随之上升。

政府干预除直接影响公司风险之外，还会对客户集中与公司风险之间的关系产生影响。出于政绩的考虑，地方政府大多不愿资源流出当地，反而希望本地的优势企业能够带动落后企业的发展，因此企业被“拉郎配”的事件时有发生。与政府强制企业之间的兼并、重组等相比，政府插手公司与客户之间的关系（比如要求公司与某一特定客户进行交易、为客户提供垫资或担保等）还算是较为宽松的干预方式，估计发生的频率也会更高。当公司面临客户集中带来的风险时，政府干预必然进一步加大公司风险。反之，如果政府减少对公司的干预，一方面横向干预作用降低，另一方面公司有更大的空间进行自主经营，降低客户集中对公司风险的作用。因此，本章提出：

假设2：在其他条件相同的情况下，减少政府干预能够降低客户集中对公司风险的放大效应。

二、研究设计

（一）样本选取与数据来源

本章选取2007—2013年沪、深两市A股制造业上市公司为样本，并按照中国证监会2001年颁布的“上市公司行业分类指引”将样本划分为十二行业①。在此基础上，按以下程序作进一步的筛选：（1）剔除ST类公司；（2）剔除研究期间发生重大重组或主营业务变化的公司；（3）删除数据缺失的公司。此外，对连续变量进行Winsorize处理（0—1%和99%—100%），以消除极端值的影响。本章最终得到12个行业602个观测值。本章的客户集中数据来自上市公司年报，经人工收集、整理得到；其他数据主要来源于CSMAR数据库，对于数据有出入之处以公司年报为准。

---

① 一般按首字母C后一位数字分类，“C7 机械制造”按C后二位数进行分类，剔除掉数量太少的“C2 木材、家具”和公司性质差距过大的“C9 其他制造业”两类。

（二）主要变量设计

1. 公司风险的度量。风险的直接度量非常困难，本章参照李琳等（2009）、赵龙凯等（2014）的方法用样本公司在研究期间的 TOBIN'Q、ROA、ROE 等财务指标的方差来度量。如果缺少四年（及以上）的数据，则删除该样本。

2. 客户集中的度量。按照讨价还价理论，在买方市场环境下公司越是依赖某一客户，该客户的谈判优势就越明显，公司面临该客户的竞争压力也就越大。因此，参照 Patatoukas（2012）、王雄元等（2014）、陈峻等（2015）、Irvine et al.（2016）的做法，本章用两种方式度量客户集中度：第一，用“前五客户销售之和占全部销售额的比例”作为客户集中的计量指标；第二，用前五大客户各自销售额占销售总额比例的平方和（即，前五大客户销售比重的赫芬达尔指数）作为客户集中的计量指标。

3. 政府干预的度量。本章用三种方法度量政府干预的减少：（1）在中国，受政府干预最多的无疑是国有控股公司，非国有控股公司受到的干预相对较少，因此本章将国有控股公司的政府干预哑变量 GI1 取 0，将非国有控股公司的政府干预哑变量 GI1 取 1；（2）根据王小鲁等（2013）对中国各省经营环境调查中“减少不必要干预”的中位数将样本公司分为两类：注册地得分较低的公司为政府干预较多的样本组，其哑变量 GI2 取 0，其他公司的哑变量 GI2 取 1；（3）按照王小鲁等（2013）的报告中提供“政府与市场关系指数”的中位数将样本公司划分为两类：注册地得分较低的公司为受政府干预较多的样本组，其哑变量 GI3 取 0，其他公司的哑变量 GI3 取 1。

4. 控制变量。本章在模型中还控制以下变量：公司规模、上市年限、资产负债率、上一年度经营绩效、公司的成长性、第一大股东持股比例等。此外，模型中还对公司所在行业进行控制。

变量的具体界定见表 7－1。

表 7－1　　主要变量的定义

	变量名称	变量代码	变量定义
被解释变量	公司风险	sttq	取样本期间 TOBIN'Q 的方差
		stroa	取样本期间取 ROA 的方差
		stroe	取样本期间取 ROE 的方差

续表

	变量名称	变量代码	变量定义
解释变量	客户集中度	CC	前五大客户销售额占全部销售额的比例×100
		CCHHI	前五大客户销售比重的赫芬达尔指数
	政府干预的减少	GI1	国有控股公司取0，非国有控股公司取1
		GI2	王小鲁等（2013）报告：政府干预多的样本取0，反之取1
		GI3	樊纲等（2011）报告：政府干预多的样本取0，反之取1
控制变量（contral）	资产负债率	lev	期末总负债÷期末总资产
	公司规模	size	期末总资产取自然对数
	上市时长	age	从上市年到第t年的年数
	上一年经营绩效	lagroa	上一年的ROA
	公司成长性	growth	（本期营业收入－上期营业收入）÷上期营业收入
	第一大股东的持股比例	top1	第一大股东持股数与公司总股本之比
	行业	indust	哑变量，共分12个行业

（三）模型设计

参照李琳（2009）、权小锋和吴世农（2010）、Wu（2011）的模型，本章用模型（7－1）来检验上述假设1：

$$Risk_i = \alpha_0 + \alpha_1 CC_i + \alpha_{ij} Contral_{ij} + \varepsilon_i \quad (7-1)$$

其中：$Risk_i$ 代表第 i 家公司的风险，分别用该公司在样本期间TOBIN'Q、ROA、ROE的方差表示。CC_i 是解释变量，代表第 i 家公司的客户集中度，取样本期间前五销售比例或前五各自销售比例的赫芬达尔指数的平均值。控制变量为各变量在样本期间的平均值。如果回归系数 α_1 显著为正，则说明客户集中会加大公司的风险，假设1得到证明。

本章用模型（7－2）来检验假设2，其中GI表示政府干预的减少，其他变量定义同模型（7－1）。若 $CC_i \times GI_i$ 的系数 α_2 显著为负，则说明减少政府干预能够降低客户集中对公司风险的影响。

$$Risk_i = \alpha_0 + \alpha_1 CC_i + \alpha_2 CC_i \times GI_i + \alpha_{ij} Contral_{ij} + \varepsilon_i \quad (7-2)$$

三、实证分析

（一）样本描述性统计

表7－2是主要变量的描述性统计结果。统计显示：各公司的sttq、stroa、stroe差距较大；客户集中度CC、CCHHI的最小值分别为4.612%、0.0001，最大值分别为80.57%、0.929，标准差分别为16.50、0.0832，说明不同公司客户集中度的差距较大；资产负债率平均为48.5%，半数以上公司的资产负债率不大于49.6%；总资产对数的均值和方差分别为21.94、1.10，最小值与最大值差距不大，说明我国A股市场制造业公司之间的规模相差不远；公司上市年限的均值为10.71年，最小的平均为4年，最大的平均为21年；公司总资产增长率的差距很大，最小值为－0.06%，而最大值为130.5%；第一大股东的平均持股比例为35.63%。

表7－2　　主要变量统计性描述

variable	N	mean	p25	p50	p75	sd	min	max
sttq	602	1.004	0.508	0.748	1.206	0.802	0.102	6.043
stroa	602	0.038	0.0189	0.0311	0.0481	0.0282	0.0019	0.1955
stroe	602	0.1037	0.0360	0.0641	0.1015	0.4104	0.0020	9.6262
CC	602	26.75	15.44	22.12	33.79	16.50	4.612	80.57
CCHHI	583	0.03887	0.0055	0.0131	0.0341	0.0832	0.0001	0.929
lev	602	0.485	0.371	0.496	0.610	0.165	0.104	0.805
size	602	21.94	21.10	21.80	22.56	1.098	19.88	25.00
age	602	10.71	7	11	14	4.336	4	21
lagroa	602	0.0580	0.0237	0.0487	0.0848	0.0504	－0.0385	0.224
growth	602	0.192	0.0813	0.157	0.236	0.202	－0.0631	1.305
top1	602	35.63	24.60	34.61	44.93	14.02	4.900	83.36

表7－3报告了主要变量之间的相关系数。从表7－3可以看出，CC与sttq显著正相关，初步说明客户集中对公司风险具有放大效应。各解释变量之间相关系数都较小，说明模型不存在严重的共线性问题。

表 7－3　　　　　　主要变量之间的相关性检验

	sttq	CC	lev	size	age	lagroa	growth
CC	0. 1825 *** 0. 000	1					
lev	－0. 388 *** 0. 000	－0. 1137 * 0. 00520	1				
size	－0. 195 *** 0. 000	－0. 2345 *** 0. 000	0. 4522 *** 0. 000	1			
age	－0. 186 *** 0. 000	－0. 0772 * 0. 0584	0. 2158 *** 0. 000	0. 2991 *** 0. 000	1		
lagroa	0. 5135 *** 0. 000	－0. 0257 0. 530	－0. 4000 *** 0. 000	0. 1170 *** 0. 004	－0. 2508 *** 0. 000	1	
growth	0. 2119 *** 0. 000	－0. 0103 0. 801	0. 0904 ** 0. 0266	0. 2276 *** 0. 000	－0. 0746 * 0. 0675	0. 2477 *** 0. 000	1
top1	0. 0252 0. 538	0. 0205 0. 615	0. 1208 *** 0. 003	0. 2905 *** 0. 000	－0. 0332 0. 416	0. 0931 ** 0. 0223	0. 1246 *** 0. 00220

注：＊代表显著性水平 $p<0.1$，＊＊代表显著性水平 $p<0.05$，＊＊＊ 代表显著性水平 $p<0.01$。

（二）回归结果分析

我们将样本公司的相关数据代入模型（7－1）后得到的回归结果见表 7－4。从表 7－4 可以看出，CC、CCHHI 与 TOBIN'Q、ROA 和 ROE 的方差显著正相关，说明客户集中度越高公司风险就越大，这与 Hertzel et al.（2008）、Dhaliwal et al.（2016）等的研究结论是一致的，假设 1 得到了验证。从控制变量方面看，上市公司的资产负债率、规模与公司的 TOBIN'Q 的波动显著负相关，而上一期的 ROA、成长性与公司 TOBIN'Q 的波动显著正相关。

表 7－4　　客户集中度对公司风险（sttq、stroa l stroe）的影响

	(1)	(2)	(3)	(4)	(5)	(6)
	sttq	stroa	stroe	sttqd	stroa	stroe
CC	0. 007 *** (4. 19)	0. 000 *** (4. 28)	0. 001 *** (3. 86)			
CCHHI				1. 430 *** (3. 75)	0. 044 *** (2. 74)	0. 095 ** (2. 41)
lev	－0. 574 *** (－2. 85)	－0. 011 (－1. 22)	0. 156 *** (7. 36)	－0. 535 ** (－2. 58)	－0. 013 (－1. 51)	0. 148 *** (6. 93)

续表

	(1)	(2)	(3)	(4)	(5)	(6)
	sttq	stroa	stroe	sttqd	stroa	stroe
size	-0.159*** (-4.86)	0.001 (0.68)	-0.002 (-0.45)	-0.180*** (-5.45)	0.000 (0.06)	-0.004 (-1.08)
age	0.008 (1.27)	0.000 (1.56)	0.001 (1.50)	0.009 (1.38)	0.001** (2.13)	0.002** (2.18)
lagroa	6.827*** (10.57)	0.040 (1.44)	0.050 (0.73)	7.014*** (10.57)	0.041 (1.45)	0.055 (0.81)
growth	0.701*** (4.60)	-0.008 (-1.23)	-0.020 (-1.23)	0.677*** (4.34)	-0.005 (-0.82)	-0.012 (-0.75)
top1	0.002 (0.82)	-0.000 (-0.81)	-0.000 (-0.19)	0.002 (1.04)	-0.000 (-0.35)	0.000 (0.25)
_cons	4.148*** (6.59)	-0.003 (-0.11)	-0.012 (-0.19)	4.246*** (6.44)	0.029 (1.04)	0.058 (0.86)
N	602	602	602	583	583	583
r^2	0.401	0.097	0.168	0.400	0.082	0.152
r^2_a	0.383	0.069	0.143	0.381	0.053	0.125
F	21.695	3.473	6.557	20.912	2.801	5.605

t statistics in parentheses, * $p<0.1$, ** $p<0.05$, *** $p<0.01$.

为了验证假设2，我们将前述数据代入模型（7－2）后其结果如表7－5所示。可以看出，CC、CCHHI估计系数的显著性没变，CC×GI和CCHHI×GI的估计系数为负，且基本显著，说明减少政府干预能降低客户集中对公司风险的放大效应，从而说明降低政府干预能够减少公司风险。

表7－5　　客户集中、政府干预与公司风险之间的关系

	(1)	(2)	(3)	(4)	(5)	(6)
	sttq	sttq	sttq	sttq	sttq	sttq
CC	0.008*** (4.51)	0.008*** (4.82)	0.008*** (4.89)			
CC×GI1	-0.003* (-1.68)					

续表

	(1)	(2)	(3)	(4)	(5)	(6)
	sttq	sttq	sttq	sttq	sttq	sttq
CC × GI2		-0.004** (-2.46)				
CC × GI3			-0.005*** (-2.84)			
CCHHI				1.971*** (3.78)	1.877*** (4.33)	1.877*** (4.33)
CCHHI × GI1				-1.045 (-1.52)		
CCHHI × GI2					-1.544** (-2.14)	
CCHHI × GI3						-1.544** (-2.14)
lev	-0.570*** (-2.83)	-0.615*** (-3.06)	-0.583*** (-2.91)	-0.539*** (-2.60)	-0.532** (-2.57)	-0.532** (-2.57)
size	-0.163*** (-5.00)	-0.166*** (-5.10)	-0.167*** (-5.13)	-0.181*** (-5.48)	-0.186*** (-5.64)	-0.186*** (-5.64)
age	0.006 (0.88)	0.008 (1.14)	0.008 (1.14)	0.008 (1.21)	0.010 (1.42)	0.010 (1.42)
lagroa	6.941*** (10.70)	6.786*** (10.36)	6.964*** (10.81)	7.006*** (10.57)	7.134*** (10.75)	7.134*** (10.75)
growth	0.706*** (4.64)	0.704*** (4.63)	0.686*** (4.52)	0.673*** (4.32)	0.682*** (4.39)	0.682*** (4.39)
top1	0.001 (0.44)	0.002 (0.81)	0.002 (0.84)	0.002 (0.84)	0.002 (1.11)	0.002 (1.11)
_cons	4.294*** (6.77)	3.908*** (5.91)	4.359*** (6.92)	4.297*** (6.52)	4.383*** (6.64)	4.383*** (6.64)
N	602	597	602	583	583	583
r^2	0.404	0.406	0.409	0.403	0.405	0.405
r^2_a	0.385	0.387	0.390	0.383	0.385	0.385
F	20.765	20.766	21.227	19.979	20.179	20.179

t statistics in parentheses, * $p<0.1$, ** $p<0.05$, *** $p<0.01$.

（三）稳定性检验

利用前述数据，本章进行了如下稳健性检验：

1. 改用其他指标作为被解释变量进行检验。本章分别以经营活动产生的现金净流量的方差（stnwc：经营活动产生现金净流量的方差 ÷ 营业收入的均值）、营业收入的方差（stincome：营业收入的方差 ÷ 营业收入的均值）、营业成本率的方差（stcost：营业成本的方差 ÷ 营业收入的均值）、期间费用率的方差（stexpoens：期间费用的方差 ÷ 营业收入的均值）、资产减值率的方差（stimpairment：资产减值损失的方差 ÷ 营业收入的均值）、营业周期的方差（stcycle：应收账款周转天数的方差 + 存货周转天数的方差）等指标来度量公司风险，并分别用它们作为被解释变量代入模型（1）中，其结果如表 7 – 6 所示：客户集中度与公司风险显著正相关，这印证了前文对假设 1 的检验。这一结果同时也说明，客户集中加大了公司在收入、经营现金流、成本、费用、资产减值、营业周期等方面绩效的波动性，从而导致公司整体风险的上涨。

表 7 – 6　　客户集中度对公司风险（净现金流量、收入、成本、费用等）的影响

	(1)	(2)	(3)	(4)	(5)	(6)
	stnwc	stincome	stcost	stexpoens	stimpairment	stcycle
mchhi	0.108*** (3.08)	0.156** (2.09)	0.060*** (3.21)	0.042** (2.22)	7.685*** (4.28)	27.702 (0.96)
lev	-0.003 (-0.14)	0.025 (0.62)	-0.037*** (-3.58)	-0.023** (-2.20)	-2.388** (-2.44)	49.610*** (3.16)
size	-0.001 (-0.32)	-0.005 (-0.78)	0.002 (1.50)	-0.001 (-0.65)	0.022 (0.14)	-5.354** (-2.15)
age	-0.000 (-0.52)	-0.002 (-1.40)	0.000 (0.19)	-0.000 (-0.63)	0.050 (1.54)	0.126 (0.24)
lagroa	0.138** (2.26)	0.181 (1.39)	-0.080** (-2.45)	-0.138*** (-4.18)	-20.744*** (-6.63)	67.525 (1.35)
growth	0.010 (0.69)	0.602*** (19.75)	0.019** (2.54)	0.010 (1.24)	-1.512** (-2.06)	18.139 (1.54)
top1	-0.000 (-1.43)	0.000 (0.22)	-0.000** (-2.07)	-0.000 (-1.32)	-0.003 (-0.34)	-0.035 (-0.23)

续表

	(1)	(2)	(3)	(4)	(5)	(6)
	stnwc	stincome	stcost	stexpoens	stimpairment	stcycle
_cons	0. 107 * (1. 76)	0. 262 ** (2. 03)	0. 005 (0. 15)	0. 071 ** (2. 18)	2. 657 (0. 90)	122. 378 ** (2. 46)
N	583	583	583	583	582	583
r^2	0. 086	0. 485	0. 119	0. 116	0. 189	0. 103
r^2_a	0. 057	0. 469	0. 091	0. 088	0. 163	0. 075
F	2. 964	29. 562	4. 229	4. 124	7. 302	3. 605

t statistics in parentheses, * $p<0.1$, ** $p<0.05$, *** $p<0.01$.

2. 重新计量解释变量。按照 Lanier et al. (2010) 的方法设定客户集中度的哑变量：如果公司销往第一大客户的比例超过其销售总量的 10%，则定义公司存在客户集中（哑变量 MC 取值 1），否则公司不存在客户集中（哑变量 MC 取值 0）。将 MC 代入模型（7－1），回归结果显示，客户集中度与公司风险显著正相关，说明客户集中度越高公司的风险就越大，这印证了前文对假设 1 的检验。

表 7－7 供应商集中度（MC）对公司绩效波动的影响

	(1)	(2)	(3)	(4)	(5)
	stroa	stincome	stcost	stexpoens	impairment
mc	0. 004 (1. 25)	0. 038 *** (3. 14)	0. 011 *** (3. 11)	0. 004 (1. 59)	0. 560 * (1. 71)
lev9	−0. 007 (−0. 66)	0. 021 (0. 49)	−0. 035 *** (−2. 88)	0. 019 * (−1. 91)	−2. 475 ** (−2. 09)
size9	−0. 003 * (−1. 85)	0. 005 (0. 65)	0. 000 (0. 20)	−0. 003 (−1. 49)	−0. 207 (−1. 03)
age	0. 001 ** (2. 14)	−0. 001 (−0. 48)	0. 000 (0. 54)	−0. 000 (−0. 06)	0. 074 * (1. 88)
lagroa9	0. 009 (0. 27)	0. 380 *** (2. 74)	−0. 093 ** (−2. 39)	−0. 152 *** (−4. 80)	−21. 737 *** (−5. 78)
growth9	0. 025 *** (3. 57)	0. 645 *** (22. 57)	0. 046 *** (5. 74)	0. 051 *** (7. 88)	1. 457 * (1. 88)

续表

	(1)	(2)	(3)	(4)	(5)
	stroa	stincome	stcost	stexpoens	impairment
independent	0. 024 (0. 73)	-0. 048 (-0. 35)	0. 046 (1. 21)	-0. 001 (-0. 02)	-3. 636 (-0. 99)
boardsize	0. 001 (0. 79)	-0. 001 (-0. 27)	0. 001 (0. 76)	-0. 001 (-1. 07)	-0. 177* (-1. 72)
top1	0. 000 (1. 26)	0. 000 (0. 73)	-0. 000 (-1. 55)	0. 000 (0. 37)	0. 011 (0. 97)
_cons	0. 079** (2. 20)	0. 047 (0. 33)	0. 019 (0. 47)	0. 098*** (2. 96)	8. 805** (2. 36)
N	429	429	429	429	427
r^2	0. 113	0. 628	0. 176	0. 259	0. 174
r^2_a	0. 070	0. 610	0. 136	0. 223	0. 133
F	2. 607	34. 414	4. 365	7. 128	4. 269

t statistics in parentheses， $* p<0.1$， $** p<0.05$， $*** p<0.01$.

3. 重新选取研究期间。取 2007—2013 年之间任意连续三年作为一个研究期间，按前述方法计量该期间公司风险和客户集中度，控制变量取对应期间的平均值，共得到五个研究期间的 2536 个有效样本；然后，将这些样本的数据代入模型（7 -1）进行回归，其结果依然是客户集中度与公司风险显著正相关，说明前文的结论是稳健的。

4. 改变解释变量与被解释变量的时间对应关系。为防止内生性，我们用提前一期的数据构建解释变量，代入模型（7 -1）后回归结果基本不变，说明模型不存在严重的内生性问题。

5. 在模型中进一步增加控制变量。在模型（7 -1）中单独或同时增加以下变量：董事长与总经理二职合一（double，合则取 1，不合取 0）、董事会规模（board，用董事会的人数替代）、董事会的独立性（independent，用独立董事占董事会人数的比例替代）、股权分散度（tophhi，用前 10 位大股东持股比例的平方之和替代）、股东之间的制衡关系（参照李琳（2009）的方法，股权制衡时取 1，否则取 0）、高管薪酬（salary，懂事、高管前三薪酬之和的对数）等控制变量后，检验结果不变，说明前述的结论不受这些因素的影响。

6. 改变变量的计量模式。参照 Patatoukas（2012）的方法，本章分别用差分形式计量解释变量和被解释变量，并用模型（7－3）来检验客户集中的增量对公司风险增量的影响。

$$\Delta Risk_{ij} = \beta_0 + \beta_1 \Delta CC_{ij} + \beta_2 \Delta lev_{ij} + \beta_3 \Delta size_{ij} + \beta_4 \Delta lag\ roa_{ij} + \sum_{t=1}^{12} \beta_5 industry_t + \varepsilon_{ij} \quad (7-3)$$

模型中变量的基本含义同前，考虑到 ΔAge_i、$\Delta Growth_{ij}$、$\Delta Top1_{ij}$等基本为常数，所以在模型中未包含这些控制变量。我们进行了相差两年的差分分析，具体做法是：$\Delta Risk_{ij}$分别取第 i 家公司“第 $j+4$、$j+3$、$j+2$ 年 TOBIN'Q、ROA 的方差”减去“第 $j+2$、$j+1$、j 年 TOBIN'Q、ROA 的方差”之差作为被解释变量，ΔCC_{ij}是用第 i 家公司“第 $j+4$、$j+3$、$j+2$ 年 CC 的均值”减去“第 $j+2$、$j+1$、j 年 CC 的均值”。其他解释变量取相应期间平均值之差，从而构建相差两年的差分数据。

我们将差分数据代入模型（7－3），其回归结果如表 7－8 所示。可以看出，无论是相差两年显示：客户集中的变化与公司风险的变化正相关。这进一步表明：客户集中对公司风险具有放大效应。

分别以营业收入、经营活动的现金净流量、营业成本率、期间费用率、资产减值率、营业周期等作为差分分析的被解释变量，代入模型（7－3）后，回归结果与前文的结论基本不变。

表 7－8　客户集中对公司风险的影响（差分检验）

	(1)	(2)	(3)	(4)
	相差两年	相差两年	相差两年	相差两年
	Δsttq	Δstroa	Δsttq	Δstroa
ΔCC	0.001 (0.36)	0.000** (2.54)	0.001 (0.25)	0.000** (2.55)
Δlev	−0.329* (−1.68)	0.017* (1.66)	−0.340 (−1.51)	−0.001 (−0.05)
Δsize	−0.137*** (−2.59)	−0.001 (−0.41)	−0.264*** (−4.58)	0.000 (0.06)
Δlagroa	1.789*** (5.95)	−0.009 (−0.60)	1.079*** (2.93)	−0.037** (−2.08)
indust	控制	控制	控制	控制

续表

	(1)	(2)	(3)	(4)
	相差两年	相差两年	相差两年	相差两年
	Δsttq	Δstroa	Δsttq	Δstroa
_cons	-0.166** (-2.36)	-0.002 (-0.49)	-0.751*** (-5.88)	-0.004 (-0.67)
N	2015	2012	1343	1342
r^2	0.036	0.012	0.042	0.021
r^2_a	0.028	0.005	0.032	0.010
F	4.929	1.646	3.913	1.922

t statistics in parentheses，* $p<0.1$，** $p<0.05$，*** $p<0.01$.

（四）进一步研究：供应商集中对公司风险的影响

现有国外研究成果大多只关注客户集中问题，原因很可能是因为美国会计准则只要求公司披露其大客户信息，学者们因缺乏供应商信息而未研究供应商集中对公司财务行为的影响。实际上，与客户集中一样，供应商集中也会加大公司风险，原因是：（1）如果大供应商遭遇意外（如物流受阻、自然灾害、工人罢工等）而停止供货，公司很可能面临供应中断、经营停顿、成本剧增等风险；（2）若大供应商发生了财务危机或破产清算，其履行合同的能力将会受到影响，公司的专用资产就会贬值，从而影响公司的风险。

为了验证上述推断，本章采取了与客户集中同样的方法构建供应商集中指标（SCT 和 MS），并将它们代入模型（7-1）中，如表 7-9 和表 7-10 所示，结果与客户集中的结果基本一致，说明无论是上游业务集中还是下游业务集中都会影响公司风险。可见，供应商集中对公司风险的影响与客户集中的影响基本一致，也在一定程度上支持了前文的结论。

表 7-9　　供应商集中度（MST）对公司绩效波动的影响

	(1)	(1)	(1)	(1)	(1)
	stroa	stincome	stcost	stexpoens	impairment
mst	0.000*** (3.46)	0.000 (1.19)	0.000*** (4.04)	0.000*** (2.98)	0.021*** (2.68)
lev	-0.007 (-0.79)	0.010 (0.26)	-0.021** (-2.12)	-0.012 (-1.24)	-1.741* (-1.72)

续表

	(1)	(1)	(1)	(1)	(1)
	stroa	stincome	stcost	stexpoens	impairment
size	-0.000 (-0.20)	-0.001 (-0.21)	0.001 (0.47)	-0.002 (-1.47)	-0.032 (-0.19)
age	0.000 (1.33)	-0.001 (-0.68)	0.000 (0.33)	0.000 (0.13)	0.043 (1.28)
lagroa	0.029 (1.01)	0.284** (2.27)	-0.053* (-1.68)	-0.115*** (-3.71)	-19.669*** (-6.24)
growth	0.010* (1.90)	0.598*** (24.89)	0.032*** (5.27)	0.030*** (5.08)	0.259 (0.43)
independent	0.017 (0.59)	-0.004 (-0.03)	0.030 (0.92)	-0.008 (-0.24)	-2.446 (-0.76)
boardsize	0.000 (0.52)	-0.001 (-0.30)	0.000 (0.51)	-0.001 (-0.99)	-0.109 (-1.24)
top1	-0.000 (-0.26)	0.000 (0.29)	-0.000 (-1.43)	-0.000 (-0.53)	0.001 (0.09)
_cons	0.008 (0.26)	0.221* (1.72)	0.020 (0.63)	0.102*** (3.22)	4.758 (1.41)
N	602	602	602	602	600
r^2	0.084	0.568	0.144	0.147	0.134
r^2_a	0.052	0.554	0.114	0.117	0.104
F	2.648	38.259	4.874	4.994	4.490

t statistics in parentheses, * $p<0.1$, ** $p<0.05$, *** $p<0.01$.

表 7-10 供应商集中度（MS）对公司绩效波动的影响

	(4)	(4)	(4)	(4)	(4)
	stroa9	stincome9	stcost9	stexpoens9	impairment99
ms	0.007** (2.04)	0.015 (0.96)	0.011*** (2.66)	0.006* (1.67)	-0.048 (-0.11)
lev9	-0.027** (-1.99)	0.049 (0.83)	-0.032** (-2.14)	-0.026* (-1.80)	-3.108** (-1.98)

续表

	(4)	(4)	(4)	(4)	(4)
	stroa9	stincome9	stcost9	stexpoens9	impairment99
size9	-0.000 (-0.11)	-0.017 (-1.63)	-0.001 (-0.39)	-0.003 (-1.19)	-0.279 (-1.01)
age	0.001 (1.54)	0.002 (1.18)	0.001 (1.55)	0.000 (0.30)	0.048 (0.92)
lagroa9	-0.016 (-0.38)	0.452** (2.54)	-0.024 (-0.54)	-0.128*** (-2.98)	-24.441*** (-5.13)
growth9	0.014* (1.79)	0.572*** (17.14)	0.030*** (3.55)	0.033*** (4.08)	1.197 (1.34)
independent	-0.044 (-0.95)	0.305 (1.51)	0.039 (0.76)	0.021 (0.43)	-2.988 (-0.55)
boardsize	-0.000 (-0.20)	-0.003 (-0.60)	0.000 (0.12)	-0.001 (-0.50)	-0.209 (-1.48)
top1	0.000 (0.43)	0.000 (0.73)	-0.000 (-0.34)	0.000 (0.63)	0.001 (0.04)
_cons	0.042 (0.93)	0.402** (2.06)	0.057 (1.17)	0.103** (2.17)	11.804** (2.25)
N	302	302	302	302	300
r^2	0.137	0.560	0.172	0.195	0.185
r^2_a	0.075	0.529	0.113	0.138	0.126
F	2.223	17.893	2.914	3.406	3.163

t statistics in parentheses, * $p<0.1$, ** $p<0.05$, *** $p<0.01$.

四、研究结论和政策建议

本节实证检验了我国制造业上市公司的客户集中与其风险之间关系，综合考察了客户集中对公司风险的影响机理，结果发现：客户集中度与上市公司的风险指标（包括TOBIN'Q、ROA、ROE、营业收入、经营活动产生的现金净流量、营业成本率、期间费用率、资产减值率、营业周期等指标的方差）显著正相关，说明客户集中会导致公司风险的增加。同时，公司所在地区的政府干预也会对两者的关系产生影响，减少政府干预能够抑制客户集中对公司风险的放大效应。本章还发现，供应商集中对公司风险的影响与客户集中对公司风险的影响完全一致，说明上下游集中都会加大公司的风险。

本章提出如下建议：(1) 公司在与上下游建立购销关系的过程中应避免过于集中的采购或销售；(2) 地方政府应减少对公司正常经营活动的干预，落实中央提出的“简政放权”政策；(3) 上市公司披露的“前五客户销售比例”“前五供应商采购比例”等向市场传递了有用信息，能帮助信息使用者更好地评估上市公司的风险。因此，建议我国的信息披露准则应强制要求上市公司披露这些信息（包括前五客户和前五供应商的明细信息），并加强监管。

本章可能的贡献在于：(1) 首次直接验证了客户集中对公司风险具有放大效应，这对正确认识客户集中与公司风险之间的关系具有重要意义，也为公司风险控制找到了一条可行路径；(2) 本章将供应链理论应用于对公司财务行为的分析，不仅印证了客户集中对公司风险的影响，而且还从供应链上游方向研究了供应商集中对公司风险的影响机理，拓展了研究视野；(3) 处于转型中的中国政府对企业财务的影响广泛存在，本章首次将供应链纵向关系与横向经营环境两方面因素同时纳入到公司风险分析模型之中，发现了政府干预影响客户集中与公司风险之间关系的证据，这也为我国正在进行的“简政放权”改革提供了微观层面的证据。

第三节　供应链集成对公司绩效波动的影响

一、问题的提出

上一节，我们以上下游竞争作为前提，分析了供应链集中对企业绩效波动性的影响，但在当前经济环境下竞争并不一定具有普适性。自20世纪90年代初以来，为了克服传统企业之间因利益对立而引起的交易成本过高、资源利用效率低等弊端，许多企业加强了与上下游之间的合作，并逐步形成了供应链合作关系。在供应链里，尽管上下游之间的竞争仍然存在，但合作共赢成为上下游企业的共同目标，竞争与合作并存是企业之间关系的基本特征。现有文献仅仅从竞争的视角分析了客户集中对公司风险的影响，而未考虑企业与上游供应商之间的利益博弈对其风险的影响，更未考虑上下游之间越来越紧密的合作对公司绩效波动的影响。

下文分别从供应商、客户两个方面，并区分竞争与合作的不同影响，分析上下游关系对公司绩效波动的影响机制。研究结果表明：公司与供应商、与客户的合作则能显著地降低其绩效波动，并且这种效应在不同的政府干预下具有不同的表现。本章首次探讨了合作性关系对公司绩效波动的影响，并将供应商纳入到考察范围，且探讨了不同政府干预环境下上下游关系的不同作用机制。本章的研究丰富了公司绩效理论和供应链理论，对现实中的公司风险管理也具有参考作用。

二、理论分析和研究假设

上节的分析有一个隐含的前提：公司与上下游之间仅仅着眼于短期的买卖，双方是纯粹的利益博弈关系。这种前提在临时性的买卖中是成立的，但并不适用于供应链环境下公司之间的关系分析。在供应链中，上下游之间既有竞争更有合作，通过长期稳定的合作提高供应链整体效益和各节点企业的效益是供应链管理的基础和优势所在。因此，合作是供应链中上下游关系的基调，对供应链环境下公司绩效的分析不应脱离这一基本特征。

供应链管理的基本思想是：通过建立长期稳定、相互信任的合作关系，以及在此基础上建立起来的组织协调、信息共享、流程优化等合作机制，降低公司之间的交易成本，提高资源的整合程度，从而达到降低经营风险、提高经济效益的目的。大量的研究表明，供应链合作不但能够提高公司的绩效（Stock et al.，1998；Gimenez and Ventura，2005；Zailani and Rajagopal，2005；曾文杰，马士华 2010；Stephan et al.，2012；Daniel et al.，2012；Patatoukas，2012；陈正林，2014a），而且通过建立互信、共享信息、协调组织、优化流程等合作机制降低公司之间交易的不确定性。

我们将供应链关系整合和业务流程优化称之为供应链集成（Supply Chain Integration，SCI）①。按照集成的内容不同，SCI 可分为组织集成、信息集成、物流

① 按照集成范围的不同，SCI 可分为公司与上游供应商的集成（SCIS）、与下游客户的集成（SCIC）、与上下游全面集成（SCI）、跨整个供应链的整体集成。由于数据收集的困难性，本书不涉及供应链的前三种集成。

集成和资金流集成，他们对公司绩效的稳定作用表现为：（1）长期稳定的供销关系提高了上下游企业之间的信任程度，并随着流程优化、职能整合和信息共享等方面的深入合作而逐步结成战略联盟。这既是各种资源、能力通过市场机制实现强强联合的结果，更是上下游之间信任关系建立和关系稳定的结果。供应链组织的形成一方面有利于抑制上下游企业的机会主义倾向，降低公司经营环境的不确定性，另一方面通过共同投资等方式实现了对其他企业的套牢，促进上下游企业间的资源整合（Kale 和 Shahrur，2008）。因此，随着公司与上下游之间信任的不断提升，供应链组织有利于保障公司业务平顺发展，提高公司绩效的稳定性；（2）跨供应链的信息集成减少了供应链中的重复和冗余流程，保证公司供销系统的稳定。公司与供应商的合作，有助于稳定供应渠道、保证采购质量，从而降低原材料供应的不确定性；有利于供应商提前介入新产品的研发，缩短公司新产品开发时间，掌控市场先机，降低经营风险。公司与下游客户的信息共享，使公司可以从客户那里获得有价值的信息，帮助其提高日常管理效率（Kalwani Narayandas，1995）；使公司能够及时掌握顾客需求的变化，提高生产和物流的计划性，减少断货、脱销情况的发生，降低生产和运输错误率，降低供应链运作风险（Armistead et al.，1993；Kim et al.，2010）；使公司提高存货管理效率和应收账款可回收性，降低销售费用、管理费用以及广告支出等酌量性成本（Gosman 和 Kohlbeck，2009）。跨供应链的信息集成使链中各公司、各环节的需求、库存、生产、物流等信息在供应链成员之间实现透明传递、同步共享，提高了各公司应对市场变化的能力，降低供应链的牛鞭效应（Lee et al.，1997）。总之，信息集成有利于公司与上下游的信息交流，降低公司业务的不确定性；（3）物流集成使精益物流成为可能，特别是能够有效对接跨企业的物流流程，使供应链各节点所持存货数量得到尽可能的压缩（甚至是零库存、负营运资金等），提高供应链物流系统的可靠性和安全性；（4）从资金流集成方面看，SCI 有利于降低公司的收账风险、扩大公司之间的信用规模、提高资金的利用效率（Peter，2006）；有利于通过结算模式的配合，加快供应链整体的资金周转，降低财务风险和成本（Danny et al.，2010）。此外，公司可以借助客户的良好信用获得更多的信贷支持，减低融资成本，提高信贷保障。基于此，我们提出假设 4：

假设 4：SCI 对公司绩效波动具有稳定效应：供应链集成度度越高，公司绩效波动越小。

中国经济改革中的行政与财政分权（Montinola et al.，1995；Qian and Roland，1998）和官员晋升评价机制（周黎安，2007）等制度安排使地方官员具有推动地方经济发展的强烈动机。因此，干预公司经济活动的问题在各级地方政府中普遍存在。特别是，受地方政府换届等因素的影响，干预具有明显的周期性。这些无疑加大了公司的环境不确定性，从而加剧公司绩效的波动。

在正式制度较为弱化的环境下，非正式制度将扮演更为重要的角色（Peng and Luo，2000）。在政府干预较为严重的情况下，公司经营的自主性就会大为降低。为配合政府完成经济增长、税收、就业等目标，公司不得不频繁地调整其经营政策，即使与上下游企业建立了一体化经营关系，集成的稳定作用也难以发挥。反之，在政府较少干预的环境下，市场力量决定了公司经营决策，基于合作关系而形成的上下游集中不会对公司绩效波动产生不利影响。因此，我们提出假设5：

假设5：政府干预会影响上下游关系对公司绩效波动作用的发挥：干预严重时，供应链集成的稳定效应难以发挥作用；干预较少时，上下游集中对公司绩效波动的影响较小。

三、研究设计

（一）样本选取与数据来源

本章选取2007—2013年沪、深两市A股制造业上市公司为样本，并按照中国证监会2001年颁布的“上市公司行业分类指引”将样本划分为十二类[①]。在此基础上，按以下程序作进一步的筛选：（1）剔除ST类公司；（2）剔除数据缺失的样本；（3）对主要连续变量处于0—1%和99%—100%之间的样本进行Winsorize处理，以消除极端值的影响。最终得到12个行业602个观测值。本书相关数据主要来源于CSMAR数据库，对于数据有出入的地方以公司年报为准。SCI度数据来自上市公司年报，经人工收集、整理得到。

（二）主要变量设计

1. 绩效波动性的衡量。绩效波动性以样本公司在研究期间的ROA、营业收入、营业成本、三项期间费用、资产减值率、营业周期等指标的标准差来度量。

① 一般按首字母C后一位数字分类，“C7机械制造”按C后二位数进行分类，剔除掉数量太少的“C2木材、家具”和公司性质差距过大的“C9其他制造业”两类。

每家公司连续七年的绩效数据构成一个标准差观测值，该标准差用于计量公司绩效的波动性。

2. 供应链集中与集成的衡量。对供应链集中的计量，我们用“前五客户销售之和占全部销售额之比”和“前五供应商采购之和占全部采购额之比”来计量客户/供应商的集中度。这两项比值越大说明集中程度越大。

对供应链集成的计量。按照陈正林等（2014）的方法，分别用上市公司连续7年“前五供应商比例之和”和“前五客户比例之和”的均值与方差之比来构建上、下游集成度SCIs和SCIc指标。此两项数据越大，说明公司与供应链上、下游的集成度越高。

3. 政府干预程度的划分

本章从三个方面划分政府干预的程度：（1）研究表明，政府通过各种政治压力或者交换关系迫使或诱使其所控制的公司向政府倡导的政绩项目和其他公共设施工程捐资出力（周雪光，2005），地方政府可能直接通过征收超限的税收、摊派、行政收费、行政征费、审批等方式干预公司的行为。比较而言，民营控股上市公司受政府干预较小，而国有控股上市公司受政府的干预较大。因此，我们将国企控股公司定义为受政府干预较高的样本组，而将民营控股的上市公司定义为受政府干预较低组；（2）市场化进程中政府的干预作用。对处于经济转型期的中国而言，各地区的市场化发展程度极不平衡（樊纲等，2011），张敏等（2013）用公司所在地区的市场化程度来刻画地方政府对公司的干预程度。在市场化程度较高的地区，政府干预经济的程度相对较低；相反，在市场化程度较低的地区，政府干预经济的程度相对较高。因此，市场化程度的高低能够很好地刻画地方政府的干预程度。我们根据（樊纲等，2011）的统计数据，将市场化指数居中位数以下的省份定义为政府干预程度较高的样本组，将市场化指数处于中位线以上省份定义为政府干预程度较高的样本组；（3）本章借鉴La Porta et al.（1999）及陈德球等（2011）研究方法，从产权保护水平、政府干预等方面用来综合衡量政府的干预程度。我们根据世界银行（2006）对我国120个城市调查的结果，将处于中位数以下的城市定义为政府干预程度较高的样本组。

4. 控制变量。由于公司绩效波动会受到其他相关因素的影响，我们在模型中控制以下变量：公司规模、公司成长性、公司上市年限、资产负债比率、董事会规模、董事独立性、第一大股东持股比例。此外，模型中还控制了行业哑变量。

表 7-11　　变量定义

	变量名称	变量代码	变量定义
因变量	TOBIN'Q	sttq	对 TOBIN'Q 取方差
	ROA	Stroa	对（净利润÷年平均总资产）取方差
自变量	供应链集成度	SCI	前五供应、销售比例的方差与均值之比，并取对数
	上、下游集成度	SCIs、SCIc	分别用前五供应、销售比例的方差与均值之比，并取对数
控制变量	资产负债率	Lev	期末总负债÷期初总资产×100%
	公司规模	Size	期末总资产对数
	上市时长	Age	从上市年到第 t 年年数
	上一年经营绩效	lagRoa	上一年的 ROA
	公司成长性	growth	（本期营业收入－上期营业收入）÷上期营业收入
	董事会独立性	Indirecter	独立董事人数占董事会人数百分比
	董事会规模	Boardsize	董事会人数
	第一大股东的持股比例	Top1	第一大股东持股数与公司总股本之比
	行业	Industry	哑变量

（三）模型设计

我们用下列模型来检验本节的假设：

$$\mathrm{Risk}_i = \beta_0 + \beta_1 SCI + \beta_2 Lev + \beta_3 Size + \beta_4 Age + \beta_5 Growth + \beta_6 Indirecter + \beta_7 Boardsize + \beta_8 Top1 + \sum_{i=1}^{12} \beta_9 Industry + \varepsilon_{it} \qquad (7-4)$$

其中：Risk_i 是样本公司的绩效波动指标，用各公司的 ROA、营业收入、营业成本、期间费用、资产减值率、营业周期等指标的标准差（Stroa、Stincome、Stcost、Stxepense、Stcycle 等）来度量。解释变量则为影响公司绩效波动性水平的各变量在年度区间内的平均值。如果模型（7-4）中的 β_1 回归系数为负值，则说明上下游集成能够降低公司绩效的波动性，假设 4 得到印证。我们将样本分为政府干预高与低两组，并代入如果模型（7-4）中，如果受政府干预较少的样本组中 SCI 的回归系数 β_1 显著，且取值为负；而在受政府干预较多的样本组中 SCI 的回归系数 β_1 不显著，则假设 5 也就得到了证明。

四、实证分析

（一）样本描述性统计

表7-12是主要变量的描述性统计结果。统计信息显示：SCI的均值和标准差分别为6.44、5.17，最小值、中位数、最大值分别为0.97、6.39、16.64，说明不同公司的SCI差距较大、大部分公司的SCI未达平均数。各公司在StROE、StTQC等各公司在StROE、StTQC等绩效方面差距较大；资产负债率平均为48.4%，半数以上公司的资产负债率不大于49.9%；总资产对数的均值和方差分别为21.81、1.07，最小值与最大值差距不大，说明我国A股市场制造业公司之间的规模相差不远；公司总资产增长率的差距很大，最小值为-0.09%，而最大值为153.1%；公司上市年限的均值为10.25年，最小的平均为3.5年，最大的平均为20.5年；第一大股东的平均持股比例为35.78%，有25%的公司第一大股东持股比例超过45.59%；58.1%的公司第一大股东是国有股；有16.68%的公司发生了董事长或总经理变动；董事会人数的自然对数平均为2.46；独立董事在董事会中所占比例平均为35%，超过了1/3。

表7-12　变量的统计特征

variable	N	mean	p25	p50	p75	sd	min	max
stroa	646	0.0385	0.0189	0.0312	0.0486	0.0287	0.0019	0.196
sci	646	6.172	4.886	6.001	7.465	1.978	0.143	17.09
lev	646	0.488	0.373	0.497	0.614	0.167	0.0400	0.937
size	646	21.95	21.12	21.80	22.56	1.124	19.28	26.15
age	646	10.71	7	11	14	4.328	4	21
lagroa	646	0.0569	0.0231	0.0483	0.0836	0.0519	-0.0967	0.290
salegrowth	646	0.288	0.0800	0.156	0.239	2.027	-0.166	50.58
independent	602	0.364	0.333	0.349	0.379	0.0402	0.263	0.562
boardsize	646	9.175	8.667	9	9.571	1.613	5	17.83
top1	646	35.48	24.36	34.25	45.10	14.22	4.900	83.36

表7-13报告了主要变量之间的相关系数。从表7-13可以看出，SCI与STROA显著负相关，初步说明SCI对绩效波动有稳定作用。各自变量之间相关系数都较小，说明模型不存在严重的多重共线性问题。

表 7－13　　变量之间的相关性检验

	stroa	sci	lev	size	age	lagroa	salegr～h	indepe～t	boardsi
sci	－0.103 *** 0.00860	1							
lev	－0.0629 0.110	－0.094 ** 0.0167	1						
size	－0.00820 0.835	0.00320 0.936	0.442 *** 0	1					
age	0.0498 0.206	0.0142 0.719	0.194 *** 0	0.283 *** 0	1				
lagroa	0.0177 0.654	0.136 *** 0.000600	－0.40 *** 0	0.130 *** 0.000900	－0.23 *** 0	1			
salegrowt	0.159 *** 0	－0.0570 0.148	0.0823 ** 0.0365	0.0415 0.292	－0.0491 0.212	－0.0563 0.153	1		
independe	－0.00010 0.999	0.0227 0.578	－0.00530 0.897	0.0264 0.518	－0.0232 0.570	－0.0671 * 0.0999	0.0292 0.474	1	
boardsize	－0.0109 0.783	－0.00590 0.880	0.167 *** 0	0.331 *** 0	0.0284 0.471	0.0467 0.236	－0.0271 0.492	－0.23 *** 0	1
top1	－0.00910 0.817	－0.0293 0.458	0.131 *** 0.000900	0.303 *** 0	－0.0480 0.224	0.0813 ** 0.0388	0.0714 * 0.0697	0.0979 ** 0.0163	0.0177 0.654

t statistics in parentheses， $*p<0.1$， $**p<0.05$， $***p<0.01$.

（二）回归结果分析

我们将数据代入模型（7－4）后得到的回归结果见表 7－14。从表 7－14 中（1）、（2）列的检验结果可以看出，SCI 与 ROA 的波动性显著负相关（*p* 值小于 1%），企业与上游供应商的集成度对 ROA 的波动性负相关（但不显著），与下游客户的集成度显著负相关（*p* 值小于 5%），这说明供应链集成度越高，上市公司的绩效波动就越低，供应链集成能降低上市公司的绩效波动性。相对供应商来说，公司与客户的集成对公司绩效波动的影响更大，与上下游的同时集成对公司 ROA 的稳定作用最强。

类似地，从表 7－14 中（3）至（12）列的检验结果显示：SCI 与公司收入的波动性、期间费用的波动性①、营业成本的波动性、资产减值率的波动性、营

① 分别用公司的管理费用、财务费用、销售费用代替期间费用作为因变量，代入模型后的结果不变。为了节省空间，其回归结果没有列示。

表 7－14　SCI 对公司绩效波动的影响

	(1)	(2)	(3)	(4)	(7)	(8)	(5)	(6)	(9)	(10)	(11)	(12)
	stroa	stroa	stincome	stincome	stexpoen	stexpoen	stcost	stcost	impairme	impairme	stcycle	stcycle
sci	-0.002*** (-2.60)		-0.009*** (-3.46)		-0.004*** (-5.69)		-0.003*** (-4.86)		-0.173*** (-2.60)		-5.654*** (-5.70)	
scis		-0.001 (-1.45)		-0.002 (-0.57)		-0.002** (-2.15)		-0.002* (-1.80)		-0.019 (-0.19)		-2.920** (-1.96)
scic		-0.002** (-2.06)		-0.018*** (-4.11)		-0.006*** (-5.36)		-0.005*** (-4.80)		-0.374*** (-3.36)		-9.220*** (-5.56)
lev	-0.011 (-1.15)	-0.011 (-1.17)	0.003 (0.08)	-0.001 (-0.03)	-0.016* (-1.67)	-0.017* (-1.79)	-0.026*** (-2.61)	-0.027*** (-2.72)	-2.047** (-2.02)	-2.141** (-2.12)	38.555** (2.56)	36.801** (2.46)
size	-0.001 (-0.81)	-0.001 (-0.73)	-0.003 (-0.47)	-0.001 (-0.15)	-0.003** (-2.12)	-0.003* (-1.80)	-0.000 (-0.27)	0.000 (0.02)	-0.113 (-0.68)	-0.066 (-0.39)	-5.761** (-2.32)	-4.906** (-1.97)
age	0.000 (1.34)	0.000 (1.29)	-0.001 (-0.61)	-0.001 (-0.82)	0.000 (0.24)	0.000 (0.04)	0.000 (0.41)	0.000 (0.23)	0.044 (1.31)	0.038 (1.13)	0.247 (0.50)	0.135 (0.27)
lagroa	0.035 (1.20)	0.035 (1.22)	0.331*** (2.66)	0.329*** (2.65)	-0.097*** (-3.16)	-0.097*** (-3.19)	-0.038 (-1.22)	-0.038 (-1.23)	-18.956*** (-5.97)	-19.021*** (-6.01)	53.557 (1.13)	52.453 (1.11)
salegrowt	0.009* (1.70)	0.009 (1.59)	0.590*** (24.65)	0.582*** (24.19)	0.027*** (4.63)	0.025*** (4.26)	0.029*** (4.87)	0.027*** (4.51)	0.136 (0.22)	-0.055 (-0.09)	33.783*** (3.71)	30.298*** (3.32)
independent	0.019 (0.66)	0.019 (0.63)	0.008 (0.06)	-0.008 (-0.07)	-0.003 (-0.09)	-0.007 (-0.22)	0.034 (1.06)	0.030 (0.95)	-2.198 (-0.68)	-2.572 (-0.80)	-32.043 (-0.67)	-38.832 (-0.81)

续表

	(1)	(2)	(3)	(4)	(7)	(8)	(5)	(6)	(9)	(10)	(11)	(12)
	stroa	stroa	stincome	stincome	stexpoen	stexpoen	stcost	stcost	impairme	impairme	stcycle	stcycle
boardsize	0.000 (0.45)	0.000 (0.47)	-0.001 (-0.38)	-0.001 (-0.35)	-0.001 (-1.15)	-0.001 (-1.11)	0.000 (0.40)	0.000 (0.44)	-0.114 (-1.30)	-0.112 (-1.28)	-0.251 (-0.19)	-0.191 (-0.15)
top1	-0.000 (-0.16)	-0.000 (-0.16)	0.000 (0.20)	0.000 (0.19)	-0.000 (-0.62)	-0.000 (-0.63)	-0.000 (-1.42)	-0.000 (-1.43)	0.001 (0.13)	0.001 (0.12)	0.054 (0.37)	0.054 (0.37)
industry	控制	控制	控制	控制	控制	控制	控制	控制	控制	控制	控制	控制
_cons	0.045 (1.58)	0.048* (1.67)	0.316** (2.57)	0.317** (2.57)	0.150*** (4.97)	0.153*** (5.06)	0.075** (2.43)	0.079** (2.53)	8.366** (2.54)	8.305** (2.50)	189.631*** (4.06)	194.150*** (4.14)
N	602	602	602	602	602	602	602	602	600	600	602	602
r^2	0.075	0.077	0.576	0.581	0.179	0.189	0.154	0.164	0.134	0.141	0.169	0.181
r^2_a	0.044	0.044	0.562	0.566	0.151	0.160	0.125	0.134	0.104	0.110	0.141	0.151
F	2.369	2.306	39.484	38.304	6.349	6.434	5.292	5.429	4.465	4.532	5.927	6.091

t statistics in parentheses, $*p<0.1$, $**p<0.05$, $***p<0.01$.

业周期的波动性等都是显著负相关（p 值小于 1%），企业与上游供应商的集成度对上述指标的波动性负相关（不全显著），与下游客户的集成度对上述指标的波动性显著负相关（p 值小于 1%）。这些结果说明，供应链集成度越高，上市公司的上述指标的波动就越低，供应链集成能降低上市公司的绩效波动性。基本上可以说，公司与供应商、与客户的集成对其绩效都具有稳定作用，但与客户的集成对绩效的稳定作用更强。

表 7－14 显示的回归结果说明供应链集成度越高，公司的绩效的波动就越小，假设 5 得到了证明。同时，这也在一定程度上说明了供应链集成对公司绩效波动的作用路径（我们没有对更多的财务指标进行检验，尚不能严格证明其全部作用路径），这就为公司风险管理提供了思路。

我们将样本分为政府干预高与低两组，并代入如果模型（7－4）中，其回归结果如表 7－15 所示。可以看出，表 7－15 中的（1）、（3）、（5）、（7）四列中 SCI 的回归系数 β_1 取值为负，但都不显著；而（2）、（4）、（6）、（8）四列中 SCI 的回归系数 β_1 取值为负，而且都显著。这一结果就很好地说明：如果政府干预较少，企业的风险大，上下游集成能够取到很好的稳定作用；反之，政府干预较多，公司受政府庇护多，上下游集成对其绩效的稳定作用就不再明显。表 7－15 中其他变量的系数估计值与前面的结果基本一致，模型整体有效。所以，假设 5 得到了论证。

表 7－15　　不同政府干预环境下 SCI 对公司绩效波动的影响

	(1)	(2)	(3)	(4)	(5)	(6)	(7)	(8)
	stroa	stroa	stroa	stroa	stroa	stroa	stroa	stroa
	产权改革快	产权改革慢	市场化快	市场化慢	非地方国企	地方国企	竞争不激烈	竞争激烈
sci	-0.001 (-1.39)	-0.002** (-2.12)	-0.001 (-1.44)	-0.002* (-1.74)	-0.000 (-0.56)	-0.002** (-2.41)	-0.001 (-1.47)	-0.002** (-2.14)
lev9	0.019 (1.29)	-0.026* (-1.69)	-0.027** (-2.17)	0.013 (0.92)	-0.021* (-1.72)	0.009 (0.62)	-0.004 (-0.39)	-0.013 (-0.88)
size9	-0.005** (-2.00)	-0.002 (-0.91)	0.002 (0.80)	-0.006** (-2.53)	-0.000 (-0.08)	-0.006** (-2.27)	-0.002 (-0.87)	-0.001 (-0.53)
age	0.001** (2.12)	0.001 (1.65)	-0.000 (-0.61)	0.001** (2.38)	0.001 (1.64)	0.000 (0.99)	0.001** (2.36)	-0.000 (-0.20)

续表

	(1)	(2)	(3)	(4)	(5)	(6)	(7)	(8)
	stroa	stroa	stroa	stroa	stroa	stroa	stroa	stroa
	产权改革快	产权改革慢	市场化快	市场化慢	非地方国企	地方国企	竞争不激烈	竞争激烈
lagroa9	0.104** (2.06)	0.037 (0.71)	-0.082** (-2.08)	0.168*** (3.87)	-0.004 (-0.11)	0.121** (2.57)	0.035 (0.94)	0.044 (0.99)
salegrowt	-0.006 (-0.55)	0.007 (0.85)	0.028*** (2.84)	0.004 (0.60)	0.010 (1.56)	-0.005 (-0.34)	0.012* (1.87)	0.007 (0.69)
independe	0.030 (0.67)	0.029 (0.55)	-0.049 (-1.12)	0.078* (1.96)	0.030 (0.68)	0.007 (0.17)	0.047 (1.29)	-0.003 (-0.07)
boardsize	0.001 (0.65)	0.001 (0.89)	0.000 (0.40)	0.000 (0.01)	-0.000 (-0.10)	0.001 (0.54)	0.001 (0.49)	0.000 (0.34)
top1	0.000** (2.13)	-0.000 (-1.44)	0.000 (0.32)	-0.000 (-0.69)	0.000 (0.10)	-0.000 (-0.67)	-0.000 (-0.67)	0.000 (0.34)
industry	控制	控制	控制	控制	控制	控制	控制	控制
_cons	0.089** (2.00)	0.069 (1.31)	0.031 (0.73)	0.100** (2.41)	0.021 (0.55)	0.127*** (2.68)	0.039 (1.04)	0.077* (1.82)
N	209	203	323	279	340	218	289	313
r^2	0.171	0.130	0.129	0.138	0.115	0.163	0.087	0.061
r^2_a	0.083	0.035	0.071	0.072	0.059	0.078	0.033	0.023
F	1.939	1.363	2.237	2.071	2.066	1.924	1.619	1.610

t statistics in parentheses, * $p<0.1$, ** $p<0.05$, *** $p<0.01$.

（三）稳定性检验

本章进行了如下稳健性检验：

1. 以2007—2012年之间的连续三年作为一个研究期间，（即，分别以2007—2009、2008—2010、2009—2011、2010—2012为一个研究期间），分别计算该期间样本的绩效波动和SCI指标，控制变量取各期间的平均值，共得到四个期间的2536个样本；然后，代入模型（1）进行回归，其结果是：营业收入、营业成本、期间费用的波动与SCI负相关（$p\leq1\%$），TOBIN'Q的波动与SCI负相关（$p\leq5\%$），而资产减值率、ROE的波动与SCI之间的显著性未通过检验。上述结果说明本章的结论具有一定的稳定性。

2. 改变因变量和分类标准：我们用公司TOBIN'Q的波动的波动性作为因变量，分别用樊纲等（2011）报告中各地区数据的中位数进行分类、用公司控股股东产权性质进行分类、用世界银行（2006）对中国企业的调查报告进行分类，并将样本数据代入模型（7－4）中进行回归，其结果如表7－16所示。如表7－16中第（1）、（3）、（5）供应链集成的回归系数 β_1 取值为负，但都不显著；而第（2）、（4）、（6）中SCI的回归系数 β_1 取值为负，而且都显著。这说明：如果政府干预较少时，上下游集成对公司绩效具有很好的稳定作用；而政府干预多时，上下游集成对其绩效的稳定作用就不再明显。可见，这一结果与前面的结果基本一致，模型整体有效。

表7－16　　不同市场化环境下供应链集成对公司绩效波动的影响

	(1)	(2)	(3)	(4)	(5)	(6)
	sttqd	sttqd	sttqd	sttqd	sttqd	sttqd
	市场化低	市场化高	国有	非国有	产权保护低	产权保护高
sci	-0.034 (-1.52)	-0.058*** (-3.12)	-0.023 (-1.27)	-0.058** (-2.35)	-0.027 (-0.94)	-0.065*** (-3.24)
lev9	-0.197 (-0.57)	-0.934*** (-3.37)	-0.553** (-2.02)	-0.657* (-1.78)	-0.673 (-1.57)	-0.291 (-0.90)
size9	-0.239*** (-3.94)	-0.207*** (-4.65)	-0.236*** (-5.15)	-0.206*** (-3.25)	-0.188*** (-2.67)	-0.274*** (-5.41)
age	0.009 (0.76)	0.006 (0.68)	0.012 (1.25)	-0.005 (-0.40)	0.002 (0.13)	0.011 (1.02)
lagroa9	9.461*** (8.87)	5.096*** (5.65)	9.359*** (10.04)	5.086*** (4.62)	6.626*** (4.67)	7.035*** (6.40)
growth9	0.692*** (3.64)	0.820*** (4.38)	0.669*** (3.47)	0.831*** (3.87)	0.933*** (4.03)	0.516** (2.15)
independ	0.639 (0.64)	0.342 (0.35)	1.191 (1.35)	-0.241 (-0.19)	1.533 (1.08)	1.227 (1.25)
board	0.053* (1.91)	0.003 (0.11)	0.027 (1.19)	0.008 (0.22)	0.009 (0.25)	0.068** (2.58)
top1	0.004 (1.25)	0.003 (1.14)	0.004 (1.44)	0.002 (0.62)	0.004 (0.99)	0.003 (1.07)

续表

	(1)	(2)	(3)	(4)	(5)	(6)
	sttqd	sttqd	sttqd	sttqd	sttqd	sttqd
	市场化低	市场化高	国有	非国有	产权保护低	产权保护高
_cons	4.824*** (4.15)	5.815*** (6.53)	5.042*** (5.64)	5.951*** (4.36)	4.113*** (2.70)	5.457*** (5.61)
行业	控制	控制	控制	控制	控制	控制
N	296	306	334	240	202	209
r^2	0.394	0.414	0.434	0.353	0.324	0.494
r^2_a	0.350	0.373	0.397	0.294	0.249	0.440
F	8.955	10.067	11.984	5.965	4.332	9.172

t statistics in parentheses, * $p<0.1$, ** $p<0.05$, *** $p<0.01$.

3. 为防止内生性，我们用提前一期的数据构建自变量，其回归结果见表7－17。可以看出，检验结果基本不变，说明不存在严重的内生性问题。

表7－17　供应链集成对不同环境下公司TOBIN'Q波动性的影响

	(1)	(2)	(3)	(4)	(5)	(6)	(7)	(8)
	sttqd	sttqd	sttqd	sttqd	sttqd	sttqd	sttqd	sttqd
	交际的时间多	交际的时间少	与政府打交道时间长	与政府打交道时间短	对法庭信心低	对法庭信心高	市场化进程慢	市场化进程快
sci	−0.017 (−0.69)	−0.044* (−1.66)	0.003 (0.10)	−0.062*** (−2.76)	−0.033 (−1.18)	−0.044* (−1.88)	−0.028 (−1.19)	−0.035* (−1.88)
lev	−0.657* (−1.76)	0.207 (0.57)	−0.218 (−0.54)	−0.207 (−0.63)	−0.060 (−0.15)	−0.420 (−1.23)	−0.198 (−0.59)	−0.742*** (−2.75)
size	−0.218*** (−3.68)	−0.203*** (−3.38)	−0.183*** (−2.72)	−0.240*** (−4.50)	−0.177*** (−2.67)	−0.264*** (−4.96)	−0.193*** (−3.51)	−0.184*** (−3.97)
age	0.006 (0.57)	−0.014 (−1.04)	−0.011 (−0.79)	0.012 (1.08)	−0.001 (−0.06)	0.007 (0.66)	−0.007 (−0.66)	0.005 (0.60)
lagroa	7.639*** (6.54)	6.277*** (4.66)	7.213*** (5.50)	8.361*** (7.59)	9.001*** (6.85)	6.600*** (5.74)	9.062*** (8.62)	6.016*** (7.10)

续表

	(1)	(2)	(3)	(4)	(5)	(6)	(7)	(8)
	sttqd	sttqd	sttqd	sttqd	sttqd	sttqd	sttqd	sttqd
	交际的时间多	交际的时间少	与政府打交道时间长	与政府打交道时间短	对法庭信心低	对法庭信心高	市场化进程慢	市场化进程快
growth	0.963*** (4.53)	0.502** (2.09)	0.717*** (3.31)	0.732*** (2.85)	0.766*** (3.55)	0.494* (1.96)	0.453*** (2.68)	1.061*** (5.08)
independe	1.029 (0.95)	0.766 (0.61)	1.480 (1.11)	0.419 (0.41)	1.691 (1.35)	0.931 (0.86)	1.110 (1.15)	-0.712 (-0.76)
boardsize	0.046 (1.51)	0.032 (0.95)	0.026 (0.72)	0.034 (1.22)	0.023 (0.64)	0.072** (2.55)	0.063** (2.33)	0.000 (0.01)
top1	0.005 (1.42)	0.001 (0.26)	0.003 (0.84)	0.002 (0.79)	0.001 (0.26)	0.003 (1.01)	0.001 (0.29)	0.001 (0.54)
行业	控制	控制	控制	控制	控制	控制	控制	控制
_cons	4.872*** (4.31)	4.621*** (4.08)	4.515*** (3.46)	5.210*** (5.21)	3.897*** (2.66)	5.277*** (5.21)	3.886*** (3.69)	4.941*** (5.50)
N	197	186	192	191	185	198	256	305
r^2	0.538	0.321	0.401	0.475	0.421	0.480	0.442	0.459
r^2_a	0.486	0.238	0.331	0.413	0.350	0.421	0.395	0.421
F	10.260	3.896	5.720	7.676	5.960	8.174	9.322	12.069

t statistics in parentheses, * $p<0.1$, ** $p<0.05$, *** $p<0.01$.

五、研究结论与政策建议

现有关于公司财务绩效波动的研究成果基本上只考虑公司内部治理的问题，很少考虑供应链基础的因素。本章研究发现SCI对上市公司绩效波动具有显著的稳定作用，具体表现为：上市公司的营业收入、营业成本、期间费用、资产减值、营业周期、ROA、ROE和TOBIN'Q等财务绩效与SCI显著负相关，说明SCI对上市公司绩效波动具有一定的稳定作用；同时应该看到，SCI的稳定作用只是对竞争激烈行业里的公司比较明显，对竞争不激烈行业里的公司的稳定作用表现并不显著；对政府干预少的公司比较明显，对政府干预较多的公司不明显。

本章的研究表明，加强供应链集成有利于控制公司的经营风险、降低其绩效波动，特别是在竞争激烈的情况下供应链集成对公司绩效的稳定作用就更加明显。本章研究结论的现实意义在于：从理论研究方面看，公司的绩效波动影响因素除公司治理结构外，供应链集成状况也是一个重要的方面，将供应链管理领域的研究成果应用于对公司财务行为特征的研究中更接近现实的研究结论，这对开拓相关问题的研究思路具有指导作用；从实践方面看，加强与上下游的关系和业务集成，是降低经营风险的有效办法，公司应努力提高供应链的集成程度；从政府政策的制定角度看，应该为供应链集成的发展创造有利条件，特别是在竞争激烈的领域，积极促进公司之间的合作和联合，以有利于国家经济安全。

主要参考文献

[1] 白俊，连立帅．2014. 国企过度投资溯因：政府干预抑或管理层自利?［J］. 会计研究，2：41－48.

[2] 陈德球，李思飞，王丛．2011. 政府质量、终极产权与公司现金持有［J］. 管理世界，11：127－140.

[3] 陈冬华．2003. 地方政府、公司治理与补贴收入——来自我国证券市场的经验证据［J］. 财经研究，9：15－21.

[4] 陈宏明，张畅．2017. 上市公司客户集中度与盈利能力实证研究——来自创业板制造业的经验证据［J］. 会计之友，7：37－41.

[5] 陈峻，王雄元，彭旋．2015. 环境不确定性、客户集中度与权益资本成本［J］. 会计研究，11：76－82.

[6] 陈艳艳，罗党论．2012. 地方官员更替与企业投资［J］. 经济研究，2：18－30.

[7] 陈玉罡，李善民．2007. 并购中主并公司的可预测性——基于交易成本视角的研究［J］. 经济研究，4：90－100.

[8] 陈正林，王彧．2014. 供应链集成影响上市公司财务绩效的实证研究［J］. 会计研究，1：49－56.

[9] 陈正林．2016. 客户集中、政府干预与公司风险［J］. 会计研究，11：23－29.

[10] 杜莹，刘立国．2002. 股权结构与公司治理效率：中国上市公司的实证分析［J］. 管理世界，11.

[11] 段彩艳．2015. 业务伙伴集中度、股权性质与企业绩效——基于沪市制造业上市公司的经验数据［D］. 北京：首都经济贸易大学.

[12] 樊纲，王小鲁，朱恒鹏．2011. 中国市场化指数——各地区市场化相对进程 2011 年报告．经济科学出版社.

[13] 方军雄．2007. 所有制、制度环境与信贷资金配置［J］. 经济研究，

12：82 –92.

［14］郭红莲，侯云先，杨宝宏 . 2008. M 个供应商，1 个制造商和 N 个经销商的三级供应链竞合博弈协调模型［J］. 中国管理科学，16（6）：54 –60.

［15］韩静稳，赵道致，秦娟娟 . 2009. Bertamd 双寡头对上游供应商行为的演化博弈分析［J］. 管理科学，2：57 –63.

［16］韩忠雪，周婷婷 . 2011. 产品市场竞争、融资约束与公司现金持有：基于中国制造业上市公司的实证研究［J］. 南开经济评论，4：149 –160.

［17］胡一帆，宋敏，张俊喜，2005. 竞争、产权、公司治理三大理论的相对重要性及交互关系［J］. 经济研究，9：44 –57.

［18］黄晓波，张琪，郑金玲 . 2015. 上市公司客户集中度的财务效应与市场反应［J］. 审计与经济研究，2：61 –71.

［19］贾俊雪，郭庆旺，赵旭杰 . 2012. 地方政府支出行为的周期性特征及其制度根源［J］. 管理世界，2：7 –18.

［20］江伟，李斌 . 2006. 制度环境、国有产权与银行差别贷款［J］. 金融研究，11：116 –126.

［21］李财喜 . 2009. 政治关联与财务困境公司的政府补助——基于我国资本市场的实证研究［D］. 厦门：厦门大学.

［22］李广子，刘力 . 20098. 债务融资成本与民营信贷歧视［J］. 金融研究，12：137 –150.

［23］李琳，刘凤委，卢文彬 . 2009. 基于公司绩效波动性的股权制衡治理效应研究［J］. 管理世界，5：145 –151.

［24］李青原，王永海 . 2006. 资产专用性与公司资本结构——来自中国制造业股份有限公司的经验证据［J］. 会计研究，7：66 –74.

［25］李志军，王善平 . 2011. 货币政策、信息披露质量与公司债务融资［J］. 会计研究，10：56 –62.

［26］陆正飞，祝继高，孙便霞 . 2008. 盈余管理、会计信息与银行债务契约［J］. 管理世界，3：152 –158.

［27］马士华，林勇，陈志祥 . 2014. 供应链管理［M］. 北京：机械工业出版社.

［28］迈克尔 . 波特 . 1997. 竞争战略［M］. 陈小悦译，北京：华夏出版社.

［29］钱春海 . 2005. “资产专用性”在现代经济理论中的应用分析［J］. 当

代经济管理，3：18－23.

［30］邱旭荣．2011．会计信息质量对融资成本的敏感性分析：股权 VS 债券［D］．南京：南京财经大学.

［31］权小锋，吴世农．2010．CEO 权力强度、信息披露质量与公司业绩的波动性——基于深交所上市公司的实证研究［J］．南开管理评论，4：142－153.

［32］饶艳超，胡奕明．2005．银行信贷中会计信息的使用情况调查与分析［J］．会计研究，4：36－41.

［33］邵传林．2015．法治环境、所有制差异与债务融资成本——来自中国工业企业的微观证据［J］．浙江社会科学，9：135－156.

［34］孙铮，李增权，王景斌．2006．所有权性质、会计信息与债务契约——来自我国上市公司的经验证据［J］．管理世界，10：100－107.

［35］唐跃军．2009．供应商，经销商议价能力与公司业绩——来自 2005—2007 年中国制造业上市公司的经验证据［J］．中国工业经济，10：67－76.

［36］万良勇．2010．银行道德风险，利益侵占与信贷资金配置效率——基于中国上市公司的经验证据［J］．金融研究，4：177－190.

［37］王迪，刘祖基，赵泽朋．2016．供应链关系与银行借款——基于供应商/客户集中度的分析［J］．会计研究，10：42－49.

［38］王俊秋，毕经纬．2016．客户集中度、现金持有与公司竞争优势［J］．审计与经济研究，4：62－70.

［39］王鹏．2008．投资者保护、代理成本与公司绩效［J］．经济研究，2.

［40］王小鲁，余静文，樊纲．2013．中国分省经营环境指数 2013 年报告．中信出版社.

［41］王雄元，高开娟．2017．客户集中度与公司债二级市场信用利差［J］．金融研究，1：130－144.

［42］王雄元，王鹏，张金萍．2014．客户集中度与审计费用：客户风险抑或供应链整合［J］．审计研究，6：72－82.

［43］王彦超．2014．金融抑制与商业信用二次配置功能［J］．经济研究，6：86－99.

［44］王永进，盛丹．2013．地理集聚会促进企业间商业信用吗？［J］．管理世界，1：101－114.

［45］魏刚，肖泽忠，Nick Travlos，邹宏，2007．独立董事背景与公司经营

绩效［J］. 经济研究，3.

［46］魏志华，王贞洁，吴育辉，李长青 . 2012. 金融生态环境、审计意见与债务融资成本［J］. 审计研究，3：98 – 105.

［47］吴联生，林景艺，王亚平，2010. 薪酬外部公平性、股权性质与公司业绩［J］. 管理世界，3.

［48］武志伟，茅宁，陈莹，2005. 企业间合作绩效影响机制的实证研究——基于 148 家国内企业的分析［J］. 管理世界，9.

［49］夏立军，方轶强 . 2005. 政府控制，治理环境与公司价值［J］. 经济研究，5：40 – 51.

［50］徐莉萍、辛宇、陈工孟 . 2006. 股权集中度和股权制衡及其对公司经营绩效的影响［J］. 经济研究.

［51］徐忠、沈艳、王小康、沈明高 . 2009. 市场结构与我国银行业绩效：假说与检验［J］. 经济研究，10.

［52］姚立杰，罗玫，夏冬林 . 2010. 公司治理与银行借款融资［J］. 会计研究，8：55 – 61.

［53］于东智、池国华 . 2004. 董事会规模、稳定性与公司绩效：理论与经验分析［J］. 经济研究，4.

［54］余明桂，潘红波 . 2010. 金融发展、商业信誉与行业竞争［J］. 管理世界，8：117 – 129.

［55］张合金，陈震，鹿新华 . 2014. 产品市场竞争与银行贷款定价——基于上市公司债务融资成本的视角［J］. 投资研究，10：56 – 69.

［56］张珩，黄培清 . 2001. 客户——供应商关系及其特征研究［J］. 外国经济与管理，3：22 – 25.

［57］张捷 . 2002. 中小企业的关系型借贷与银行组织结构［J］. 经济研究，6：54 – 94.

［58］张敏，马黎珺，张胜 . 2012. 供应商——客户关系与审计师选择［J］. 会计研究，12：81 – 86.

［59］张胜 . 2013. 供应商——客户关系与资产结构——来自我国制造业上市公司的经验［J］. 会计论坛，12：55 – 68.

［60］张新民，王珏，祝继高 . 2012. 市场地位、商业信用与企业经营性融资［J］. 会计研究，8：58 – 65.

［61］张志宏，陈峻 .2015. 客户集中度对企业现金持有水平的影响——基于 A 股制造业上市公司的实证分析［J］. 财贸研究，5：148 －156.

［62］赵丽，孙林岩，李刚，杨洪焦 .2011. 中国制造企业供应链整合与企业绩效的关系研究［J］. 管理工程学报，25（3）：1 －9.

［63］赵龙凯，岳衡，矫堃 .2014. 出资国文化特征与合资企业风险关系探究［J］. 经济研究，1：70 －82.

［64］赵泉午，王青，黄亚峰 .2010. 制造业供应链伙伴关系与企业绩效的实证研究［J］. 华东经营管理，11：128 －131.

［65］朱武祥，陈寒梅 .2002. 产品市场竞争与财务保守行为：以燕京啤酒为例的分析［J］. 经济研究，8：28 －36.

［66］Ak B. K.，Patatoukas P. N. 2016. Customer – Base Concentration and Inventory Efficiencies：Evidence from the Manufacturing Sector［J］. Production and Operations Management，25（2）：258 –272.

［67］Allen，F.，J. Qian，and M. J. Qian. 2005. Law，Finance and Economic Growth in China. Journal of Financial Economics，（77）：57 –116.

［68］Amihud，Y.，H. Mendelson. 1986. Asset Pricing and the Bid – ask Spread［J］. Journal of Financial Economics，（17）：223 –249.

［69］Ataseven C，Nair A. 2017. Assessment of Supply Chain Integration and Performance Relationships：A Meta – Analytic Investigation of the Literature［J］. International Journal of Production Economics，185：252 –265.

［70］Balakrishnan，S.，Fox. I. 1993. Asset Specificity，Firm Heterogeneity and Capital Structure［J］. Strategic Management Journal，14（1）：623 –632.

［71］Banerjee S.，Dasgupta S.，Kim Y. 2008. Buyer – Supplier Relationships and the Stakeholder Theory of Capital Structure［J］. The Journal of Finance，（5）：2507 –2552.

［72］Botoson，C. 1997. Disclosure level and cost of equity［J］. The Accounting Review，73（3）：323 –349.

［73］Bradley M.，Jarrell G. A.，Kim E. 1984 On the existence of an optimal capital structure：Theory and evidence［J］. The Journal of Finance，39（3）：857 –878.

［74］Campello M.，Gao J. 2017. Customer concentration and loan contract terms [J]. Journal of Financial Economics, 123 (1): 108 - 136.

[75] Cen. L. , Dasgupta. S. , Elkamhi. R, Pungaliya. R. 2015. Reputation and Loan Contract Terms: The Role of Principle Customers [J]. Review of Finance, (14): 1 - 33.

[76] Chang W. , Ellinger A. E. , Kim K. , Franks G. R. 2016. Supply Chain Integration and Firm Financial Performance: A Meta - Analysis of Positional Advantage Mediation and Moderating Factors [J]. European Management Journal, 34 (3): 282 - 295.

[77] Chava S. , Livdan D. , Purnanandam A. 2009. Do Shareholder Rights Affect the Cost of Bank Loans? [J]. Review of Financial Studies, 22 (8): 2973 - 3004.

[78] Chen S. , Sun Z. , Tang S. 2011. Government Intervention and Investment Efficiency: Evidence from China [J]. Journal of Corporate Finance, 17 (2): 259 - 271.

[79] Christopher M. 1998. Logistics and Supply Chain Management: Strategies for Reducing Cost and Improving Service [M]. 2nd ed. London: Financial Times - Pitman Publishing.

[80] Chu , Y. . 2012. Optimal capital structure, bargaining, and the supplier market structure. Journal of Financial Economics, 106: 411 - 426.

[81] Cohen, L. , Franzzini, A. 2008. Economic links and predictable returns [J]. Journal of Finance, (63): 1267 - 1287.

[82] Cull, R. , L. C. Xu, and T. Zhu. 2009. Formal Finance and Trade Credit During China's Transition. Journal of Financial Intermediation, 18 (2): 173 - 192.

[83] Cushing Jr W. W. , D. E. McCarty. 1996. Asset Specificity and Corporate Governance: An Empirical Test [J]. Managerial Finance, 22 (2): 16 - 18.

[84] Das A. , Narasimhan R, Talluri S. 2006. Supplier Integration - Finding an Optimal Configuration [J]. Journal of Operations Management, 24 (5): 563 - 582.

[85] Day G. S. 1994. The Capabilities of Market - driven Organizations [J]. Journal of Marketing, 58 (4): 37 - 52.

[86] Dhaliwal D. , Judd J. S. , Serfling M. 2016. Shalkh. Customer Concentration Risk and the Cost of Equity Capital [J]. Journal of Accounting and Economics,

61 (1): 23 -48.

[87] Dijana Mocnik. 2001. Asset Specificity and a Firm's Borrowing Ability: An Empirical Analysis of Manufacturing Firms [J]. Journal of Economic Behavior and Organization, 45 (1): 69 -81.

[88] Fabbri, D., and A. M. C. Menichini. 2010. Trade Credit, Collateral Liquidation and Borrowing Constraints. Journal of Financial Economics, 96 (3): 413 -432.

[89] Fisman, R., and M. Raturi. 2004. Does Competition Encourage Credit Provision? Evidence form African Trade Credit Relationships. Review of Economics & Statistics, 86 (1): 345 -352.

[90] Flynn B. B., Huo B., Zhao X. 2010. The Impact of Supply Chain Integration on Performance: A Contingency and Configuration Approach [J]. Journal of Operations Management, 28 (1): 58 -71.

[91] Freeman, R. E. 1984. Strategic Management: A Stakeholder Approach [M]. Boston: Pitman.

[92] Fresard L. 2010. Financial Strength and Product Market Behavior: The Real Effects of Corporate Cash Holdings [J]. The Journal of Finance, 65 (3): 1097 -1122.

[93] Frohlic M T. Westbrook R. 2001. Arcs of Integration: An International Study of Supply Chain Strategies [J]. Journal of Operations Management, 19 (2): 185 -200.

[94] Froot K. A., Scharfstein D. S., Stein J. C. 1993. Risk management: Coordinating corporate investment and financing policies [J]. The Journal of Finance, 48 (5): 1629 -1658.

[95] Gilbert C. L. 2010. How to understand high food prices [J]. Journal of Agricultural Economics, 61 (2): 398 -425.

[96] Haushalter. D., Klasa S., Maxwell W. F. 2007. The Influence of Product Market Dynamics on a Firm's Cash Holdins and Hedging Behavior [J]. Journal of Financial Economics, 84 (3): 797 -825.

[97] Hertzel, M. G., Z. Li, M. S. Officer, and K. J. Rodgers. 2008. Inter - firm linkages and the wealth effects of financial distress along the supply chain. Journal of Financial Economics, 87: 374 -387.

[98] Huang, H. H., G. Lobo, C. Wang, and H. Xie. 2014. Customer Con-

centration and Corporate Tax Avoidance. Working Paper.

[99] Hui, K. W., S. Klasa, and P. E. Yeung. 2012. Corporate suppliers and customers and accounting conservatism. Journal of Accounting and Economics, 53: 115 – 135.

[100] Irvine, P. J., S. S. Park, and C. Yildizhan. 2016. Customer – Base Concentration, Profitability, and the Relationship Life Cycle. The accounting Review, 91 (3): 883 – 906.

[101] Itzkowitz J. 2013. Customers and cash: How relationships affect suppliers' cash holdings. Journal of Corporate Finance, 19: 159 – 180.

[102] Jain, N. 2001. Monitoring Costs and Trade Credit. Quarterly Review of Economics & Finance, 41 (1): 89 – 110.

[103] Joseph E. Stiglitz. 1992. Capital Markets and Economic Fluctuations in Capitalist Economies [J]. European Economic Review, 36 (4): 269 – 306.

[104] Joskow, P. L. Menard, C., Shirley. Vertical Integration [M]. Handbook of New Institutional Economics, 2005: 319 – 348.

[105] Kale, J. R., and H. Shahrur. 2007. Corporate capital structure and the characteristics of suppliers and customers. Journal of Financial Economics, 83: 321 – 365.

[106] Kim D. Y., Zhu P. 2018. Supplier Dependence and R&D Intensity: The Moderating Role of Network Centrality and Interconnectedness [J]. Journal of Operations Management, 64: 7 – 18.

[107] Kim J. B., Song B. Y., Zhang Y. 2015. Earnings performance of major customers and bank loan contracting with suppliers [J]. Journal of Banking & Finance, (59): 384 – 398.

[108] Kim Y. H. 2017. The Effects of Major Customer Networks on Supplier Profitabiliy [J]. Journal of Supply Chain Management, 53 (1): 26 – 40.

[109] Krolikowski M., Yuan X. 2017. Friend or Foe: Customer – Supplier Relationslups and Innovation [J]. Journal of Business Research, 78: 53 – 68.

[110] Lanier, D. Jr., W. F. Wempe, and Z. G. Zacharia. 2010. Concentrated Supply Chain Membership and Financial Performance: Chain – and Firm – level Perspectives. Journal of Operations Management, 28: 1 – 16.

[111] Leuz, C. , R. E. Verrecchia. 2004. Firms' Capital Allocation Choices, Information Quality and the Cost of Capital [R]. Working paper, University of Pennsylvania.

[112] Love, I. , L. A. Preve and V. Sarria – Allende. 2007. Trade Credit and Bank Credit: Evidence form Recent Financial Crises. Journal of Financial Economics, 83 (2): 453 – 469.

[113] Mackelprang A. W. , Robinson J. L. , Bernardes E, Webb G S. 2014. The Relationship between Strategic Supply Chain Integration and Performance: A Meta – Analytic Evaluation and Implications for Supply Chain Management Research [J]. Journal of Business Logistics, 35 (1): 71 – 96.

[114] Margareta. M. Blair. Ownership and Control: Rethinking Corporate Governance for the Twenty – first Century [M]. Washington, D. C: Long Range Planning, 1995.

[115] Merton. R. C. 1974. On the Pricing of Corporate Debt: The Risk Structure of Interest Rates [J]. The Journal of Finance, 29 (2): 449 – 470.

[116] Morellec, E. Asset Liquidity, Capital Structure and Secured Debt [J]. Journal of Financial Economics, 2001, 61 (2): 173 – 206.

[117] Murfin J. , Njoroge K. 2014. The implicit costs of trade credit borrowing by large firms [J]. The Review of Financial Studies, 28 (1): 112 – 145.

[118] Murillo, Janet Gao. 2015. Customer Concentration and Loan Contract Terms [R]. Working paper.

[119] Myers, S. , Rajan, R. 1998. The Paradox of Liquidity [J]. Quarterly Journal of Economics, 113 (3): 733 – 771.

[120] Narayanan S. , Narasinihan R. , S. Schoenherr T. 2015. Assessing the Contingent Effects of Collaboration on Agility Performance in Buyer – Supplier Relationships [J]. Journal of Operations Management, 33 – 34: 140 – 154.

[121] Olavarrieta S. , Ellinger A. E. 1997. Resource – based Theory and Strategic Logistics Research [J]. International Journal of Physical Distribution and Logistics Management, 27 (9/10): 559 – 587.

[122] Ortiz Molina, H. Phillips G. 2011. Real Asset Liquidity and the Cost of Capital [R]. Working paper.

[123] Patatoukas, P. N. 2012. Customer – Base Concentration: Implications for Firm Performance and Capital Markets. The Accounting Review, 87 (2): 363 – 392.

[124] Paul J. Irvine, Shawn Saeyeul Park and Celim Yildizhan. 2016. Customer – Base Concentration, Profitability, and the Relationship Life Cycle. The accounting Review, 91 (3): 883 – 906.

[125] Petersen, M. A., and R. G. Rajan. 1997. Trade Credit: Theories and Evidence. Review of Financial Studies, 10 (3): 661 – 691.

[126] Piercy N. F., Cravens D. W., Lane N. 2006. Driving Organizational Citizenship Behaviors and Salesperson in – role Behavior Performance: The Role of Management Control and Perceived Organizational Support [J]. Journal of the Academy of Marketing Science, 2006, 34 (2): 244 – 262.

[127] Piercy, N., and N. Lane. 2006. The Underlying Vulnerabilities in Key Account Management Strategies. European Management Journal, (24): 151 – 162.

[128] Porter M. E., Kramer M R. 2002. The Competitive Advantage of Corporate Philanthropy [J]. Harvard Business Review, 80 (12): 56 – 68.

[129] Porter, M. E. 1974. Consumer Behavior, Retailer Power and Market Performance in Consumer Goods Industries. Review of Economics and Statistics, (56): 419 – 436.

[130] Press J. 2010. Product Market Competition, Insider Trading, and Stock Market Efficiency [J]. The Journal of Finance, 65 (1): 1 – 43.

[131] Pulvino. T. C. 1998. Do Asset Fire Sales Exist? An Empirical Investigation of Commercial Aircraft Transactions [J]. The Journal of Finance, 53 (3): 939 – 978.

[132] Raman, K., and H. Shahrur. 2008. Relationship – specific investments and earnings management: evidence on corporate suppliers and customers. The Accounting Review, 83: 1041 – 1081.

[133] Saboo A R, Kumar M, Anand A. 2017. Assessing the of Customer Concentration on Initial Public Offering and Balance Sheet – Based Outcomes [J]. Journal of Marketing, 81 (6): 42 – 61.

[134] Sambasivan M., Siew – Phaik L., Mohamed Z. A. 2013. Factors Influencing Strategic Alliance Outcomes in a Manufacturing Supply Chain: Role of Alliance Motives, Interdependence, Asset Specificity and Relational Capital [J]. International

Journal of Production Economics, 141 (1): 339 –351.

[135] Schloetzer, J. D. 2012. Process Integration and Information Sharing in Supply Chains. The Accounting Review, 87 (3) : 1005 –1032.

[136] Schwartz, R. A. 1974. An Economic Model of Trade Credit. Journal of Financial & Quantitative Analysis, 9 (4): 643 –657.

[137] Sengupta, P. Corporate Quality and the Cost of Debt [J]. The Accounting Review, 2007 (3): 459 –474.

[138] Showalter D. M. 1995. Oligopoly and Financial Structure: Comments [J]. The American Economic Review, 85 (3): 647 –653.

[139] Tang X. , Rai A. 2012. The Moderating Effects of Supplier Portfolio Characteristics on the Competitive Performance Impacts of Supplier – Facing Process Capabilities [J]. Journal of Operations Management, 30 (1 –2): 85 –98.

[140] Tirole J. 2010. The Theory of Corporate Finance [M]. Princeton: Princeton University Press.

[141] Van Horen, N. 2005. Customer Market Power and the Provision of Trade Credit: Evidence from Eastern Europe and Central Asia. The World Bank, Policy Research Working Paper Series.

[142] Vickery S. K. , Jayaram J, Droge C, Calantone R. 2003. The Effects of an Integrative Supply Chain Strategy on Customer Service and Financial Performance: An Analysis of Direct Versus Indirect Relationships [J]. Journal of Operations Management, 21 (5): 523 –539.

[143] Wang, J. 2012. Do firms' relationships with principal customers/suppliers affect shareholders' income? . Journal of Corporate Finance, 18: 860 –878.

[144] Watts, R. L. 2003. Conservatism in Accounting Part1. Explanations and Implications [J]. Accounting Horizons, (17): 207 –221.

[145] Williamson, O. E. 1985. The Economic Institutions of Capitalism [M]. New York: Free Press.

[146] Wu, S. N. , X. F. Quan, and L. Xu. 2011. CEO power, disclosure quality and the variability of firm performance. Nankai Business Review International, 2 (1): 79 –97.

[147] Yli – Renk 0. H. 2008. Janakiraman R. How Customer Portfolio Affects

New Product Development in Technology – Based Entrepreneurial Firms [J]. Journal of Marketing, 72 (5): 131 – 148.

[148] Yu W., Jacobs M. A. 2013. Salisbury W D, Enns H. The Effects of Supply Chain Integration on Customer Satisfaction and Financial Performance: An Organizational Learning Perspective [J]. International Journal of Production Economics, 146 (1): 346 – 358.

[149] Yu, F. 2005. Accounting transparencyand the term structure of credit spreads [J]. Journal of Financial Economics, 75 (1): 5 – 84.

[150] Zhang J. 2008. The Contracting Benefits of Accounting Conservatism to Leaders and Borrowers [J]. Journal of Accounting and Economics, (45): 27 – 54.

[151] Zhao G., Feng T., Wang D. 2015. Is More Supply Chain Integration Always Beneficial to Financial Performance? [J]. Industrial Marketing Management, 45: 162 – 172.